損害保険数理

第2版

小暮 雅一・東出 純 著

共立出版

第2版の序文

本書の企画を検討した当時は，損害保険数理に関する和書が多く出ておらず，特に初学者向けの「入り口」が十分に用意されてない環境でした．そこで，少々乱暴ですが（著者自身の能力の問題もあり）数学の厳密な論議は若干横におき，その代わり様々な例題を通して，損害保険数理の基本的な考え方に触れられる「入門書」を目指して本書を執筆しました．

それから10年以上の時間が流れ，久しぶりに本書を見返したところ，著者自身の意識の変化（退化？）の影響もあるのかもしれませんが，数値計算負担が重い，説明が不十分等の記載の粗が目につき，大いに反省した次第です．また，昨今出版されている，数学の論議を深めた他の書籍の存在を考えると，本書の立ち位置がやや中途半端になっていると感じました．

そこで，改めて「初学者向け入門書」の原点に立ち戻り，基本問題を中心に再構成，説明やグラフの修正・追加，数値計算負担の軽減，また日本アクチュアリー会の「損保数理」の資格試験範囲の変更を踏まえた問題の入替を行いました．改めて，本書が損害保険数理の初学者にとって入りやすい「入り口」となることができれば幸いです．

最後になりましたが，今回の改版にあたって，お世話になりました共立出版(株)佐藤雅昭取締役ならびに編集制作部 門間順子氏には心からお礼申し上げます．

2016年3月

小暮雅一
東出　純

序　　文

本書は，数多く（100 題以上）の例題を用いて，損害保険数理の理論や手法を実践的に紹介する学習書です．

読者対象としては，損害保険会社の社員（特に商品業務，再保険関係者など），日本アクチュアリー会資格試験（損保数理，損保専門科目）取得希望者，そして，大学の経済学部，理工系の学部や大学院の学生で損害保険数理を学んでみたいと考えている学生などを想定しています．また，損害保険以外の金融分野の実務者で，損害保険数理に興味をもたれている人々も対象としています．

本書では，例題の「理解」,「解決」を体験していただくことによって，損害保険の商品開発，経営分析に必須である数理的思考の基礎を学べるようにしています．

さて，本書の内容ですが，各章でまず理論が「要約」されていて，その後，例題が続きます．詳細な解答が載せられているので，自分で手を動かし電卓などで実際に計算してください．

「第 I 部　損害保険数理における統計モデル」では,「第 1 章　クレーム・モデル」で「クレーム頻度」と「クレーム額」の一般形分布と特殊分布を学習し，それらの積となる「クレーム総額」算出について考察します．また，逆に実績データから理論分布を推定する手法についても考えます．

「第 2 章　信頼性理論」では，過去のクレーム実績データに基づいて料率算定を行うにあたり，その「経験統計データ」の精度に対する「信頼の度合い」に応じて，どのように調整を行うか，また，データ数不足をどのように適正に対応したらよいかを学びます．加えて「ビュールマン・モデル」を通して「個別のリスク算出」や保険料の計算，クレーム総額の推定などの手法を学習します.

「第3章　危険理論」では，確率過程と呼ばれる手法を用いて，損害保険会社の経営は業績成績，とりわけ支払保険金などが毎年変動する，すなわち事前に予測することが正確にはできないことを問題にします．保険事業は確率論的な事業で，保険商品を販売しても一般商品と異なり，最低2年以上経過しないと収支採算が判明しないという不確実性があるからです．オーバーにいうならば，保険事業は偶然性の上に成り立っていることになります．そこでは，クレーム総額の時間的過程を分析するのに数学的モデルを作成し，数理的理論を適用するのに「確率過程」が利用されます.「確率過程」は，たとえばある一定地点における気温のように，時間の推移とともに変動していく量の変化に関して，分布や期待値などの統計量を確率論のサイドから考察したものであり，今日ではファイナンシャル・エンジニアリング（金融工学）を学ぶための必須の道具となっています.

また，保険会社では「大数の法則」に従いにくい保険商品や，発生したら巨額な支払いとなる保険などの偶然性に左右されやすい巨大リスクは,「再保険」を利用することによって危険分散を計り，クレーム総額を平準化するように努力します．この「再保険」の仕組み，料率算出方法についても，例題で数理的に問題を解いてみます.

「第II部　損害保険実務の基礎」の「第4章　損害保険統計」では，損害保険会社におけるクレームについての「損害率」の算出方法，支払備金（事故報告があっても，まだ未払いの額）の将来予測や，事故が発生しているものの保険会社にまだ報告されていない (I.B.N.R：incurred but not reported) 備金の予測手法について学びます．これらは，自動車保険など支払いが長期（5～6年）にわたる契約の支払額予測をしておかないと，資金運用面，支払保険金準備をはじめ経営上，大きな問題となるのです.

「第5章　保険料算出の基礎」では，実際的な営業保険料，純保険料（危険保険料）の算出や「再保険」のさまざまな形態の保険料算出を学習します.

なお，損害保険数理を学ぶためには，損害保険全般にわたる基本的知識，そして「確率」や「統計」を中心とした数学の素養が前提となりますので，初学者のために,「第III部　「損害保険数理」活用のための素養」と題して，第I部，第II部を学習するために必要な基礎を学べるようにしてあります．第I部，第II部の学習中に必要に応じて参照してください.

最後に注意しておきますが，本書の全体を通して例題を中心に学習しますので，理論はもちろん大切ですが，実際に自分自身で電卓やパソコンを使用して計算してみることが大事です．出版にあたっては，お世話いただきました共立出版（株）の小山透編集部長ならびに國井和郎氏には心からお礼を申し上げます．

2003 年 4 月

小暮雅一
東出　純

目　次

第I部　損害保険数理における統計モデル　1

第1章　クレーム・モデル　3

要　項

1.1　クレーム・モデル　4
1.2　クレーム頻度のモデル　5
1.3　クレーム額　9
1.4　クレーム頻度，クレーム額のモデルの推定　10
1.5　クレーム総額　13

例　題

【例題1】クレーム発生の確率　18
【例題2】クレーム頻度の推定①（モーメント法）　18
【例題3】クレーム頻度の推定②（最尤法）　20
【例題4】クレーム頻度の推定③（最尤法）　23
【例題5】クレーム頻度モデルの比較　25
【例題6】集団全体としてのクレーム件数の分布　27
【例題7】パラメータの異なる集団におけるクレーム頻度（負の二項分布）　30
【例題8】クレーム額の確率　31
【例題9】クレーム額分布の推定①（最尤法）　32
【例題10】クレーム額分布の推定②（最尤法）　35
【例題11】クレーム額分布の推定③（パーセント点マッチング）　37

【例題 12】クレーム額分布の推定④（モーメント法） 38
【例題 13】複合分布のクレーム額への適用 39
【例題 14】免責金額を適用した支払保険金 41
【例題 15】保険金額を適用した支払保険金 43
【例題 16】クレーム総額の期待値，分散 44
【例題 17】複合分布の積率母関数 46
【例題 18】複合ポアソン分布の近似 47
【例題 19】複合ポアソン分布① 48
【例題 20】複合ポアソン分布② 49
【例題 21】複合分布の確率計算①（漸化式） 51
【例題 22】複合分布の確率計算②（漸化式） 53
【例題 23】複合分布の確率計算③（漸化式） 54
【例題 24】複合ポアソン分布の特性① 55
【例題 25】複合ポアソン分布の特性② 56
【例題 26】複合ポアソン分布の特性③ 57
【例題 27】複合幾何分布 58

第 2 章　信頼性理論　61

要　項

2.1　信頼性理論の基本的な考え方 62
2.2　有限変動信頼性理論 63
2.3　ビュールマン（Bühlmann）・モデルによる信頼性理論 67

例　題

【例題 28】全信頼 73
【例題 29】部分信頼 75
【例題 30】有限変動信頼性理論① 76
【例題 31】有限変動信頼性理論②（クレーム額一定） 77
【例題 32】有限変動信頼性理論③（クレーム件数一定） 79
【例題 33】有限変動信頼性理論④（全信頼に必要なクレーム件数） 80
【例題 34】有限変動信頼性理論⑤（ポアソン分布でない場合の全信頼） 81

【例題 35】ビュールマン・モデル①（パラメータの推定） 83
【例題 36】ビュールマン・モデル②（パラメータの推定） 84
【例題 37】ビュールマン・モデル③ 87
【例題 38】ビュールマン・モデル④ 88
【例題 39】ビュールマン・ストラウブ・モデル① 89
【例題 40】ビュールマン・ストラウブ・モデル② 91
【例題 41】ビュールマン・ストラウブ・モデル③ 92
【例題 42】ビュールマン・ストラウブ・モデル④ 93

第 3 章　危険理論　97

要　項

3.1　確率過程の危険理論への適用 97
3.2　破産確率 100

例　題

【例題 43】ポアソン過程① 106
【例題 44】ポアソン過程② 107
【例題 45】ポアソン過程③ 108
【例題 46】ポアソン過程④ 109
【例題 47】複合ポアソン過程 110
【例題 48】破産確率①（単期間のモデル　正規近似） 111
【例題 49】破産確率②（単期間のモデル　移動ガンマ近似） 113
【例題 50】破産確率③（調整係数 R の計算） 114
【例題 51】破産確率④（調整係数 R の近似計算） 115
【例題 52】破産確率⑤（調整係数 R の計算） 117
【例題 53】ルンドベリの不等式 119
【例題 54】ルンドベリ・モデルにおける破産確率 120
【例題 55】ルンドベリ・モデルにおけるサープラスの分布 122
【例題 56】最大損失額 L の分布 123
【例題 57】サープラス過程① 125
【例題 58】サープラス過程② 126
【例題 59】最大損失額 L のモーメント 129

【例題 60】破産確率の近似計算（複合幾何分布） 131

第 II 部　損害保険実務の基礎　133

第 4 章 損害保険統計　135

要　項

4.1 支払備金 135
4.2 損害率 143

例　題

【例題 61】損害率① 149
【例題 62】損害率② 150
【例題 63】損害率③ 150
【例題 64】IBNR の推定①（前年度 IBNRを基準とする算式見積法）. 152
【例題 65】IBNR の推定②（算式見積法　パーセンテージ法） . . . 153
【例題 66】IBNR の推定③（確率分布の適用） 154
【例題 67】ロスディヴェロップメント・トライアングルの作成 . . . 155
【例題 68】チェイン・ラダー法① 157
【例題 69】チェイン・ラダー法②（インフレ反映） 159
【例題 70】分離法 162
【例題 71】ボーンヒュッター－ファーガソン法 165
【例題 72】マックモデル 167
【例題 73】トレンドの推定 170
【例題 74】経過保険料 174
【例題 75】発生保険金 176
【例題 76】I/E 損害率 178
【例題 77】料率改定を考慮した損害率の分析 179
【例題 78】損害率の分布 181

第 5 章 保険料算出の基礎　185

要　項

5.1　損害保険料の算出方法 185
5.2　再保険料の算出方法 193
5.3　保険料算出原理 197
5.4　リスクの評価 200

例　題

【例題 79】純保険料法 203
【例題 80】免責金額① 204
【例題 81】免責金額② 205
【例題 82】損害率法① 206
【例題 83】損害率法② 207
【例題 84】損害率法③ 207
【例題 85】営業保険料の算出 209
【例題 86】有限変動信頼性理論を利用したリスク較差の算出 210
【例題 87】長期契約の保険料 213
【例題 88】推移確率 213
【例題 89】ミニマム・バイアス法① 215
【例題 90】ミニマム・バイアス法② 217
【例題 91】比例再保険のネット再保険料 220
【例題 92】ELC 再保険のネット再保険料 221
【例題 93】ストップロス再保険のネット再保険料の変形 222
【例題 94】ストップロス再保険のネット再保険料 225
【例題 95】複合分布とストップロス再保険のネット再保険料 226
【例題 96】ストップロス再保険と比例再保険の組合せ 228
【例題 97】再保険における破産確率① 229
【例題 98】再保険における破産確率② 230
【例題 99】保険料算出原理①（指数原理） 232
【例題 100】保険料算出原理②（効用関数） 233
【例題 101】保険料算出原理③（リスク回避とリスク愛好） 235
【例題 102】リスクの評価①（バリュー・アット・リスク） 237
【例題 103】リスクの評価②（リスクの統合） 238

第 III 部　「損害保険数理」活用のための素養 241
1　積率母関数および期待値，分散の算出 243
2　正規分布表の使い方 253
3　チェビシェフの不等式 (Chebyshev's inequality) 263
4　中心極限定理 265
付録 I　確率分布 270
付録 II　数学公式集 274
参考文献 283
標準正規確率表 284

索　　引 287

第I部

損害保険数理における統計モデル

第1章　クレーム・モデル

要　項

どんな分野においても，議論を展開する上で前提となっている基礎の考え方，ルールや知識があると思います．極端な例ですが，英文学を研究するためには「英語」の知識が必須でしょうし，統計学を議論するためには「標本分布」の考え方を理解しておく必要があります．本書のテーマである損害保険数理の世界では，保険事故（クレーム）の統計モデル（以下，「クレーム・モデル」）と呼びます）の考え方がそうした基礎知識に相等します．

そこで第１章では，損害保険数理の議論の基礎となる「クレーム頻度のモデル」「クレーム額のモデル」「クレーム総額のモデル」の３つのクレーム・モデルに関して，構成内容，実績データからの推定方法，モデルの使用方法につき順に説明していきます．

なお，本書全体の議論は，基本的に第１章のクレーム・モデルに関する知識をベースにして展開されていますので，すでに一定の知識をお持ちの経験者以外は，まず第１章の内容を確認された上で他章に進むようにしてください．また，モデルの推定にはさまざまな確率・統計の知識を使用します．それらに関する詳細な議論は専門書に譲りますが，本書では必要最小限の範囲で読者の便宜を図るために統計知識に関する簡単な説明を＜補足＞で付記したり，あるいは「第 III 部　「損害保険数理」活用のための素養」としてまとめていますので，必要に応じて参照してください．

1.1　クレーム・モデル

■なぜ，モデルが必要なのか

損害保険商品の保険料設計を行うためには，補償の対象となる保険事故（クレーム）の発生構造を解明し，その将来予測をすることが必要となります．しかしながら，偶然の出来事である「クレームの発生構造」を直接解明し，将来発生を完璧に予測することは困難ですので，間接的な手段としてなんらかの代替手法（モデル）が必要となります．そこで損害保険数理の世界では，まず「仮説」＝「クレーム発生はある確率分布に従う現象である」を立てて，仮説を前提にクレームの実績データを確率モデル（クレーム・モデル）に当てはめる，すなわち確率モデルのパラメータを推定し，出来上がった確率モデルを用いてクレーム発生を予測します（図1.1）．

［前提］クレーム発生はある確率分布に従う現象である．

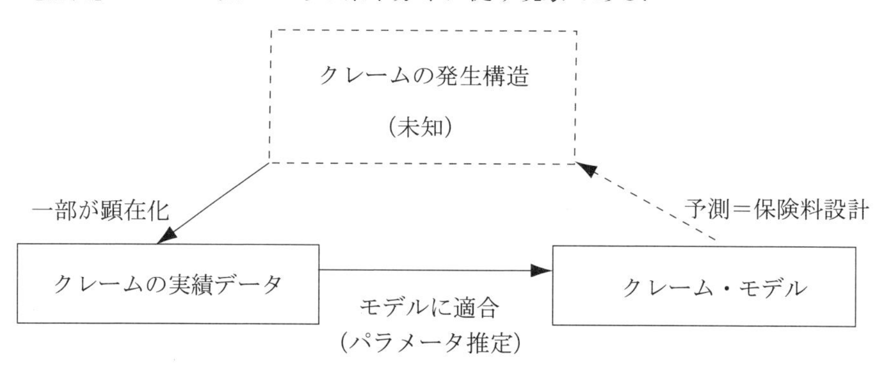

図1.1　クレームの発生構造とクレーム・モデルとの関係

冒頭でも触れましたように，損害保険数理ではクレーム・モデルとして「クレーム頻度のモデル」,「クレーム額のモデル」，そして両者を組み合わせた「クレーム総額のモデル」の3つのモデルを利用します．それら3つのモデルは図1.2のような関係にあります．

以下では，この3つのクレーム・モデルについて順に説明します．

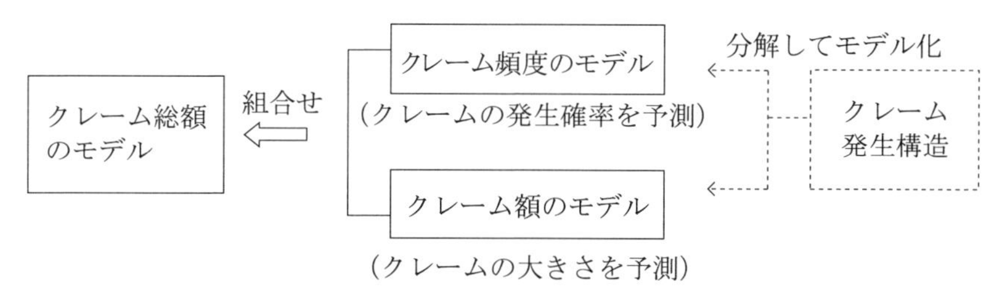

図 1.2　クレーム・モデルの関係

1.2　クレーム頻度のモデル

■クレーム頻度とは

読者のみなさんは，オプション取引[†]という言葉をご存知でしょうか．オプション取引の広義の意味は,「バイサイド（購入者）からセルサイド（販売者）に対してプレミアムを支払うことによって，あらかじめ決めた『条件』が成就された場合に，あらかじめ決めたキャッシュフローを発生させるか，もしくは，あらかじめ決めたルールに基づくキャッシュフローを発生させる契約」ですが，この広義に従うと本書のテーマである「損害保険」や「宝クジ」もオプションに分類されます．

ここで，オプション取引の定義に照らして損害保険と宝くじを簡単に比較してみましょう．

表 1.1 のとおりいずれも非常によく似た構造ですが，実は宝クジと保険との間には大きく異なる点があります．それは，保険では事象の発生率（クレー

表 1.1

取引名	宝くじ	損害保険
条件	当たり	火災，交通事故などの保険事故（クレーム）
約定されたキャッシュフロー	賞金の支払	保険金の支払
プレミアム	クジ代	損害保険料

† オプションと聞いて，すぐに思い浮かぶのは「コール・オプション」,「プット・オプション」でしょうか．ちなみに，これらのオプションは狭義のオプション取引,「ある金融資産・商品を，あらかじめ決めた期日（または期間）の，あらかじめ決めた時刻までに，あらかじめ決めた価格で，売る，または買うことができる権利の売買」を意味します．

ムの発生確率 →「クレーム頻度（frequency）」）を事前に予測できないことです．宝クジでは主催者（セルサイド）が自分で事象の発生確率（当たりの出る確率）を事前に設定することができ，不確定性は購入者（バイサイド）のみに預けられます．一方，保険ではこの先1年間にどれほど火災事故が発生するのかなど，将来のクレーム頻度はまさに神のみぞが知るところであり，保険契約者（バイサイド）だけでなく保険会社（セルサイド）も知るところではありません．そのため，保険会社は実績データから不確定である将来のクレーム頻度を推定した上で，その頻度を基に収支に見合うように保険料を設計することが必要となり，クレーム頻度モデルを正確に構築することは非常に重要といえます．

■クレーム頻度の捉え方

クレーム頻度のモデルの議論に入る前に，もう少し基本的な話を続けます．クレーム頻度の捉え方，言い換えればクレーム頻度の単位（計測単位）についてです．

しばしばニュースなどで「故障した人工衛星が都市部に落ちる確率は100万分の1」という表現を聞いた場合，非常に小さい確率で心配しないでよいことはわかるのですが，ところでいったい100万分の1って，「何の100万」に対する「1」なんだ？ と思うことはないでしょうか．「100万年」に「1回」なのか，あるいは人工衛星「100万個」に「1個」なのか…　単位の取り方によって確率（頻度）の意味は変わってきます．

損害保険数理の世界に戻りますと，自動車保険の場合，自動車1台をクレーム頻度の単位とします．したがって，直観的には次の式のようにクレーム頻度を想像できるでしょう．

$$\text{自動車保険のクレーム頻度} = \frac{\text{自動車保険のクレーム件数}}{\text{自動車の台数}}$$

しかしながら，この式は厳密には正しくありません．会計の世界には区切られた期間の中での損益，「期間損益」という概念があり，一定期間の中の収益を確定させた上で次にその収益を獲得するに対応した費用を選び，損益を計算することが求められていますが，保険数理のクレーム頻度の算出においても同様のことが求められます．分子には1年間という区切られた期間の中で発生したクレームだけを集計し，分母にはそのクレームが発生するベース，すなわち期間中に実際に走行した自動車の台数だけをカウントすることが必要となります．たとえば，期間のちょうど真ん中（期央）において購入した自動車を1台とカウントするのは間違いです．1台とカウントした場合，その自動車が存在しない最初の半年の期間が分母に含まれ，実態よりも低くクレーム頻度が算出されてしまいます．正しくは，その自動車が「台数（1台)」×「走行可能であった期間（半年)」= 0.5（台・年）としてカウントしなければなりません（自動車保険の分野では，こうした分母のカウントの方法を「経過台数」（vehicle years）と呼びます）．

そのため，先にあげた直感のクレーム頻度の式は，次のとおり改められます．

$$\text{自動車保険のクレーム頻度} = \frac{\text{期間内に発生した自動車保険のクレーム件数}}{\text{期間内の経過台数}}$$

クレーム頻度を実際の統計データから算出する際には，単純な台数カウントだけでなく，こうした「期間の経過」も反映する必要があり，保険数理の世界では期間の経過を反映した分母を「エクスポージャ」（exposure）† と呼んでいます.「エクスポージャ」はリスクにさらされている（expose）量と解釈すればよいでしょう．

■クレーム頻度のモデル

損害保険数理の世界では，本章の冒頭に述べたとおり,「クレーム発生はある確率分布に従う現象である」仮説の下で確率分布をモデルとして用いています．クレーム頻度のモデルとしては，離散型の確率分布が採用されており，主に次にあげるポアソン分布や負の二項分布が利用されています．

(1) ポアソン分布を用いたクレーム頻度のモデル

ポアソン分布は，最も標準的にクレーム頻度モデルに使用される分布です．ポアソン分布を用いて1契約当たりの年間クレーム件数は，次のようにモデル化されます．

《ポアソン分布を用いたクレーム件数のモデル－1契約の場合》

クレーム頻度の構造がポアソン分布に従っているとした場合，1契約の年間

† 第II部では，保険料（分母）と保険金（分子）との収支を把握する指標,「損害率」について学びますが，ここでも分母の保険料において期間の経過を反映した「経過保険料」（earned premium）という考え方を使用します．

クレーム件数 X が x 件である確率 $P(X=x)$ は

$$P(X=x) = e^{-f}\frac{f^x}{x!} \qquad (x=0,1,2,\cdots)$$

f : 平均的なクレーム件数（クレーム頻度）

契約集団全体のクレーム件数の分布を推定する場合には，上記のモデルを次のように変形して使用します．

《ポアソン分布を用いたクレーム件数のモデル – 集団全体の場合》
集団（契約数 w 件）全体の年間クレーム件数 N が n 件 $(n=0,1,2,\cdots)$ である確率 $P(N=n)$ は

$$P(N=n) = e^{-\lambda}\frac{\lambda^n}{n!}$$

λ : 集団としての平均的なクレーム件数$\lambda = w \times f$

(2) 負の二項分布を用いたクレーム頻度のモデル

集団のクレーム件数のモデルにポアソン分布を使用する場合，実は集団を構成する契約それぞれのクレーム頻度が均質である，言い換えれば，同じ程度のリスク水準にあることが前提となっています．しかし，実際の社会では集団はさまざまな水準のリスクの持ち主で構成されていることが多いでしょう．たとえば車社会では，免許の取り立てで運転の下手なドライバー，レーサー並みに運転の上手なドライバーなどさまざまな人々によって集団が構成されています．こうした異質なリスク集団のモデルには，負の二項分布が利用されます．

《負の二項分布を用いたクレーム件数のモデル – 集団全体の場合》
集団全体の年間クレーム件数 N が n 件 $(n=0,1,2,\cdots)$ である確率 $P(N=n)$ は

$$P(N=n) = \binom{\alpha+n-1}{n} p^{\alpha}\cdot q^{n} \qquad (\alpha>0,\ 0<p<1,\ p+q=1)$$

負の二項分布の導出の詳細については，後記の【例題 7】で紹介しますので，参照するようにしてください．

1.3 クレーム額

■クレーム額とは

損害保険商品ではクレーム頻度と並んで，保険期間内に発生するクレームの額の大きさ（damageability）は重要な基礎値です．ある期間内に発生したクレームに関する実績データがあれば，クレーム額の実績平均は

$$\text{当該期間の平均クレーム単価} = \frac{\text{当該期間に発生したクレーム額合計}}{\text{当該期間に発生したクレーム件数}}$$

と計算されますが，やはりクレーム頻度同様に平均実績値だけでは，保険料設計をするためには十分な情報といえません．保険金額（支払保険金の上限額）や免責金額（クレーム額から一部控除する金額）などのさまざまな支払方式を検討するためには，まずモデルを立てる必要があります．

■クレーム額のモデル

クレーム頻度ではポアソン分布，負の二項分布をモデルとして使用することを紹介しましたが，クレーム額でも同様に確率分布をモデルとして当てはめます．指数分布（exponential distribution），対数正規分布（log- normal distribution），ガンマ分布（gamma distribution）[†] は，クレーム額に使用される代表的な分布です．

《指数分布（exponential distribution）》

クレーム額 X が x 以下である確率 $P(X \leq x)$ は

$$P(X \leq x) = \int_0^x f(x)dx$$

$$\text{指数分布の確率密度関数：} f(x) = \frac{1}{\theta}e^{-\frac{x}{\theta}} \qquad (x \geq 0)$$

[†] これらの分布の詳細な特性（期待値，分散，積率母関数）については，第 III 部の付録 I「確率分布」においてまとめていますので，そちらを参照してください．

《対数正規分布（log- normal distribution）》
クレーム額 X が x 以下である確率 $P(X \leq x)$ は

$$P(X \leq x) = \int_0^x f(x)dx$$

対数正規分布の確率密度関数: $f(x) = \dfrac{1}{\sqrt{2\pi}\sigma x} \exp\left\{-\dfrac{(\log x - \mu)^2}{2\sigma^2}\right\} \qquad (x > 0)$

《ガンマ分布（gamma distribution）》
クレーム額 X が x 以下である確率 $P(X \leq x)$ は

$$P(X \leq x) = \int_0^x f(x)dx$$

ガンマ分布の確率密度関数：$f(x) = \dfrac{\beta^\alpha}{\Gamma(\alpha)} x^{\alpha-1} e^{-\beta x} \qquad (x \geq 0)$

また，クレーム額の分布の特殊なものとして，極値——たとえば，自然災害による住宅被害や何億円にもなる高額賠償金などの巨大損害額——のみに焦点を当てた理論,「極値理論」(extreme value theory) † においては，パレート分布（Pareto distribution），グンベル分布（Gumbel distribution）などの極値に特化した分布が使用されています.

1.4　クレーム頻度，クレーム額のモデルの推定

これまでクレーム頻度，クレーム額のモデルである確率分布を紹介してきましたが，ここからはそれら確率分布のモデルを実績のクレームデータに当てはめる方法，統計学の言葉でいえば，標本データから確率分布の未知のパラメータを推定する方法について紹介します（図 1.3）.

確率分布を当てはめるには，すなわちパラメータを推定するには，表 1.2 のプロセスを順番に行っていく必要があります.

† 「極値理論」は本書の範囲を超えることから，興味をもった読者は専門書 “S.Kotz, S.Nadarajah : Extreme Value Distributions Theory and Applications” をお勧めします.

［前提］クレーム発生はある確率分布に従う．

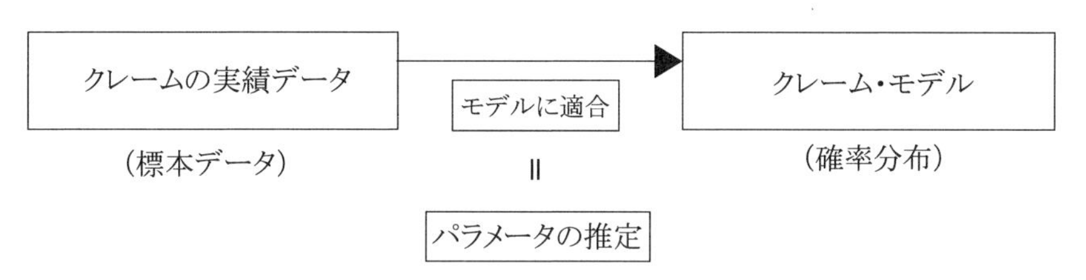

図 1.3 クレーム・モデルの推定

表 1.2 パラメータ推定の分析作業プロセス

ステップ	分析作業
1	実績データを集計し，分析しやすいように加工する．
2	実績データに当てはめる確率分布を選択する（ここでは，実績データの分布状況をグラフで見たり，過去の経験を考慮することにより，定性的な判断によって分布を選択することが求められます）．
3	実績データを用いて，確率分布のパラメータ $\theta_1, \theta_2, \cdots, \theta_k$（parameter：ポアソン分布であれば λ，対数正規分布であれば μ，σ）の推定値 $\hat{\theta}_1, \hat{\theta}_2, \cdots, \hat{\theta}_k$ を「統計的手法」により算出する．
4	［ステップ 3］の推定値を当てはめた確率分布から得た「理論値」と「実績データ」を突き合わせ，モデルの適合性を検証（検定）する．
5	［ステップ 4］の検証結果でモデルの適合性が思わしくない場合は，［ステップ 2］に戻り，違う確率分布を選択し，再度計算し直す（場合によっては，実績データが正しく集計されているか［ステップ 1］に戻る必要もある）．

実際には 1 回で分析が完了することは少なく，この作業プロセスを粘り強く繰返し実行していく必要があります．なお，［ステップ 3］の「統計的手法」にはさまざまな方法があり，使用可能なデータ，推定の正確さ，利用可能な計算環境を勘案して，選択実施していく必要がありますが，本書では次の 3 つの手法

①モーメント法

②パーセント点マッチング

③最尤法

を利用することとします．

《モーメント法》

・実績データから計算されるモーメント（標本平均 $\bar{x}$，標本分散 s_X^2 など）と理論分布に基づくモーメント[†] との方程式から，理論分布のパラメータを推定する方法.

・推定に必要な方程式

$$\bar{x} = \mu_1(\theta_1, \theta_2, \cdots, \theta_k)$$
$$s_X^2 = \frac{1}{n}\sum_{i=1}^{n}(x_i - \bar{x})^2 = \mu_2(\theta_1, \theta_2, \cdots, \theta_k)$$
$$\vdots$$
$$\frac{1}{n}\sum_{i=1}^{n}(x_i - \bar{x})^k = \mu_k(\theta_1, \theta_2, \cdots, \theta_k)$$

$\to \theta_1, \theta_2, \cdots, \theta_k$ の k 元連立方程式として解を求める.

《パーセント点マッチング》

・実績データの累積確率と分布関数との連立方程式を解き，パラメータ $(\theta_1, \theta_2, \cdots, \theta_k)$ を推定する方法.

・推定に必要な方程式

x_i: 実績値　　p_{x_i}: 実績値 x_i 以下の実績の累積確率

連立方程式　$F(x_1; \theta_1, \theta_2, \cdots, \theta_k) = p_{x_1}, \cdots, F(x_k; \theta_1, \theta_2, \cdots, \theta_k) = p_{x_k}$

$\to \theta_1, \theta_2, \cdots, \theta_k$ の k 元連立方程式として解を求める.

《最尤法》

・想定するモデルの確率密度関数と実績データから立てた尤度方程式を解くことで，最尤推定値としてパラメータ $(\theta_1, \theta_2, \cdots, \theta_k)$ を推定する方法.

・推定に必要な方程式

尤度関数：　$L(x_1, x_2, \cdots, x_n; \theta_1, \theta_2, \cdots \theta_k) = \prod_{i=1}^{n} f(x_i; \theta_1, \theta_2, \cdots \theta_k)$

[†] $\mu_n(\theta_1, \theta_2, \cdots, \theta_k)$：確率変数 X（その確率密度関数にはパラメータ $\theta_1, \theta_2, \cdots, \theta_k$ が含まれる）の期待値回りの n 次モーメント. $\mu_n(\theta_1, \theta_2, \cdots, \theta_k) = E[(X - \mu)^n]$

尤度方程式： $\dfrac{\partial}{\partial\theta_1}\log L(x_1,x_2,\cdots,x_n;\theta_1,\theta_2,\cdots,\theta_k)=0$

$$\vdots$$

$$\frac{\partial}{\partial\theta_k}\log L(x_1,x_2,\cdots,x_n;\theta_1,\theta_2,\cdots,\theta_k)=0$$

$\to \theta_1,\theta_2,\cdots,\theta_k$ の k 元連立方程式として解を求める.

1.5　クレーム総額

これまでクレーム頻度とクレーム額とに分けてモデルの説明を行ってきましたが，次の例のような問題を解決するには，その両者を組み合わせた複合分布によるクレーム総額のモデルを使用する必要があります.

例：ある保険会社では，年間クレーム総額が
・クレーム件数が，確率関数が $P(N=n)=0.2\times0.8^n$ の幾何分布に従う.
・クレーム額 X の分布が下表のとおり.

クレーム額 (X)	1	2	3
発生確率	50%	40%	10%

の複合分布に従うポートフォリオを引き受けている.
このとき，この保険会社がエクセスポイント $d=2$ のストップロス再保険カバーを購入した場合，そのネット再保険料を算出せよ（答えは第 5 章の【例題 95】にて）.

そこで以下では，クレーム総額モデルの一般形である「複合分布」，クレーム件数の分布をポアソン分布に限定した「複合ポアソン分布」（Mixed-Poisson distribution）について紹介します.

■複合分布によるクレーム総額のモデル

ある保険契約集団においてクレーム額が確率変数 X_i（$i=1,2\cdots$. 分布はすべて同じ．互いに独立），年間のクレーム件数が確率変数 N（X_i と N とは互いに独立）であるとした場合，年間のクレーム総額 S が x 以下である確

率 $P(S \leq x)$ は一般形として

《クレーム総額のモデル S》

$$S = X_1 + X_2 + \cdots + X_N$$

《クレーム総額 S の分布関数》

$$P(S \leq x) = F_S(x) = \sum_{n=0}^{\infty} P(X_1 + X_2 + \cdots + X_n \leq x) \cdot P(N = n)$$

と表現できます．

クレーム頻度，クレーム額の確率分布の設定により異なりますが，$P(S \leq x)$ の式は1つの確率分布の式として表現できないことが多く，その場合には年間のクレーム総額 S の分布の概況を知るためには，次にあげるモーメントや積率母関数を活用することが必要となります．

《複合分布による年間クレーム総額 S のモーメントに関する公式》

・年間のクレーム総額 S の期待値，分散

期待値：$E(S) = E(N) \cdot E(X)$

分散：$V(S) = V(X) \cdot E(N) + E(X)^2 \cdot V(N)$

・クレーム総額の積率母関数

$$M_S(t) = E(e^{tS}) = M_N(\log M_X(t))$$

（これらの公式の導出方法の詳細については【例題16】，【例題17】参照）

■複合ポアソン分布によるクレーム総額のモデル

前項の複合分布によるクレーム総額のモデル，クレーム頻度の分布をポアソン分布に限定したクレーム総額 S の分布は複合ポアソン分布と呼ばれています．複合ポアソン分布は，クレーム総額の分析の中で使用頻度の高い分布であり，また，第3章の危険理論における「複合ポアソン過程」の基礎となっています．

《複合ポアソン分布のクレーム総額のモデル》
・クレーム額が確率変数 X_i，クレーム件数がポアソン分布（パラメータ λ）に従う確率変数 N の場合のクレーム総額 S は，次のように表現される．

$$S = X_1 + X_2 + \cdots + X_N$$

・このとき，クレーム総額 S は複合ポアソン分布（パラメータ λ）に従う．
［複合ポアソン分布（パラメータ λ）の分布関数］

$$P(S \leq x) = F_S(x) = \sum_{n=0}^{\infty} P(X_1 + X_2 + \cdots + X_n \leq x) \cdot e^{-\lambda} \frac{\lambda^n}{n!}$$

先にあげた複合分布のモーメントに関する公式は，複合ポアソンの場合には特殊形として，次のような式になります．

《複合ポアソン分布による年間クレーム総額 S のモーメントに関する公式》
・複合ポアソン分布（パラメータ λ）のクレーム総額の期待値，分散

期待値：$E(S) = \lambda E(X)$　　分散：$V(S) = \lambda E(X^2)$

・複合ポアソン分布のクレーム総額の積率母関数

$$M_S(t) = E(e^{tS}) = \exp\{\lambda(M_X(t) - 1)\}$$

（これらの公式の導出方法の詳細については【例題 16】,【例題 17】参照）

■複合ポアソン分布の確率計算

複合ポアソン分布は分布関数が

$$F_S(x) = \sum_{n=0}^{\infty} P(X_1 + X_2 + \cdots + X_n \leq x) \cdot e^{-\lambda} \frac{\lambda^n}{n!}$$

と式の組合せになっていることから，直接すぐには計算できない形式をとっています．そこで，以下では確率の計算のために帰納法的手法と前項で紹介したモーメントを用いた「近似計算」を紹介します．

■複合ポアソン分布の確率計算（帰納法的手法）

複合ポアソン分布に関して条件を一定制限すると，帰納法的手法によって確率の計算を簡易にすることができます．

《複合ポアソン分布の確率の計算（帰納法的手法）》

クレーム額が正の整数 i $(i=1,2,3,\cdots,m)$ をとり，その確率関数が $p(i)$ の複合ポアソン分布の確率関数 $f_S(x)$ は

$$f_S(x)=\sum_{i=1}^{\min(x,m)}\frac{i}{x}\lambda p(i)f_S(x-i)\qquad(x=1,2,3,\cdots)$$

という漸化式で計算することができる．

（導出方法の詳細は【例題 23】参照）

なお，クレーム件数がポアソン分布以外も想定した一般形である複合分布の確率計算には，次の漸化式が使用できます．

《複合分布の確率の計算（帰納法的手法）》

・クレーム件数の確率 $P(N=n)$ が，$\dfrac{P(N=n)}{P(N=n-1)}=a+\dfrac{b}{n}$　$(n=1,2,3,\cdots)$

という関係性を持ち，またクレーム額が正の整数 i $(i=1,2,3,\cdots,m)$ をとる場合，その確率が $p(i)$ の複合分布の確率関数 $f_S(x)$ は

$$f_S(x)=\sum_{i=1}^{\min(x,m)}\left(a+\frac{bi}{x}\right)\cdot p(i)\cdot f_S(x-i)\qquad(x=1,2,3,\cdots)$$

という漸化式で計算することができる．

（導出方法の詳細は【例題 22】参照）

■複合ポアソン分布の確率計算（近似計算）

複合ポアソン分布の近似としては，「正規分布 [†] での近似」と「**移動ガンマ**

† 正規分布：確率密度関数 $f(x)=\dfrac{1}{\sqrt{2\pi}\sigma}\exp\left\{-\dfrac{(x-\mu)^2}{2\sigma^2}\right\}$ の分布．詳細は第 III 部の付録 I「確率分布」参照．

分布[†]による近似」があげられます．

《複合ポアソン分布 S の正規分布による近似》
複合ポアソン分布 S に関して $Z = \dfrac{S - E(S)}{\sqrt{V(S)}}$ が $\lambda \to \infty$ のとき近似的に $N(0,1)$ に従うとすると，$P(S \leq x)$ は

$$P(S \leq x) \approx \int_{-\infty}^{\frac{x-E(S)}{\sqrt{V(S)}}} \frac{1}{\sqrt{2\pi}} e^{-\frac{t^2}{2}} dt$$

で計算される．

《複合ポアソン分布 S の移動ガンマ分布による近似》
複合ポアソン分布 S が移動ガンマ分布に近似的に従うとすると，$P(S \leq x)$ は

$$P(S \leq x) \approx G(x; \alpha, \beta, x_0)$$

（$G(x; \alpha, \beta, x_0)$：移動ガンマ分布の分布関数）

で計算される．なお，移動ガンマ分布のパラメータ x_0, α, β は，モーメント法による連立方程式

$$E(S) = x_0 + \frac{\alpha}{\beta} \qquad V(S) = \frac{\alpha}{\beta^2} \qquad E[(S - E(S))^3] = \frac{2\alpha}{\beta^3}$$

を解き，推定する．

（近似計算の計算例は【例題 18】参照）

[†]　移動ガンマ分布：ガンマ分布を右に x_0 移動させた分布．
分布関数；$G(x; \alpha, \beta, x_0) = \displaystyle\int_0^{x-x_0} \frac{\beta^\alpha}{\Gamma(\alpha)} t^{\alpha-1} e^{-\beta t} dt \qquad (x \geq x_0)$

例　題

【例題 1】 クレーム発生の確率

契約台数 150 件，クレーム頻度が 0.4%のポートフォリオがある．このポートフォリオの年間クレーム件数がポアソン分布に従うとした場合，同件数が 3 件以上である確率を求めよ．

<解答>

ポアソン分布の確率分布を $P(X=x)=e^{-\lambda}\dfrac{\lambda^x}{x!}$ とすると，題意よりパラメータ λ は

$$\lambda = 150 \times 0.4\% = 0.6$$

と計算される．よって，クレーム件数別の確率を順に求めると

$$\begin{aligned} P(X=0) &= e^{-0.6}\frac{0.6^0}{0!} = 54.9\% \\ P(X=1) &= e^{-0.6}\frac{0.6^1}{1!} = 32.9\% \\ P(X=2) &= e^{-0.6}\frac{0.6^2}{2!} = 9.9\% \end{aligned}$$

となることから，年間クレーム件数が 3 件以上である確率 $P(X \geq 3)$ は

$$P(X \geq 3) = 100\% - (54.9\% + 32.9\% + 9.9\%) = 2.3\%$$

となる．

<補足>

・ポアソン分布

確率関数：$P(N=n)=e^{-\lambda}\dfrac{\lambda^n}{n!} \qquad (n=0,1,2,\cdots)$

期待値，分散：$E(N)=V(N)=\lambda$

【例題 2】 クレーム頻度の推定①（モーメント法）

表 1 は，契約者 A の賠償責任保険の 2010 年度〜2014 年度の年間クレーム件数である．

(1) 契約者 A の年間クレーム件数は負の二項分布に従うと仮定し，モーメント法によって年間クレーム件数の確率関数を求めよ．なお，分散の推定

表 1

年度	年間 クレーム件数
2010	1 件
2011	3 件
2012	0 件
2013	2 件
2014	0 件
合計	6 件

にあたっては標本不偏分散を用いよ（推定するパラメータは小数点以下第 4 位を四捨五入せよ）.

(2) 上記 (1) で求めた確率変数を用いて，クレームが 1 年間発生しない確率を求めよ.

<解答>

(1) クレーム件数を確率変数 X とすると，確率変数は題意より負の二項分布に従うことから，クレーム件数の確率は

$$P(X=x)=\binom{\alpha+x-1}{x}p^{\alpha}\cdot q^{x}$$

となる.

このとき，確率変数の期待値，分散は $E(X)=\alpha\dfrac{q}{p}$, $V(X)=\alpha\dfrac{q}{p^2}$. 一方，実績データから平均値，不偏分散は

$$\begin{aligned}\bar{x}&=6\div 5=1.2\\ \overline{x^2}&=(1^2+3^2+2^2)\div 5=2.8\\ {s'}_X^2&=\frac{5(\overline{x^2}-\bar{x}^2)}{5-1}=\frac{5\times(2.8-1.2^2)}{4}=1.7\end{aligned}$$

となる.

以上より，モーメント法により以下の連立方程式

$$\alpha\frac{q}{p}=1.2 \qquad \alpha\frac{q}{p^2}=1.7$$

が成り立つ. これを解くことにより，パラメータの推定値は

$$\begin{aligned}\hat{p}&=1.2\div 1.7=0.706\\ \hat{q}&=1-\hat{p}=1-0.706=0.294\\ \hat{\alpha}&=1.2\times 0.706\div 0.294=2.882\end{aligned}$$

と求められる.

以上より, 年間クレーム件数の確率関数は

$$P(X=x)=\binom{1.882+x}{x}0.706^{2.882}\cdot 0.294^{x}$$

となる.

(2) 上記 (1) の確率関数に $X=0$ を代入して

$$P(X=0)=\binom{1.882}{0}0.706^{2.882}\cdot 0.294^{0}=0.706^{2.882}=0.3666\cdots\to 0.367$$

無事故確率は約 36.7%となる.

＜補足＞

・負の二項分布（第 III 部の付録 I「確率分布」参照）

確率関数：$f(x)=\binom{\alpha+x-1}{x}p^{\alpha}\cdot q^{x}\qquad(\alpha>0,\ 0<p<1,\ p+q=1)$

期待値：$E(X)=\alpha\dfrac{q}{p}$　　分散：$V(X)=\alpha\dfrac{q}{p^2}$

・$\binom{k}{0}=\dfrac{k!}{(k-0)!\times 0!}=\dfrac{1}{0!}=\dfrac{1}{1}=1$

・標本不偏分散 ${S'_X}^2$

標本不偏分散 ${S'_X}^2$ は標本分散 ${S_X}^2$ と異なり, 母分散（σ^2）の不偏推定量となっている（すなわち $E({S'_X}^2)=\sigma^2$ となり, 不偏性をもっている）.

標本分散：$${S_X}^2=\frac{\sum_{i=1}^{n}(X_i-\bar{X})^2}{n}$$　標本不偏分散：$${S'_X}^2=\frac{\sum_{i=1}^{n}(X_i-\bar{X})^2}{n-1}$$

【例題 3】クレーム頻度の推定②（最尤法）

表 1 は, ある保険会社の 1 年間における, 1 日当たりのクレーム件数の実績データである.

(1) 1 日当たりのクレーム件数はポアソン分布に従っていると仮定し, 最尤法で分布のパラメータを求め, さらに有意水準 0.05 でカイ二乗検定により適合度を検定せよ（なお, 期待値が 5 以下になるセグメントではデータをプールして検定を実施せよ）.

(2) (1) の結果に基づき, 正規近似によって 1 日当たりのクレーム件数の 95 %信頼区間を求めよ.

表 1

クレーム件数／日	日数
0 件	142 日
1 件	138 日
2 件	60 日
3 件	18 日
4 件	7 日
5 件以上	0 日
合計	365 日

<解答>

(1) 1 日当たりのクレーム件数を確率変数 X とし，確率分布を $P(X=x)=e^{-\lambda}\dfrac{\lambda^x}{x!}$ とする．

尤度関数は $L(\lambda)=\displaystyle\prod_{x=0}^{4}\{P(X=x)\}^{n_x}=\prod_{x=0}^{4}\left\{e^{-\lambda}\frac{\lambda^x}{x!}\right\}^{n_x}$ となり，対数尤度は

$$\log L(\lambda)=\sum_{x=0}^{4}n_x(-\lambda+x\log\lambda-\log x!)$$

と計算される．これから尤度方程式を立て，λ について解くと

$$\frac{\partial}{\partial\lambda}\log L(\lambda)=\sum_{x=0}^{4}n_x(-1+\frac{x}{\lambda})=0$$

$$\therefore\ \hat{\lambda}=\frac{\displaystyle\sum_{x=0}^{4}xn_x}{\displaystyle\sum_{x=0}^{4}n_x}=\bar{x}$$

と最尤推定量は $\hat{\lambda}=\bar{X}$ であることがわかる．

実績データを当てはると．パラメータの最尤推定値は

$$\hat{\lambda}=\bar{x}=\frac{0\times142+1\times138+\cdots+4\times7}{365}=0.93$$

確率分布は $P(X=x)=e^{-0.93}\dfrac{0.93^x}{x!}$ と推定される．

次に，最尤推定値に基づいて，1 年間（$n=365$）のクレーム件数の分布の理論値 $(n\times P(X=x_i)=np_i)$ を計算し，実績値 (x_i) と合わせて，カイ二乗検定のための検定統計量 $T=\displaystyle\sum_{i=1}^{n}\frac{(x_i-np_i)^2}{np_i}$ を算出すると，表 2 のようになる．

表 2

クレーム件数/日	理論確率 (p_i)	理論値 (np_i)	一部をプールした理論値	一部をプールした実績値 (x_i)	差	$\dfrac{(x_i - np_i)^2}{np_i}$
	a	$a\times 365$	b	c	$d = c - b$	d^2/b
0	0.395	144.2	144.2	142	−2.2	0.03
1	0.367	134	134	138	4.0	0.12
2	0.171	62.4	62.4	60	−2.4	0.09
3	0.053	19.3	19.3	18	−1.3	0.09
4	0.012	4.4	5.1	7	1.9	0.71
5 以上	0.002	0.7				
合計	1.000	365	365	365		1.04

以上より，$T = 1.04 < 7.81 = \chi^2_{5-1-1}(0.05)$ であることから，帰無仮説（クレーム件数は，パラメータ $\hat{\lambda} = 0.93$ ポアソン分布に従っている）は棄却されない．

(2) 最尤推定量 $\bar{X}$ の分散は

$$V(\hat{\lambda}) = V(\bar{X}) = V\left(\frac{X_1 + \cdots + X_{365}}{365}\right) = \frac{V(X)}{365} = \frac{\hat{\lambda}}{365}$$

となる．

ここで，分散の算出にあたっても，最尤推定値（$\hat{\lambda} = \bar{x}$）を代替して用いると，正規近似による1日当たりのクレーム件数の信頼区間は

$$\hat{\lambda} - 1.96 \times \sqrt{\frac{\hat{\lambda}}{365}} \le \lambda \le \hat{\lambda} + 1.96 \times \sqrt{\frac{\hat{\lambda}}{365}}$$

$$\bar{x} - 1.96 \times \sqrt{\frac{\bar{x}}{365}} \le \lambda \le \bar{x} + 1.96 \times \sqrt{\frac{\bar{x}}{365}}$$

$$0.93 - 1.96 \times \sqrt{\frac{0.93}{365}} \le \lambda \le 0.93 + 1.96 \times \sqrt{\frac{0.93}{365}}$$

$$\therefore 0.83 \le \lambda \le 1.03$$

と計算される．

<補足>
・適合度の検定

セグメント (i)	1	2	$\cdots$	n	計
実績度数	X_1	X_2		X_n	N
出現確率	p_1	p_2		p_n	1
理論値	Np_1	Np_2		Np_n	N

帰無仮説 H_0：$f(i) = p_i \quad (i = 1, 2, \cdots, n)$ 下で，統計量 $T = \sum_{i=1}^{n} \frac{(X_i - Np_i)^2}{Np_i}$ は，近似的に自由度 $(n-s-1)$ のカイ二乗分布に従う．
(s：帰無仮説 H_0 に含まれる，標本から推定したパラメータの数)

・適合度検定では一般的に理論値が 5 以上であることが求められることから，本問ではクレーム件数 4 件以上のセグメントをプールし，自由度を設定する際のセグメントが $n=5$ となっている．

【例題 4】 クレーム頻度の推定③（最尤法）

表 1 は，ある自動車保険の契約毎の 1 年間のクレーム件数の実績データである．

表 1

1 年間における クレーム件数 (y)	契約台数 (x)
0 件	810 台
1 件	185 台
2 件	5 台
3 件	0 台
合計	1,000 台

個々の契約のクレーム件数 (Y_i) は互いに独立であり，個々の契約毎の 1 年間のクレーム件数の確率は，確率関数

$$P(Y_i = y) = f(y) = {}_nC_y p^y (1-p)^{n-y} \quad (y = 0, 1, 2, \cdots, n)$$

の二項分布に従っているとする．このとき，以下の問いに答えよ．

(1) 最尤法により，個々の契約毎の1年間のクレーム件数（=クレーム頻度）を推定せよ（なお，年間クレーム件数は最大3件とする）．

(2) 保険料の設計において，クレーム頻度を保険会社にとって保守的に織り込むために，上側5%となるクレーム頻度を求めたい．正規近似で何%となるか推定せよ．

<解答>

(1) クレーム頻度 p を最尤法で推定する．

$$\begin{aligned} L(p) &= \{f(0)\}^{x_0}\cdot\{f(1)\}^{x_1}\cdot\{f(2)\}^{x_2} \\ &= \{(1-p)^n\}^{x_0}\cdot\{np(1-p)^{n-1}\}^{x_1}\cdot\left\{\frac{n(n-1)}{2}p^2(1-p)^{n-2}\right\}^{x_2} \end{aligned}$$

ゆえに，対数尤度は

$$\begin{aligned} \log L(p) &= x_0 n\log(1-p) + x_1\{\log n+\log p+(n-1)\log(1-p)\} \\ &\quad + x_2\left\{\log\frac{n(n-1)}{2}+2\log p+(n-2)\log(1-p)\right\} \end{aligned}$$

であるから，尤度方程式を立てて p について解けば

$$\frac{\partial}{\partial p}\log L(p) = \frac{-x_0 n}{1-p} + x_1\left(\frac{1}{p}-\frac{n-1}{1-p}\right) + x_2\left(\frac{2}{p}-\frac{n-2}{1-p}\right) = 0$$

$$\frac{x_1+2x_2}{p} - \frac{nx_0+(n-1)x_1+(n-2)x_2}{1-p} = 0$$

$$p = \frac{x_1+2x_2}{n(x_0+x_1+x_2)}$$

となる．ここで，年間クレーム件数は最大3件であることから $n=3$ であり，また $x_0=810, x_1=185, x_2=5$ であるのでパラメータの最尤推定値として

$$\hat{p} = \frac{185+2\times 5}{3\times 1{,}000} = 6.5\%$$

となり，クレーム頻度は6.5%と推定される．

なお，個々の契約毎のクレーム件数を確率変数 Y_i とした場合，最尤推定量 $\hat{p}$ は

$$\begin{aligned} \hat{p} &= \frac{0\cdot X_0+1\cdot X_1+2X_2}{n(X_0+X_1+X_2)} = \frac{1}{n}\times\frac{\sum_{i=1}^{1{,}000} Y_i}{1{,}000} \quad (\because X_0+X_1+X_2=1000) \\ &= \frac{1}{n}\times\bar{Y} \end{aligned}$$

と変形し，確率変数 Y_i の標本平均を n で割ったものとなっている．

(2) 最尤推定量の分散は

$$V(\hat{p}) = V\left(\frac{\bar{Y}}{n}\right) = \frac{1}{n^2}V\left(\frac{Y_1+\cdots+Y_{1,000}}{1,000}\right) = \frac{1}{n^2}\cdot\frac{V(Y)}{1,000} = \frac{1}{n^2}\cdot\frac{np(1-p)}{1,000}$$

$$= \frac{p(1-p)}{1,000n}$$

となる．

ここで，標準偏差の推定にあたっても，最尤推定値を代替して用いると

$$\hat{\sigma} = \sqrt{\frac{0.065\times(1-0.065)}{1,000\times 3}} = 0.45\%$$

以上より，上側確率が 5%となるクレーム頻度は正規近似を用いて

$$\hat{p} + u(0.05)\times\hat{\sigma} = 6.5\% + 1.645\times 0.45\% = \underline{7.240\%}$$

と推定される．

<補足>

・二項分布 $B(n,p)$（第 III 部の付録 I 「確率分布」参照）

確率関数：$f(x) = {}_nC_x p^x q^{n-x}$　$(x=0,1,2,\cdots,n)$　$p+q=1$

期待値：$E(X)=np$　分散：$V(X)=npq$

【例題 5】 クレーム頻度モデルの比較

表 1 は，ある保険契約（契約件数 20 件）の 1 年間のクレーム件数の実績データである．このデータに基づいて，以下の問いに答えよ．

表 1

1 年間の クレーム件数	契約件数
0 件	12 件
1 件	5 件
2 件	3 件
3 件以上	0 件
合計	20 件

(1) 1 年間のクレーム件数はポアソン分布に従っているとし，最尤法でクレーム件数の分布のパラメータを求めよ．

(2) 1年間のクレーム件数の幾何分布に従っているとし，最尤法で分布のパラメータを求めよ．

(3) AIC（赤池情報量基準）を用いて，上記(1)のポアソン分布と，上記(2)の幾何分布との適合度の比較をせよ．

<解答>

(1) 確率関数を $P(X=x)=e^{-\lambda}\dfrac{\lambda^x}{x!}$ とする．

尤度関数は $L(\lambda)=\prod_{x=0}^{\infty}\{P(X=x)\}^{n_x}=\prod_{x=0}^{2}\left\{e^{-\lambda}\dfrac{\lambda^x}{x!}\right\}^{n_x}$ となり，対数尤度は $\log L(\lambda)=\sum_{x=0}^{2}n_x(-\lambda+x\log\lambda-\log x!)$ で計算される．これから，尤度方程式を立てると

$$\frac{\partial}{\partial\lambda}\log L(\lambda)=\sum_{x=0}^{2}n_x\left(-1+\frac{x}{\lambda}\right)=0$$

$$\therefore\lambda=\frac{\sum_{x=0}^{2}xn_x}{\sum_{x=0}^{2}n_x}=\bar{x}$$

ここで，データからパラメータの最尤推定値は

$$\hat{\lambda}=\bar{x}=\frac{0\times 12+1\times 5+2\times 3}{20}=0.55$$

となる．

(2) 幾何分布の確率関数を $P(X=x)=p\cdot q^x=p\cdot(1-p)^x$ として，同様に尤度関数

$$\log L(p)=\sum_{x=0}^{2}n_x(\log p+x\log(1-p))$$

$$\frac{\partial}{\partial p}\log L(p)=\sum_{x=0}^{2}n_x\left(\frac{1}{p}-\frac{x}{1-p}\right)=0$$

$$\frac{1}{p}-\frac{\bar{x}}{1-p}=0$$

$$\therefore\hat{p}=\frac{1}{1+\bar{x}}=\frac{1}{1+0.55}=0.6451\cdots\to\underline{0.65}$$

(3) それぞれのモデルに対してAIC（赤池情報量基準）を計算し，適合度の比較を行う．

< AIC（赤池情報量基準）>
$AIC = -2\log(L) + 2k$
$\log(L)$：対数尤度 k：モデルに含まれるパラメータの数
AIC が小さいものほど，モデルの予測力（適合度）が高い．

前記 (1)，(2) の結果を用いて，下表のとおり AIC を算出した．

表 2

クレーム件数	契約件数	理論確率(最尤推定に基づく)		途中計算値	
		ポアソン分布	幾何分布	ポアソン分布	幾何分布
x	a	$b = e^{-0.55}\dfrac{0.55^x}{x!}$	$c = 0.65 \times 0.35^x$	$d_1 = b^a$	$d_2 = c^a$
0	12	57.7%	65.0%	0.0014	0.0057
1	5	31.7%	22.8%	0.0032	0.0006
2	3	8.7%	8.0%	0.0007	0.0005
3	0	1.6%	2.8%	1.0000	1.0000

対数尤度	$f = \log(\Pi d_i)$	−19.66	−20.16
パラメータ数	g	1	1
AIC	$h = -2 \times f + 2 \times g$	41.32	42.32

ポアソン分布の AIC の方が小さく，より適合していると推測される．

<補足>

・幾何分布 (第 III 部の付録 I「確率分布」参照)
　確率関数 $P(X = x) = p \cdot q^x$（$0 < p < 1$ $p + q = 1$）

【例題 6】集団全体としてのクレーム件数の分布

100 名の加入者で構成される保険契約集団について，以下のことが判明している．

①個々の契約者 $i(i = 1, 2, \cdots, 100)$ のクレームの有無 Y_i（クレームありの場合 $Y_i = 1$，クレームなしの場合 $Y_i = 0$）は二項分布 $Bin(1, p_i)$ に従い，互いに独立とする．

②$\bar{p} = \dfrac{\sum_{i=1}^{100} p_i}{100} = 5\%$

③クレームが発生した契約1件に対して，保険金を定額5万円支払う．

このとき，下記の問いに答えよ．

(1) 集団全体における，クレームありの契約件数の期待値を求めよ．

(2) 集団全体における，クレームありの契約件数の分散の最大値を求めよ．

(3) 保険会社がこの集団の保険を引き受けるに当たり，上記 (2) の場合の保険金の上振れ（上側確率1%）に備えて，純保険料（=保険金の期待値）とは別に，予備のファンドをいくら準備しておくべきか，推定せよ．

<解答>

(1) 個々の契約者 $i (i = 1, 2, \cdots, 100)$ のクレームの有無 Y_i（クレームありの場合 $Y_i = 1$，クレームなしの場合 $Y_i = 0$）は二項分布 $Bin(1, p_i)$ に従うことから

$$P(Y_i = y_i) = p^{y_i}(1-p)^{1-y_i} \qquad (y_i = 0, 1)$$

と表され，期待値，分散は

$$\begin{aligned} E(Y_i) &= p_i \\ V(Y_i) &= p_i(1-p_i) \end{aligned}$$

となる．

一方，集団全体におけるクレームありの契約件数の合計は $X = Y_1 + Y_2 + \cdots + Y_n$ と表されるので，その期待値 $E(X)$ は

$$\begin{aligned} E(X) &= E(Y_1 + Y_2 + \cdots + Y_{100}) \\ &= E(Y_1) + E(Y_2) + \cdots + E(Y_{100}) \\ &= p_1 + p_2 + \cdots + p_{100} \\ &= 100\bar{p} = 100 \times 5\% = 5 \end{aligned}$$

と5件と推定される．

(2) 集団全体における，クレームありの契約件数の分散 $V(X)$ は

$$\begin{aligned} V(X) &= V(Y_1 + Y_2 + \cdots + Y_{100}) \\ &= V(Y_1) + V(Y_2) + \cdots + V(Y_{100}) \\ &= \sum_{i=1}^{100} p_i(1-p_i) \end{aligned}$$

ここで，ラグランジュの未定乗数法を用いて，$\bar{p} = \dfrac{\sum_{i=1}^{100} p_i}{100} = 5\%$ の条件付きで $V(X) = \sum_{i=1}^{100} p_i(1-p_i)$ の極値を求める．

具体的には，極値を求めるために，$W = \sum_{i=1}^{100} p_i(1-p_i) - \lambda \left(\frac{\sum_{i=1}^{100} p_i}{100} - 5\% \right)$ を偏微分した方程式 $\frac{\partial W}{\partial p_1} = \frac{\partial W}{\partial p_1} = \cdots = \frac{\partial W}{\partial p_{100}} = 0$ を解けばよい．

$$\frac{\partial W}{\partial p_i} = -2p_i - \frac{\lambda}{100} = 0 \quad (i = 1, 2, \cdots, 100) \cdots\cdots (\mathrm{a})$$

なので，これを $i = 1, 2, \cdots, 100$ で足しあわせると

$$-2\sum_{i=1}^{100} p_i - \sum_{i=1}^{100} \frac{\lambda}{100} = 0$$

$$-2 \times (100 \times 5\%) - \lambda = 0 \quad \left(\because \bar{p} = \frac{\sum_{i=1}^{100} p_i}{100} = 5\% \right)$$

$$\lambda = -2 \times (100 \times 5\%) \cdots\cdots (\mathrm{b})$$

となる．

式 (a) から $p_i = -\frac{\lambda}{2 \times 100}$ となり，これを式（b）に代入すると，

$$p_i = -\frac{-2 \times (100 \times 5\%)}{2 \times 100} = 5\% \quad (i = 1, 2, \cdots, 100)$$

となる．極値をとるのは，この各契約のクレームありの確率がすべて等しく $p_i = 0.05$ となる場合のみであり，その場合，$V(X) = 100 \times 0.05 \times (1 - 0.05) = 4.75$ となり，他の数値例[†]と比較すると最大値であることがわかる．

(3) 分散 $V(X) = 4.75$ の場合において，クレームあり契約の件数の上振れ（上側確率 1 %）幅は，

$$u(0.01) \times \sqrt{V(X)} = 2.326 \times \sqrt{4.75} = 5.069 \cdots$$

と約 5.07 件であるので，保険金の予備のファンドとして

$$5.07 \times 5 = 25.35$$

と約 25 万円準備しておく必要がある．

---

† $\bar{p} = \frac{\sum_{i=1}^{100} p_i}{100} = 5\%$ を満たす $p_i = \begin{cases} 0.5 & (i \leq 10) \\ 0 & (i \geq 11) \end{cases}$ の場合，$V(X) = 10 \times 0.5 \times (1 - 0.5) = 2.5 < 4.75$ となる．

<補足>

・二項分布（第 III 部の付録 I「確率分布」参照）

確率関数 $f(x)=\begin{pmatrix} n \\ x \end{pmatrix} p^x q^{n-x} \quad (p+q=1)$

期待値：$E(X)=np$　　分散：$V(X)=npq$

・ラグランジュの未定乗数法（第 III 部の付録 II「数学公式集」参照）

$g(x_1,x_2,\cdots,x_n)=k$ の条件付きで $f(x_1,x_2,\cdots,x_n)$ の極値（極大，極小）を求めるには，$W=f(x_1,x_2,\cdots,x_n)-\lambda\{g(x_1,x_2,\cdots,x_n)-k\}$ について

$$\frac{\partial W}{\partial x_1}=\frac{\partial W}{\partial x_2}=\cdots=\frac{\partial W}{\partial x_n}=\frac{\partial W}{\partial \lambda}=0$$

の解を解けばよい．

・本問題の結果から，全契約者のクレーム頻度が均質な場合に契約者集団全体のロスの散らばり（不安定さ）が最大となることがわかる．これを一般論として眺めると，統計的には構成員の不均質＝多様性が集団全体の「安定」につながると解釈できるようにも思われる．

・なお，本問題の (3) では保険金の上振れ幅を求めたが，これは 5 章の「リスク量」に相当する（第 5 章 要項 5.4 参照）．

【例題 7】パラメータの異なる集団におけるクレーム頻度（負の二項分布）

あるドライバーの 1 年間の自動車クレーム件数は，パラメータ Λ のポアソン分 $P(N=n)=e^{-\Lambda}\dfrac{\Lambda^n}{n!}$ に従い，またパラメータ Λ も確率密度関数 $g_\Lambda(\lambda)=\dfrac{\beta^\alpha}{\Gamma(\alpha)}\lambda^{\alpha-1}e^{-\beta\lambda}$ のガンマ分布に従うとき，無作為に抽出したドライバーの年間クレーム件数の確率関数を求めよ．

<解答>

自動車クレーム件数はパラメータ $\Lambda=\lambda$ の条件付きでポアソン分布に従うことから，その確率は

$$P(N=n|\Lambda=\lambda)=e^{-\lambda}\frac{\lambda^n}{n!}$$

となる．この条件付きをなくすためには，次の計算を行えばよい．

$$\begin{aligned}
P(N=n) &= \int_\lambda P(N=n,\Lambda=\lambda)d\lambda=\int_\lambda P(N=n|\Lambda=\lambda)P(\Lambda=\lambda)d\lambda \\
&= \int_0^\infty e^{-\lambda}\frac{\lambda^n}{n!}\cdot\frac{\beta^\alpha}{\Gamma(\alpha)}\lambda^{\alpha-1}e^{-\beta\lambda}d\lambda=\frac{\beta^\alpha}{n!\Gamma(\alpha)}\int_0^\infty \lambda^{n+\alpha-1}e^{-(\beta+1)\lambda}d\lambda \\
&= \frac{\beta^\alpha}{n!(\alpha-1)!}\cdot\frac{\Gamma(n+\alpha)}{(\beta+1)^{n+\alpha}}=\frac{(n+\alpha-1)!}{n!(\alpha-1)!}\cdot\left(\frac{\beta}{\beta+1}\right)^\alpha\cdot\left(1-\frac{\beta}{\beta+1}\right)^n
\end{aligned}$$

$$= \binom{n+\alpha-1}{n} \cdot p^{\alpha} \cdot (1-p)^{n} \qquad \left(p = \frac{\beta}{\beta+1}\right)$$

以上より，パラメータが異なる集団から抜き出されたドライバーのクレーム頻度は，確率

$$P(N=n) = \binom{n+\alpha-1}{n} \cdot p^{\alpha} \cdot (1-p)^{n} \qquad \left(p = \frac{\beta}{\beta+1}\right)$$

の負の二項分布に従うことがわかる.

＜補足＞

・ガンマ関数　　n が整数の場合，$\Gamma(n) = (n-1)!$

・負の二項分布

確率関数：$f(x) = \binom{\alpha+x-1}{x} p^{\alpha} \cdot q^{x} \qquad (\alpha > 0,\ 0 < p < 1,\ p+q=1)$

期待値：$E(X) = \alpha\dfrac{q}{p}$　　　分散：$V(X) = \alpha\dfrac{q}{p^2}$

・本問の結果から自動車の運転技術や安全意識（パラメータ Λ に相当）の差によって，ドライバー毎のリスクが異なる場合には負の二項分布があてはまることがわかる.

【例題 8】 クレーム額の確率

ある保険商品のクレーム額は期待値 200，分散 40,000 の対数正規分布に従うことがわかっている．このとき，クレーム額が 300 を超過する確率を求めよ（$\log_e 2 \fallingdotseq 0.693$，$\log_e 3 \fallingdotseq 1.099$，$\log_e 10 \fallingdotseq 2.303$ を計算に用いよ）.

＜解答＞

対数正規分布に従う確率変数 X の期待値，二次モーメント

$$E(X) = \exp\left(\mu + \frac{\sigma^2}{2}\right) \qquad E(X^2) = \exp(2\mu + 2\sigma^2)$$

を用いて

$$E(X) = 200 = \exp\left(\mu + \frac{\sigma^2}{2}\right)$$

$$E(X^2) = V(X) + E(X)^2 = 40,000 + 200^2 = 80,000 = \exp(2\mu + 2\sigma^2)$$

$$\begin{cases} \mu + \dfrac{\sigma^2}{2} = \log 200 = \log 2 + 2\log 10 \fallingdotseq 0.693 + 2 \times 2.303 = 5.299 \\ 2\mu + 2\sigma^2 = \log 80,000 = 3\log 2 + 4\log 10 \fallingdotseq 11.291 \end{cases}$$

$$\therefore \mu = 4.593 \qquad \sigma^2 = 0.693$$

よって，クレーム額が 300 を超過する確率 $P(X>300)$ は

$$P(X>300)=1-\Phi\left(\frac{\log 300-4.953}{\sqrt{0.693}}\right)$$
$$=1-\Phi(0.903)\fallingdotseq 1-0.817=\underline{18.3\%}$$

<補足>

・対数正規分布（第 III 部の付録 I「確率分布」参照）
　確率変数 X が対数正規分布に従う場合，$\log X$ は $N(\mu,\sigma^2)$ に従う．
　期待値：$E(X)=\exp\left(\mu+\dfrac{\sigma^2}{2}\right)$　　二次モーメント：$E(X^2)=\exp(2\mu+2\sigma^2)$

・$\Phi(x)$：標準正規分布の分布関数

$$\Phi(x)=\int_{-\infty}^{x}\frac{1}{\sqrt{2\pi}}e^{-\frac{t^2}{2}}dt$$

【例題 9】クレーム額分布の推定①（最尤法）

　ある保険商品のクレーム１件ごとのクレーム額は，対数正規分布（確率密度関数：$f(x)=\dfrac{1}{\sqrt{2\pi}\sigma x}\exp\left\{-\dfrac{(\log x-\mu)^2}{2\sigma^2}\right\}$）に従うことがわかっている．このとき，$n$ 件のクレーム額のデータを $x_1,x_2,\cdots,x_n$ とする．

(1) 尤度関数の式を求めよ．

(2) (1) の結果から，最尤法によりクレーム額の分布のパラメータの最尤推定値を求めよ．

(3) 最尤推定量 $\hat{\theta}$ は，標本数 $n\to\infty$ のとき，漸近的に正規分布 $N\left(\theta,\dfrac{1}{I(\theta)}\right)$ に従う．この性質を用いて，信頼係数 $p\%$ でパラメータを区間推定せよ（$I(\theta)$ は フィッシャー情報量）．

<解答>

　(1) 尤度関数は $L(\theta)=\prod_{i=1}^{n}f(x_i;\theta)$ なので，本問では

$$L(\mu,\sigma)=\prod_{i=1}^{n}f(x_i;\mu,\sigma)=\prod_{i=1}^{n}\frac{1}{\sqrt{2\pi}\sigma x_i}\exp\left\{-\frac{(\log x_i-\mu)^2}{2\sigma^2}\right\}$$

　(2) 最尤推定値を求めるため，次のとおり，尤度方程式を立てた．
　尤度関数の対数をとり

$$\log L(\mu,\sigma)=-\sum_{i=1}^{n}\log x_i-n\log\sigma-\left(\frac{n}{2}\right)\log 2\pi-\sum_{i=1}^{n}\frac{(\log x_i-\mu)^2}{2\sigma^2}$$

パラメータで偏微分した式

$$\frac{\partial}{\partial \mu}(\log L(\mu,\sigma)) = \sum_{i=1}^{n} \frac{(\log x_i - \mu)}{\sigma^2}$$
$$\frac{\partial}{\partial \sigma}(\log L(\mu,\sigma)) = -\frac{n}{\sigma} + \sum_{i=1}^{n} \frac{(\log x_i - \mu)^2}{\sigma^3}$$

が0となるのが尤度方程式なので

$$\frac{\partial}{\partial \mu}(\log L(\mu,\sigma)) = 0 \qquad \frac{\partial}{\partial \sigma}(\log L(\mu,\sigma)) = 0$$

上の方程式を解き，最尤推定値

$$\hat{\mu} = \frac{1}{n}\sum_{i=1}^{n} \log x_i \qquad \hat{\sigma} = \sqrt{\frac{1}{n}\sum_{i=1}^{n} (\log x_i - \mu)^2}$$

が得られる．

(3) 多変数の場合，フィッシャー情報量は行列で表現され

$$I(\mu,\sigma) = \begin{bmatrix} -E\left(\frac{\partial^2}{\partial \mu^2}\log L(\mu,\sigma)\right) & -E\left(\frac{\partial^2}{\partial \mu \partial \sigma}\log L(\mu,\sigma)\right) \\ -E\left(\frac{\partial^2}{\partial \mu \partial \sigma}\log L(\mu,\sigma)\right) & -E\left(\frac{\partial^2}{\partial \sigma^2}\log L(\mu,\sigma)\right) \end{bmatrix}$$

このとき

$$\frac{\partial^2}{\partial \mu^2}\log L(\mu,\sigma) = -\frac{n}{\sigma^2}$$
$$\frac{\partial^2}{\partial \mu \partial \sigma}\log L(\mu,\sigma) = -2\sum_{i=1}^{n} \frac{(\log X_i - \mu)}{\sigma^3}$$
$$\frac{\partial^2}{\partial \sigma^2}\log L(\mu,\sigma) = \frac{n}{\sigma^2} - 3\sum_{i=1}^{n} \frac{(\log X_i - \mu)^2}{\sigma^4}$$

なので

$$E_X\left[\frac{\partial^2}{\partial \mu^2}\log L(\mu,\sigma)\right] = -\frac{n}{\sigma^2}$$

$$E\left[\frac{\partial^2}{\partial \mu \partial \sigma}\log L(\mu,\sigma)\right] = E\left[-2\sum_{i=1}^{n} \frac{(\log X_i - \mu)}{\sigma^3}\right] = -2\sum_{i=1}^{n} \frac{(\overbrace{E[\log X_i]}^{\mu} - \mu)}{\sigma^3} = 0$$

$$E_X\left[\frac{\partial^2}{\partial\sigma^2}\log L(\mu,\sigma)\right] = \frac{n}{\sigma^2}-\frac{3}{\sigma^4}\underbrace{E\left[\sum_{i=1}^{n}(\log X_i-\mu)^2\right]}_{n\sigma^2}=-\frac{2n}{\sigma^2}$$

$$\therefore I(\mu,\sigma)=\begin{bmatrix}\dfrac{n}{\sigma^2} & 0\\ 0 & \dfrac{2n}{\sigma^2}\end{bmatrix}$$

以上より，最尤推定量は母数を期待値，フィッシャー情報行列の逆行列を共分散行列に持つことが知られているので

$$I(\mu,\sigma)^{-1}=\frac{1}{\frac{n}{\sigma^2}\cdot\frac{2n}{\sigma^2}}\begin{bmatrix}\dfrac{2n}{\sigma^2} & 0\\ 0 & \dfrac{n}{\sigma^2}\end{bmatrix}=\begin{bmatrix}\dfrac{\sigma^2}{n} & 0\\ 0 & \dfrac{\sigma^2}{2n}\end{bmatrix}$$

$$\begin{bmatrix}\mu\\ \sigma\end{bmatrix}\cong N\left(\begin{bmatrix}\mu\\ \sigma\end{bmatrix},\begin{bmatrix}\dfrac{\sigma^2}{n} & 0\\ 0 & \dfrac{\sigma^2}{2n}\end{bmatrix}\right)$$ なので，信頼区間は

$$\hat{\mu}-u\left(\frac{1-p}{2}\right)\cdot\sqrt{\frac{\hat{\sigma}^2}{n}}\le\mu\le\hat{\mu}+u\left(\frac{1-p}{2}\right)\cdot\sqrt{\frac{\hat{\sigma}^2}{n}}$$

$$\hat{\sigma}-u\left(\frac{1-p}{2}\right)\cdot\sqrt{\frac{\hat{\sigma}^2}{2n}}\le\sigma\le\hat{\sigma}+u\left(\frac{1-p}{2}\right)\cdot\sqrt{\frac{\hat{\sigma}^2}{2n}}$$

<補足>

・最尤推定量の分布

《パラメータが単変数の場合》

最尤推定量 $\hat{\theta}$ は $n\to\infty$ のとき漸近的に $N\left(\theta,\dfrac{1}{I(\theta)}\right)$ に従う．

$I(\theta)$ はフィッシャー情報量（Fisher's information）．

$$\begin{aligned}I(\theta) &= -E\left(\frac{\partial^2}{\partial\theta^2}\log L(\theta)\right)\\ &= -E\left\{\sum_{i=1}^{n}\frac{\partial^2}{\partial\theta^2}\log f(x_i;\theta)\right\}\\ &= -nE\left\{\frac{\partial^2}{\partial\theta^2}\log f(x;\theta)\right\}\\ &= -nI_1(\theta)\end{aligned}$$

$I_1(\theta)$ はデータ1個当たりのフィッシャー情報量.

《パラメータが多変数の場合》

最尤推定量 $\hat{\Theta}=(\hat{\theta}_1,\hat{\theta}_2,\cdots,\hat{\theta}_k)$ は $n\to\infty$ のとき漸近的に $N(\hat{\Theta},I(\hat{\Theta})^{-1})$ に従う.

$I(\theta)$ はフィッシャー情報行列(Fisher's information matrix).

$$I(\Theta)^{-1}\text{は}\ I(\Theta)\ \text{の逆行列.}$$
$$I(\Theta)=(a_{ij})\qquad a_{ij}=-E\left(\frac{\partial^2}{\partial\theta_i\theta_j}\log L(\theta)\right)$$

・$u(\alpha)$：標準正規分布 Z の上側 α 点

$$P(Z\geq u(\alpha))=\alpha$$
$$u(0.050)=1.645$$
$$u(0.025)=1.960$$

【例題 10】クレーム額分布の推定②（最尤法）

ある保険のクレーム額 (X) の実績として，以下のデータ（クレーム件数100件）を得ている.

$$\sum_{i=1}^{100}x_i=26,730\quad \sum_{i=1}^{100}\log x_i=512\quad \sum_{i=1}^{100}(\log x_i)^2=2,714$$

(1) 同保険のクレーム額は対数正規分布（確率密度関数 $f(x)=\frac{1}{\sqrt{2\pi}\sigma x}\exp\left\{-\frac{(\log x-\mu)^2}{2\sigma^2}\right\}$）に従うとした場合，最尤法によってパラメータ μ，σ を推定せよ.

(2) 上記 (1) で求めたパラメータ μ，σ を用いて，クレーム額（X）の上側5%点を求めよ.

(3) パラメータ μ，σ の 90%信頼区間を推定せよ.

(4) 上記 (3) の信頼区間の上限値を用いた場合の，クレーム額の期待値を求めよ.

<解答>

(1) 尤度関数

$$L(\mu,\sigma)=\prod_{i=1}^{100}\frac{1}{x_i\sigma\sqrt{2\pi}}\exp\left(-\frac{(\log x_i-\mu)^2}{2\sigma^2}\right)$$

を微分して

$$\log L(\mu,\sigma)=-\sum_{i=1}^{10}\log x_i-100\log\sigma-\left(\frac{100}{2}\right)\log 2\pi-\sum_{i=1}^{100}\frac{(\log x_i-\mu)^2}{2\sigma^2}$$

ゆえに，尤度方程式は

$$\frac{\partial}{\partial\mu}\log L(\mu,\sigma)=\sum_{i=1}^{100}\frac{(\log x_i-\mu)}{2\sigma^2}=0$$

$$\frac{\partial}{\partial\sigma}\log L(\mu,\sigma)=-\frac{100}{\sigma}+\sum_{i=1}^{100}\frac{(\log x_i-\mu)^2}{\sigma^3}=0$$

となり，これを解いて最尤推定値は

$$\hat{\mu}=\frac{1}{100}\sum_{i=1}^{100}\log x_i=\frac{5.12}{100}=5.12$$

$$\begin{aligned}\hat{\sigma}&=\sqrt{\frac{1}{100}\sum_{i=1}^{100}(\log x_i-\hat{\mu})^2}=\sqrt{\frac{1}{100}\sum_{is=1}^{100}(\log x_i)^2-\left(\frac{1}{100}\sum_{i=1}^{100}\log x_i\right)^2}\\&=\sqrt{\frac{2,714}{100}-5.12^2}=0.962\end{aligned}$$

と計算される．

(2) クレーム額（X）の上側5%点を $x_{5\%}$，$t=\log x_{5\%}$ とする．
クレーム額 (X) は対数正規分布（パラメータ $\mu=5.12$ $\sigma=0.962$）に従うことから，$\log X\approx N(5.12,0.962)$ となるため

$$\begin{aligned}&P(\log X\le t)=0.95\\&t=\mu+\Phi^{-1}(0.95)\times\sigma=5.12+1.645\times0.962=6.70\\&\log x_{5\%}=6.70\\&x_{5\%}=\exp(6.70)=814.4\cdots\to\underline{814}\end{aligned}$$

(3) 【例題9】の結果よりパラメータの p% 信頼区間区間は

$$\hat{\mu}-u\left(\frac{1-p}{2}\right)\cdot\sqrt{\frac{\hat{\sigma}^2}{n}}\le\mu\le\hat{\mu}+u\left(\frac{1-p}{2}\right)\cdot\sqrt{\frac{\hat{\sigma}^2}{n}}$$

$$\hat{\sigma}-u\left(\frac{1-p}{2}\right)\cdot\sqrt{\frac{\hat{\sigma}^2}{2n}}\le\sigma\le\hat{\sigma}+u\left(\frac{1-p}{2}\right)\cdot\sqrt{\frac{\hat{\sigma}^2}{2n}}$$

となり，これらに $u\left(\dfrac{1-0.90}{2}\right)=u(0.05)=1.645$，$\hat{\mu}=5.12$，$\hat{\sigma}=0.962$，$n=100$ を代入し，

$$5.12-1.645\times\sqrt{\frac{0.962^2}{100}}\le\mu\le5.12+1.645\cdot\sqrt{\frac{0.962^2}{100}}$$

$$0.962-1.645\times\sqrt{\frac{0.962^2}{200}}\le\sigma\le0.962+1.645\times\sqrt{\frac{0.962^2}{200}}$$

$$4.93 \leq \mu \leq 5.31$$
$$0.829 \leq \sigma \leq 1.095$$

(4) 対数正規分布の期待値は $E(X) = \exp\left(\mu + \dfrac{\sigma^2}{2}\right)$ なので，$\mu = 5.31, \sigma = 1.095$ を代入し，

$$\exp(5.31 + \frac{1.095^2}{2}) = 368.1 \cdots \to 368$$

＜補足＞

・クレーム額（X）が対数正規分布（確率密度関数 $f(x) = \dfrac{1}{\sqrt{2\pi}\sigma x} \exp\left\{-\dfrac{(\log x - \mu)^2}{2\sigma^2}\right\}$）に従う場合，$\log X$ は正規分布 $N(\mu, \sigma)$ に従う．

・$\Phi(x)$：標準正規分布 $N(0, 1)$ の分布関数

・クレームの実績平均 267 に対して，パラメータの上限値を用いて推定した（4）の期待値は 368 と「保守的」な推定値となっている．これはパラメータの変動による「ブレ」であり，いわゆる「パラメータ・リスク」の一つとも考えられる．

【例題 11】クレーム額分布の推定③（パーセント点マッチング）

100 万円超のクレーム額 X（万円）がパレート分布（分布関数 $F(x) = 1 - \left(\dfrac{\beta}{x}\right)^{\alpha} \quad (x \geq \beta)$）に従っているとする．

なお，過去のクレーム件数の実績データ（すべて 9,000 件）のクレーム額を調べたところ，100 万円超が 250 件，その内 1,000 万円超が 5 件であることが判明した（表 1）．

表 1　クレーム額の実績分布

クレーム額		クレーム件数
100 万円以下		8,750 件
100 万円超		250 件
	内，1,000 万円超	5 件
計		9,000 件

(1) パレート分布のパラメータ β が 100（万円）とした場合，パーセント点マッチングによってパレート分布の分布関数を求めよ（$\log_{10} 2 \fallingdotseq 0.3$ を用いてよい）．

(2) 100 万円超のクレームの平均値を推定せよ．

＜解答＞

(1) 題意より 100 万円超のクレームのクレーム額 X がパレート分布に従うとした場合，1,000 万円超の確率はパレート分布の分布関数 $F(x) = 1 - \left(\dfrac{\beta}{x}\right)^{\alpha}$ $(x > 1000)$ から

$$P(X > 1,000) = 1 - F(1,000) = \left(\frac{100}{1,000}\right)^{\alpha}$$

となる．一方，実績では $5 \div 250 = 0.02$．パーセント点マッチングによって

$$\begin{aligned} \left(\frac{100}{1,000}\right)^{\alpha} &= 0.02 \\ \alpha \log_{10} \frac{1}{10} &= \log_{10}(2 \times 10^{-2}) \\ -\alpha &= \log_{10} 2 - 2 \\ \alpha &= 2 - \log_{10} 2 = 2 - 0.3 = 1.7 \end{aligned}$$

以上より，100 万円超の分布関数は

$$F(x) = 1 - \left(\frac{100}{x}\right)^{1.7} \quad (x > 100)$$

と推定される．

(2) パレート分布の期待値は $E(X) = \dfrac{\alpha \cdot \beta}{\alpha - 1}$ なので 100 万円超の平均値は，$\dfrac{\alpha \cdot \beta}{\alpha - 1} = \dfrac{1.7 \times 100}{1.7 - 1} = 242.85 \cdots$ 約 243 万円と推定される．

＜補足＞

・パレート分布（第 III 部の付録 I「確率分布」参照）

巨大損害のクレーム額の推定に用いられることが多い確率分布．

分布関数：$F(x) = 1 - \left(\dfrac{\beta}{x}\right)^{\alpha}$ $(x > \beta)$　期待値：$E(X) = \dfrac{\alpha \cdot \beta}{\alpha - 1}$ $(\alpha > 1)$

【例題 12】クレーム額分布の推定④（モーメント法）

表 1 のとおり 10 個のクレーム額のデータ（単位：万円）を得た．

表 1

クレーム番号	1	2	3	4	5	6	7	8	9	10
クレーム額 X（万円）	19	21	24	47	8	44	11	29	31	51

クレーム額 X（万円）は，確率密度関数 $f_X(x) = \dfrac{\beta^{\alpha}}{\Gamma(\alpha)} x^{\alpha-1} e^{-\beta x}$ $(x \geq 0)$ の

ガンマ分布に従う．このとき，モーメント法によって，ガンマ分布のパラメータ α, β を推定せよ．

<解答>

(1) ガンマ分布の期待値，分散は，$\dfrac{\alpha}{\beta}$，$\dfrac{\alpha}{\beta^2}$

一方，実績データから $\bar{x} = 28.5$，標本不偏分散 $S'_X{}^2 = \dfrac{\sum_{i=1}^{10}(x_i - \overline{x})^2}{10-1} = 220.9$

ゆえに，モーメント法により

$$\frac{\alpha}{\beta} = 28.5 \qquad \frac{\alpha}{\beta^2} = 220.9$$

を解けばよい．

結果

$$\hat{\alpha} = 3.667$$
$$\hat{\beta} = 0.129$$

<補足>

・ガンマ分布（第 III 部の付録 I「確率分布」参照）

確率密度関数：$f_X(x) = \dfrac{\beta^\alpha}{\Gamma(\alpha)} x^{\alpha-1} e^{-\beta x} \qquad (x \geq 0,\ \alpha > 0,\ \beta > 0)$

期待値：$E(X) = \dfrac{\alpha}{\beta} \qquad$ 分散：$V(X) = \dfrac{\alpha}{\beta^2}$

【例題 13】複合分布のクレーム額への適用

賠償責任保険において損害額 X の分布が $U(0, 10)$ の一様分布に従っている．一方，契約者の過失によって損害額が減じられる割合（過失割合）が $U(0, 1)$ の一様分布に従うとする．

（例）損害額 8 契約者の過失割合 0.1 のとき

支払保険金 $= 8 \times (1 - 0.1) = 7.2$

なお，損害額と過失割合は独立とする．

(1) 支払保険金（確率変数 Y とする）の期待値を求めよ．

(2) 支払保険金の分布の確率密度関数 $f_Y(y)$ を求めよ．

<解答>

(1)「1− 過失割合」を C（$0 < c < 1$）とした場合，支払保険金 Y は

$$Y = CX$$

と表すことができる（過失割合が $U(0,1)$ の一様分布なので，C も $U(0,1)$ の一様分布となる）．

支払保険金 $Y=CX$ の期待値は，C と X が独立なので，

$$E(Y)=E(CX)=E(C)\times E(X)=0.5\times 5=2.5$$

となる．

(2) $y=cx$，$z=c$ とおいたとき $x=\dfrac{y}{z}$，$c=z$ となり，y と z で偏微分すると

$$\frac{\partial x}{\partial y}=\frac{1}{z}\quad \frac{\partial x}{\partial z}=-\frac{y}{z^2}\quad \frac{\partial c}{\partial y}=0\quad \frac{\partial c}{\partial z}=1$$

となる．

ヤコビアンの行列式 J は $J=\begin{vmatrix}\frac{1}{z} & -\frac{y}{z^2}\\ 0 & 1\end{vmatrix}=\frac{1}{z}$ となることから $|J|=\left|\frac{1}{z}\right|=\frac{1}{z}$

$(\because z=c>0)$

Y と Z の同時確率分布 $f_{Y,Z}(y,z)$ は

$$f_{Y,Z}(y,z)=f_{X,C}(\frac{y}{z},z)\,|J|=f_X(\frac{y}{z})\times f_C(c)\times|J|=\frac{1}{10}\times 1\times\frac{1}{z}=\frac{1}{10z}$$

と求められる．$f_{Y,Z}(y,z)$ を，Z で積分することで $f_Y(y)$ は求められるが，$0<x<10$ は，$0<\dfrac{y}{z}<10$ と置き換えられ，また $0<z<1$ なので，これらを z で整理すると Z の積分区間は $\dfrac{y}{10}<z<1$ となる．これを用いて支払保険金の分布の確率密度関数 $f_Y(y)$ は

$$\begin{aligned}f_Y(y) &= \int_{\frac{y}{10}}^{1}\frac{1}{10z}dz=\frac{1}{10}[\log|z|]_{\frac{y}{10}}^{1}\\ &= \frac{1}{10}(0-\log\left|\frac{y}{10}\right|)=-\frac{1}{10}\log\frac{y}{10}\quad (0<y<10)\\ &\quad (0<y<10 \text{ なので } |y|=y)\end{aligned}$$

となる．

<補足>

・確率変数 X，Y が互いに独立ならば，

$$E(XY)=E(X)\times E(Y)$$

・確率分布の変数変換

確率変数 X，Y の同時確率密度関数が $f_{X,Y}(x,y)$ のとき，$X=g(U,V)$　$Y=h(U,V)$ の関係にある確率変数 U，V の同時確率密度関数 $f_{U,V}(u,v)$ は

$$f_{U,V}(u,v)=f_{X,Y}(g(u,v),h(u,v))\times|J|$$

$$\text{ヤコビアン}：J=\begin{vmatrix} \dfrac{\partial x}{\partial u} & \dfrac{\partial x}{\partial v} \\ \dfrac{\partial y}{\partial u} & \dfrac{\partial y}{\partial v} \end{vmatrix}$$

・$\displaystyle\int \frac{1}{x}dx = \log|x|$（第 III 部の付録 II「数学公式集」参照）

・感覚的には一様分布の積は「一様分布」になるように思われるが，上記のとおり計算結果は異なる（$f_Y(y) = -\dfrac{1}{10}\log\dfrac{y}{10}$）.

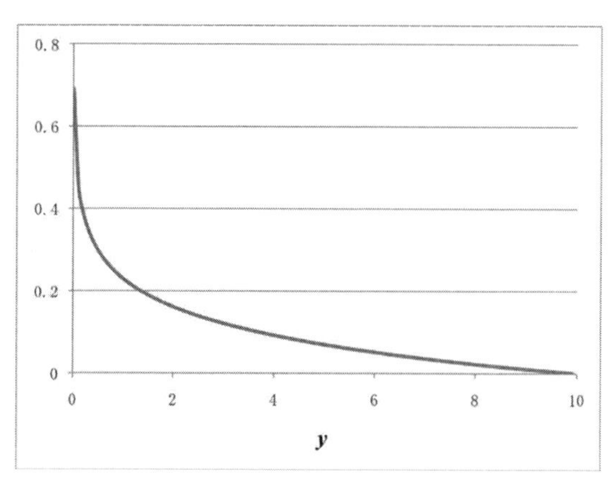

図 1　支払保険金 Y の確率密度関数 $f_Y(y) = -\dfrac{1}{10}\log\dfrac{y}{10}$ のグラフ

なお，この確率密度関数から求めた期待値は

$$E(Y) = \int_0^{10} yf_Y(y)dy = \int_0^{10} y\left(-\frac{1}{10}\log\frac{y}{10}\right)dy = -\frac{1}{10}\int_0^{10} y\log\frac{y}{10}dy$$

$$= -\frac{1}{10}\left\{\underbrace{[\frac{y^2}{2}\log\frac{y}{10}]_0^{10}}_{0} - \int_0^{10}\frac{y^2}{2}\times\frac{\frac{1}{10}}{\frac{y}{10}}dy\right\} = \frac{1}{10}\int_0^{10}\frac{y}{2}dy = \frac{1}{10}\left[\frac{y^2}{4}\right]_0^{10} = 2.5$$

と，(1) の値と一致する.

【例題 14】免責金額を適用した支払保険金

クレーム額 (X) に対して免責金額 10 を適用するエクセス方式の支払保険金の平均値（保険金支払が発生する場合のみを分母としてカウントした平均値）が 98 であることが判明している．このとき，免責金額を 10 とするフラ

ンチャイズ方式の場合の支払保険金の平均値を求めよ．

なお，エクセス方式，フランチャイズ方式の定義は以下のとおりとする．

エクセス方式	損害額から免責金額を差し引いた額を支払保険金とする．損害額が免責金額以下の場合は，保険金を支払わない．
フランチャイズ方式	損害額が免責金額を超過した場合に，損害額を支払保険金とする．損害額が免責金額以下の場合は，保険金を支払わない．

（例）免責金額3の場合

損害額	支払保険金	
	エクセス方式	フランチャイズ方式
3	0	0
4	$4-3=1$	4
5	$5-3=2$	5

<解答>

クレーム額 (X) の分布関数を $F(x)$，免責金額を d とした場合のエクセス方式，フランチャイズ方式の支払保険金の平均値（それぞれ A，B とする）は次のとおりとなる．

$$A = E(X-d|x>d) = \frac{\int_d^\infty (x-d)f(x)dx}{P(X>d)}$$

$$= \frac{\int_d^\infty xf(x)dx - d\int_d^\infty f(x)dx}{1-F(d)} = \frac{\int_d^\infty xf(x)dx - d(1-F(d))}{1-F(d))} = \frac{\int_d^\infty xf(x)dx}{1-F(d))} - d$$

$$B = E(X|x>d) = \frac{\int_d^\infty xf(x)dx}{P(X>d)} = \frac{\int_d^\infty xf(x)dx}{1-F(d)}$$

そのため，

$$A = B-d$$
$$B = A+d$$

の関係があるため，フランチャイズ方式の支払保険金の平均値は

$$B = 98+10 = 108$$

となる．

【例題 15】保険金額を適用した支払保険金

ある保険の損害額 X（万円）が，$U(0,100)$（万円）の一様分布に従うとする．また，この保険のクレーム頻度が 10%であることが判明している．

このとき，純保険料を 3.2 万円にするには保険金額をいくらに設定すればよいか求めよ．

なお，損害額，保険金額および支払保険金との関係は，

損害額が 100 万円，保険金額 10 万円の場合，

min（損害額 100 万円，保険金額 10 万円）= 支払保険金 10 万円

とする．

<解答>

純保険料 = クレーム頻度 × 支払保険金単価（第 5 章 保険料算出の基礎 参照）の関係から，純保険料が 3.2 万円の際の支払保険金単価は 3.2 万円 ÷ 10% = 32 万円となる．

一方，支払保険金を確率変数 Y（万円），保険金額を A（万円）として，損害額 X（万円）が $U(0,k)$ の一様分布に従う場合，支払保険金単価 $E(Y)$ は，

$$
\begin{aligned}
E(Y) &= E(\min(X, A)) \\
&= \int_0^k \min(x, A) \cdot \frac{1}{k} dx \\
&= \int_0^A x \cdot \frac{1}{k} dx + \int_A^k A \cdot \frac{1}{k} dx \\
&= \frac{1}{k}\left[\frac{1}{2}x^2\right]_0^A + \frac{A}{k}[x]_A^k \\
&= \frac{1}{2k}A^2 + A - \frac{1}{k}A^2 \\
&= A - \frac{1}{2k}A^2
\end{aligned}
$$

と求められる．

これに $k = 100$（万円），支払保険金単価 32（万円）を代入すると

$$
\begin{aligned}
32 = A - \frac{1}{200}A^2 \\
A^2 - 200A + 6400 = 0 \\
(A - 160)(A - 40) = 0 \\
A = 40, 160
\end{aligned}
$$

本問の損害額は100万円までなので，保険金額40（万円）に設定すればよい．

【例題16】クレーム総額の期待値，分散

(1) 2つの確率変数 X，Y に関して，以下の等式が成り立つことを示せ．

$$E(X)=E(E(X|Y))$$

$$V(X)=E(V(X|Y))+V(E(X|Y))$$

(2) クレーム額が確率変数 X_i，クレーム件数が確率変数 N であるクレーム総額 S

$$S=X_1+X_2+\cdots+X_N$$

の期待値，分散が

期待値: $E(S)=E(N)\cdot E(X)$　　分散: $V(S)=V(X)\cdot E(N)+E(X)^2\cdot V(N)$

であることを示せ．

(3) (2) においてクレーム件数がポアソン分布に従う場合，クレーム総額 S の期待値，分散は

期待値：$E(S)=\lambda E(X)$　　分散：$V(S)=\lambda E(X^2)$

であることを示せ．

<解答>

(1)

$<E(X)=E(E(X|Y))$ の証明$>$

$$\begin{aligned}
E(E(X|Y)) &= \int E(X|Y)f_Y(y)dy=\int\left(\int xf_{X|Y}(x|y)dx\right)f_Y(y)dy\\
&= \int\int xf_{X|Y}(x|y)f_Y(y)dxdy=\int x\int \underbrace{f_{X|Y}(x|y)f_Y(y)}_{f_{X,Y}(x,y)}dydx\\
&= \int xf_X(x)dx=E(X)
\end{aligned}$$

$<V(X)=E(V(X|Y))+V(E(X|Y))$ の証明$>$

右辺の第 1 項，第 2 項を別々に計算してみる．

$$\begin{aligned} E(V(X|Y)) &= E[E(X^2|Y) - E(X|Y)^2] \qquad \because (V(A) = E(A^2) - E(A)^2) \\ &= E(X^2) - E(E(X|Y)^2) \\ V(E(X|Y)) &= E[E(X|Y)^2] - [\underbrace{E(E(X|Y))}_{E(X)}]^2 \\ &= E(E(X|Y)^2) - E(X)^2 \end{aligned}$$

これらの両辺を足し合わせると

$$E(V(X|Y)) + V(E(X|Y)) = E(X^2) - E(X)^2 = V(X)$$

(2)

(1) の結果よりクレーム総額 S の期待値は

$$\begin{aligned} E(S) &= E(E(S|N)) \\ &= E(E(X_1 + X_2 + \cdots + X_N|N)) \\ &= E(N \cdot E(X)) \\ &= E(N) \cdot E(X) \end{aligned}$$

(1) の結果よりクレーム総額 S の分散は

$$\begin{aligned} V(S) &= E(V(S|N)) + V(E(S|N)) \\ &= E(V(X_1 + X_2 + \cdots + X_N|N)) + V(E(X_1 + X_2 + \cdots + X_N|N)) \\ &= E(N \cdot V(X)) + V(N \cdot E(X)) \\ &= E(N) \cdot V(X) + V(N) \cdot E(X)^2 \end{aligned}$$

(3)

(2) の結果よりクレーム総額 S の期待値は $E(S) = E(N) \cdot E(X)$ であるが，確率変数 N はポアソン分布に従うため，$E(N) = \lambda$ なので

$$E(S) = \lambda E(X)$$

(2) の結果よりクレーム総額 S の分散は

$$V(S) = E(N) \cdot V(X) + V(N) \cdot E(X)^2$$

であるが，確率変数 N はポアソン分布に従うため，$E(N) = V(N) = \lambda$ なので

$$\begin{aligned} V(S) &= \lambda(V(X) + E(X)^2) \\ &= \lambda E(X^2) \qquad (\because V(X) = E(X^2) - E(X)^2) \end{aligned}$$

【例題 17】複合分布の積率母関数

クレーム額が確率変数 X_i, クレーム件数が確率変数 N のクレーム総額 S

$$S = X_1 + X_2 + \cdots + X_N$$

は複合分布に従う.

(1) クレーム総額 S の積率母関数を求めよ.

(2) 確率変数 N がパラメータ λ のポアソン分布に従う場合の, クレーム総額 S の積率母関数を求めよ.

<解答>

(1) クレーム総額の分布の積率母関数は

$$\begin{aligned} M_S(t) &= E(e^{tS}) = E(E(e^{t(X_1+X_2+\cdots+X_N)}|N)) = E_N(M_X(t)^N) \\ &= E_N(\exp(N \log M_X(t))) \end{aligned}$$

$$\therefore M_S(t) = M_N(\log M_X(t))$$

(2) ポアソン分布の積率母関数は

$$\begin{aligned} M_N(t) &= \sum_{n=0}^{\infty} e^{tn} \cdot e^{-\lambda} \frac{\lambda^n}{n!} = e^{-\lambda} \sum_{n=0}^{\infty} \frac{(e^t\lambda)^n}{n!} \\ &= e^{-\lambda} \cdot \exp(e^t\lambda) \qquad \left(\because \sum_{n=0}^{\infty} \frac{(e^t\lambda)^n}{n!} = \exp(e^t\lambda) \right) \\ &= \exp\{\lambda(e^t - 1)\} \end{aligned}$$

となる. これを (1) の結果に代入すると, クレーム総額の積率母関数は

$$M_S(t) = \exp\{\lambda(e^{\log M_X(t)} - 1)\} = \exp\{\lambda(M_X(t) - 1)\}$$

となる.

<補足>

・積率母関数

$$\text{(離散型)}\ M_N(t) = E(e^{tN}) = \sum_n e^{tn} \cdot P(N = n)$$

$$\text{(連続型)}\ M_X(t) = E(e^{tX}) = \int e^{tx} f(x) dx$$

詳細は, 第 III 部の「1　積率母関数および期待値, 分散の算出」参照.

・指数関数の級数展開　　$e^x = \sum_{n=0}^{\infty} \frac{x^n}{n!}$

【例題 18】複合ポアソン分布の近似

ある契約者集団のクレーム総額 S は事故件数のパラメータが $\lambda=10$ で，クレーム額が $U(0,6)$ の一様分布の複合ポアソン分布に従うことが判明している．このとき，クレーム総額が 25 以下である確率を，(1) 正規分布，(2) 移動ガンマ分布，それぞれの近似で求めよ．

<解答>

クレーム総額 S は複合ポアソン分布に従うことから，その積率母関数は

$$M_S(t)=\exp\{\lambda(M_X(t)-1)\}$$

となる（【例題 17】参照）．

さらに，その対数をとり，キュムラント母関数 $C_S(t)$ を計算すると

$$C_S(t)=\lambda(M_X(t)-1)$$

したがって，S の期待値，平均値まわりの 2 次および 3 次のモーメントは

$$\begin{aligned}C_S'(0)&=\lambda(M_X'(0))=\lambda E(X)\\C_S''(0)&=\lambda(M_X''(0))=\lambda E(X^2)\\C_S'''(0)&=\lambda(M_X'''(0))=\lambda E(X^3)\end{aligned}$$

と計算される．

ここで，題意より $E(X)=\int_0^6\frac{x}{6}dx=3$，$E(X^2)=\int_0^6\frac{x^2}{6}dx=12$，$E(X^3)=\int_0^6\frac{x^3}{6}dx=54$，$\lambda=10$ なので

$$\begin{aligned}E(S)&=\lambda E(X)&&=10\times3&&=30\\V(S)&=\lambda E(X^2)&&=10\times12&&=120\\E((S-E(S))^3)&=\lambda E(X^3)&&=10\times54&&=540\end{aligned}$$

(1) 正規近似の場合

$$P(S\leq25)=P\left(\frac{S-30}{\sqrt{120}}\leq\frac{25-30}{\sqrt{120}}=-0.46\right)\approx\Phi(-0.46)=32.3\%$$

(2) 移動ガンマ近似の場合

ガンマ分布を平行移動（右へ x_0）させた分布による近似を行いたい．そこで，3 次までのモーメントを用いて立てた連立方程式

1 次モーメント $\frac{\alpha}{\beta}+x_0=30$　　2 次モーメント $\frac{\alpha}{\beta^2}=120$

3 次モーメント $\frac{2\alpha}{\beta^3}=540$

を解くと，$\hat{x}_0 = -18$，$\hat{\alpha} = 19.2$，$\hat{\beta} = 0.4$ とパラメータは推定され，クレーム総額 S は分布関数 $G(x; 19.2, 0.4)(G(x;\alpha,\beta) = \int_0^x \frac{\beta^\alpha}{\Gamma(\alpha)} t^{\alpha-1} e^{-\beta t} dt)$ のガンマ分布を左に 18 移動させた分布によって近似される．

以上より，同分布における 25 以下の確率は

$$P(S \leq 25) \approx G(25 - (-18); 19.2, 0.4) = G(43; 19.2, 0.4) = 34.6\%$$

＜補足＞

・キュムラント母関数

積率母関数 $M_X(t)$ の対数変換であるキュムラント母関数

$$C_X(t) = \log(M_X(t))$$

を用いて計算した k 次のキュムラント

$$C_X^{(k)}(0) = \left. \frac{d^k}{dt^k} (\log(M_X(t))) \right|_{t=0} = E[(X - E(X))^k]$$

と期待値まわりのモーメントは次の関係にある．

$$C_X'(0) = E(X) \quad C_X''(0) = V(X)$$

・本問では計算の省力化のためにキュムラントによる期待値回りモーメントで解答したが，積率母関数を用いて原点回りモーメントを用いても同様の結果は得られる．

$$M_X^{(k)}(0) = \left. \frac{d^k}{dt^k} (M_X(t)) \right|_{t=0} = E[X^k]$$

・ガンマ分布の分布関数 $G(x; \alpha, \beta)$ の値は，表計算シートソフトを活用して計算して下さい．

【例題 19】複合ポアソン分布①

契約件数 1,000 件，クレーム頻度が 5%のポートフォリオがある．クレーム件数はポアソン分布に従い，かつ，各契約のクレーム額の期待値，分散はそれぞれ 100，15 であることが判明している．なお，クレーム件数とクレーム額は互いに独立である．このとき，年間クレーム総額 S を正規近似を用いて信頼係数 80%で区間推定せよ．

＜解答＞

このポートフォリオの年間クレーム総額 S は複合ポアソン分布に従うことから，クレーム件数を N，クレーム額を X とした場合，【例題 16】の結果から年間クレー

ム総額の期待値，分散はそれぞれ

$$E(S) = E(X) \cdot E(N) \qquad V(S) = E(X^2) \cdot E(N)$$

となる．

題意より

$$E(N) = 1,000 \times 5\% = 50$$
$$E(X^2) = V(X) + E(X)^2 = 15 + 100^2 = 10,015$$

と基礎値が求められることから，年間クレーム総額の期待値，分散および標準偏差は

$$E(S) = 100 \times 50 = 5,000 \qquad V(S) = 10,015 \times 50 = 500,750$$

$$\sigma_S = \sqrt{V(S)} = \sqrt{500,750} = 708$$

と計算される．

以上より，年間クレーム総額の信頼区間は

$$E(S) - u(0.10) \times \sigma_s \leq S \leq E(S) + u(0.10) \times \sigma_s$$
$$5,000 - 1.282 \times 708 \leq S \leq 5,000 + 1.282 \times 708$$
$$4,092 \leq S \leq 5,908$$

と求められる．

【例題 20】複合ポアソン分布②

1人の契約者が1年間に起こす自動車保険の車両保険（免責金額なし）の支払対象となりえるクレーム件数（確率変数 N）はポアソン分布（期待値 4）に従う．また，この車両保険において，免責金額 10 万円を設定することにより，免責となるクレーム件数の割合が 50% であることが分かっている．

このとき，1人の契約者（免責金額 10 万円に設定）において，1年間を通じて保険金支払が1回も発生しない確率を求めよ（$e \fallingdotseq 2.7$ を用いよ）．

<解答>

1人の契約者（免責金額 10 万円に設定）において，1年間を通じて保険金支払が1回も発生しない事象は（表 1）のとおり整理され，それぞれの事象の確率を算出し，足しあわせることで題意の確率が求められる．

表 1

①	1年間のクレーム件数が0件である場合
②	n 件 $(n = 1, 2, \cdots)$ のクレームが発生するが，すべてのクレーム額が免責金額 10 万円以内である場合

①1年間のクレーム件数が0件である場合の確率

$$P(N=0)=e^{-4}\frac{2^0}{0!}=e^{-4}$$

② n 件 $(n=1,2,\cdots)$ のクレームが発生するが，すべてのクレーム額が免責金額10万円以内である場合の確率

クレーム件数 $N=n$ の内，保険金支払される（＝クレーム額が免責金額10万円を超過する）クレーム件数を C とする．

このとき，クレーム件数 C の確率は $P(C=c|N=n)=\begin{pmatrix} n \\ c \end{pmatrix}(1-0.50)^c\cdot 0.50^{n-c}$ と二項分布で表現でき，同確率を用いて年間の保険金支払されるクレーム件数 C が x 件である確率は

$$P(C=x)=\sum_{n=1}^{\infty}P(C=x|N=n)\cdot P(N=n)=\sum_{n=1}^{\infty}P(C=x|N=n)\cdot e^{-4}\frac{4^n}{n!}$$

となる．

このとき，すべてのクレーム額が免責金額以内である $(C=0)$ の確率は，

$$\begin{aligned} P(C=0) &= \sum_{n=1}^{\infty}P(C=0|N=n)\cdot e^{-4}\frac{4^n}{n!}=\sum_{n=1}^{\infty}(0.50)^0\cdot e^{-4}\frac{4^n}{n!} \\ &= \sum_{n=0}^{\infty}(0.50)^n\cdot e^{-4}\frac{4^n}{n!}-(0.50)^0\cdot e^{-4}\frac{4^0}{0!} \\ &= e^{-2}\cdot\underbrace{\left(\sum_{n=0}^{\infty}e^{-(0.50\times 4)}\frac{(0.50\times 4)^n}{n!}\right)}_{=1}-e^{-2}=e^{-2}-e^{-4} \end{aligned}$$

以上の①，②の確率を足して，年間を通じて保険金支払が1回も発生しない確率は

$$①+②=e^{-2}=\frac{1}{2.7^2}=0.1371\cdots\to\underline{13.7\%}$$

となる．

<補足>

・期待値値 λ のポアソン分布（第III部の付録I「確率分布」参照）

確率分布：$P(N=n)=e^{-\lambda}\frac{\lambda^n}{n!}$

$$\sum_{n=0}^{\infty}P(N=n)=\sum_{n=0}^{\infty}e^{-\lambda}\frac{\lambda^n}{n!}=1$$

【例題 21】複合分布の確率計算①（漸化式）

個々のクレーム額（確率変数 X_i，X_i は非負の整数値をとる）は，互いに独立で，同一の分布（確率関数 $P(X_i = x) = p(x)$）に従う．このとき，n 件のクレームの総額を確率変数 S とする．

$$S = X_1 + X_2 + \cdots + X_n$$

このとき，次の二つの漸化式が成り立つことを示せ．

$$(1)\ f_S(x) = p^{n*}(x) = \sum_{i=1}^{x} p(i) \cdot p^{(n-1)*}(x-i)$$

$$(2)\ f_S(x) = p^{n*}(x) = \frac{n}{x}\sum_{i=1}^{x} i \cdot p(i) \cdot p^{(n-1)*}(x-i)$$

（$p^{n*}(x)$ は $p(x)$ の n 次のたたみこみ）

<解答>

(1) クレーム総額 S が x である確率は，$f_s(x) = P(S = x) = P(X_1 + X_2 + \cdots + X_n = x)$ と表されるが，このとき，X_1 の条件付きにすると，

$$\begin{aligned} f_s(x) &= P(X_1 + X_2 + \cdots + X_n = x) \\ &= \sum_{i=1}^{x} P(X_1 + X_2 + \cdots + X_n = x | X_1 = i) \cdot P(X_1 = i) \\ &= \sum_{i=1}^{x} P(\underbrace{X_2 + \cdots + X_n}_{(n-1)\text{ 個}} = x - i) \cdot P(X_1 = i) \end{aligned}$$

S の確率密度関数は，言い換えれば確率変数 X_i の n 個のクレームの和の確率関数であることから，$p(x)$ の n 次のたたみこみで表され，$f_S(x) = p^{n*}(x)$.

同様に $n-1$ 件のクレームの和 $(X_2 + \cdots + X_n = x)$ の確率は $p^{(n-1)*}(x)$ である．

したがって，上式は

$$f_S(x) = p^{n*}(x) = \sum_{i=1}^{x} p(i) \cdot p^{(n-1)*}(x-i)$$

と表すことができる．

(2) $X_1 + X_2 + \cdots + X_n = x$ の条件付きの期待値 $E(X_k | X_1 + X_2 + \cdots + X_n = x)$ の値を α とする．この条件付きの期待値は，k に関して対称（k が 1 から n のどの

値をとっても，条件は同じであり，期待値は同じ）なので，$k=1,2,\cdots,n$ に関して足し合わせると，

$$\sum_{k=1}^{n} E(X_k|X_1+X_2+\cdots+X_n=x)=\sum_{k=1}^{n}\alpha$$

$$E\Bigl(\underbrace{\sum_{k=1}^{n} X_k}_{x}|X_1+X_2+\cdots+X_n=x\Bigr)=n\alpha$$

$$\alpha=\frac{x}{n}$$

$$E(X_k|X_1+X_2+\cdots+X_n=x)=\frac{x}{n}\quad\cdots(a)$$

といえる．一方，$E(X_k|X_1+X_2+\cdots+X_n=x)$ は，条件付き確率を用いて表現すると

$$E(X_k|X_1+X_2+\cdots+X_n=x)=\sum_{i=1}^{x}\{i\cdot P(X_k=i|X_1+X_2+\cdots+X_n=x)\}$$

$$=\sum_{i=1}^{x} i\frac{P(X_k=i, X_1+X_2+\cdots+X_n=x)}{P(X_1+X_2+\cdots+X_n=x)}$$

$$=\sum_{i=1}^{x} i\frac{P(X_k=i)\times P(X_1+X_2+\cdots+X_{k-1}+X_{k+1}+\cdots+X_n=x-i)}{P(X_1+X_2+\cdots+X_n=x)}$$

$$=\sum_{i=1}^{x} i\frac{p(i)\times p^{(n-1)*}(x-i)}{p^{n*}(x)}\quad\cdots\cdots(b)$$

となる．

以上より，(a) = (b) より

$$\frac{x}{n}=\sum_{i=1}^{x} i\frac{p(i)\times p^{(n-1)*}(x-i)}{p^{n*}(x)}$$

$$p^{n*}(x)=f_s(x)=\frac{n}{x}\sum_{i=1}^{x} i\cdot p(i)\cdot p^{(n-1)*}(x-i)$$

<補足>

・たたみこみ（重畳．Convolution）

2つの確率変数 X，Y が互いに独立であるとし，それぞれの確率密度関数を $f(x)$，$g(y)$ とする．このとき，X と Y の和 $S=X+Y$ の分布を，X の分布と Y の分布の「たたみこみ」という．$S=X+Y$ の確率密度関数 $f_S(s)$ は

$$f_S(s)=\int f(x)g(s-x)dx=\int f(s-y)g(y)dy$$

で計算される.

本問では, X（確率密度関数：$p(x)$）の n 個の和の分布の確率密度関数を $p^{n*}(x)$ としている.

【例題 22】複合分布の確率計算②（漸化式）

クレーム総額 S のモデルとして,

・クレーム件数の確率が, $\dfrac{P(N=n)}{P(N=n-1)}=a+\dfrac{b}{n}\qquad(n=1,2,3,\cdots)$

・クレーム額が正の整数 i $(i=1,2,3,\cdots,m)$ を取り, その確率が $p(i)$ の複合分布（確率関数 $f_S(x)$）

を想定した. このとき, $f_S(x)$ が次の漸化式で算出できることを示せ.

$$f_S(x)=\sum_{i=1}^{\min(x,m)}\left(a+\frac{bi}{x}\right)\cdot p(i)\cdot f_S(x-i)\qquad(x=1,2,3,\cdots)$$

＜解答＞

【例題 21】で示した漸化式

$$(1)\ f_s(x)=p^{n*}(x)\ =\ \sum_{i=1}^{x}p(i)\cdot p^{(n-1)*}(x-i)$$

$$(2)\ f_s(x)=p^{n*}(x)\ =\ \frac{n}{x}\sum_{i=1}^{x}i\cdot p(i)\cdot p^{(n-1)*}(x-i)$$

の 2 つを以下の解答で使用する.

クレーム総額 S の確率関数はたたみこみを用いると, $f_S(x)=\displaystyle\sum_{n=1}^{\infty}P(N=n)p^{n*}(x)$ と表される. ここで, 題意の $\dfrac{P(N=n)}{P(N=n-1)}=a+\dfrac{b}{n}$ を代入した上で, (1), (2) を代入すると

$$\begin{aligned}f_S(x)&=\sum_{n=1}^{\infty}\left(a+\frac{b}{n}\right)\cdot P(N=n-1)\cdot p^{n*}(x)\\&=\sum_{n=1}^{\infty}a\cdot P(N=n-1)\cdot\underbrace{p^{n*}(x)}_{(1)}+\sum_{n=1}^{\infty}\frac{b}{n}\cdot P(N=n-1)\cdot\underbrace{p^{n*}(x)}_{(2)}\\&=\sum_{n=1}^{\infty}a\cdot P(N=n-1)\underbrace{\sum_{i=1}^{x}p(i)\cdot p^{(n-1)*}(x-i)}_{(1)}\end{aligned}$$

$$+\sum_{n=1}^{\infty}\frac{b}{n}\cdot P(N=n-1).\underbrace{\frac{n}{x}\sum_{i=1}^{x}i\cdot p(i)\cdot p^{(n-1)*}(x-i)}_{(2)}$$

と変形できる.

最後の式の Σ の計算順序を前後入れ替えると

$$\begin{aligned} f_S(x) &= a\sum_{i=1}^{x}p(i)\cdot\underbrace{\sum_{n=1}^{\infty}P(N=n-1)\cdot p^{(n-1)*}(x-i)}_{fs(x-i)} \\ &+ \frac{b}{x}\sum_{i=1}^{x}i\cdot p(i)\underbrace{\sum_{n=1}^{\infty}P(N=n-1)\cdot p^{(n-1)*}(x-i)}_{fs(x-i)} \end{aligned}$$

となり

$$f_S(x)=a\sum_{i=1}^{x}p(i)\cdot f_S(x-i)+\frac{b}{x}\sum_{n=1}^{x}i\cdot p(i)\cdot f_S(x-i)=\sum_{i=1}^{x}\left(a+\frac{bi}{x}\right)p(i)\cdot f_S(x-i)$$

が示される. $p(i)$ は $i>m$ で値をとり得ないため

$$f_S(x)=\sum_{i=1}^{\min(x,m)}\left(a+\frac{bi}{x}\right)\cdot p(i)\cdot f_S(x-i)$$

<補足>

・Panjer 分布族（参考文献<和書>の 8) 参照）

$\dfrac{P(N=n)}{P(N=n-1)}=a+\dfrac{b}{n}\quad(n=1,2,3,\cdots)$ を満たす N の分布

【例題 23】複合分布の確率計算③（漸化式）

クレーム総額 S のモデルとして,

・クレーム件数がポアソン分布に従う（パラメータ λ）

・クレーム額が正の整数 i $(i=1,2,3,\cdots,m)$ をとり，その確率が $p(i)$ の複合ポアソン分布（確率関数 $f_S(x)$）

を想定した. このとき，$f_S(x)$ は次の漸化式で算出できることを示せ.

$$f_S(x)=\sum_{i=1}^{\min(x,m)}\frac{i}{x}\cdot\lambda p(i)\cdot f_S(x-i)$$

<解答>

ポアソン分布では $\dfrac{P(N=n)}{P(N=n-1)} = \dfrac{e^{-\lambda}\frac{\lambda^n}{n!}}{e^{-\lambda}\frac{\lambda^{n-1}}{(n-1)!}} = \dfrac{\lambda}{n}$ であるから，$a=0,\ b=\lambda$
ゆえに,【例題 22】の漸化式に当てはめて

$$f_S(x) = \sum_{i=1}^{\min(x,m)} \left(0 + \frac{(\lambda)i}{x}\right) \cdot p(i) \cdot f_S(x-i) = \sum_{i=1}^{\min(x,m)} \frac{i}{x} \cdot \lambda p(i) \cdot f_S(x-i)$$

【例題 24】複合ポアソン分布の特性①

S_i はパラメータ λ_i，クレーム額の確率密度関数が $p_i(x)$（積率母関数を $M_i(t)$）の複合ポアソン分布に従う．このとき，$S = S_1 + S_2 + \cdots + S_m$ がパラメータ $\lambda = \sum_{i=1}^{m} \lambda_i$，クレーム額の確率密度関数が $p(x) = \sum_{i=1}^{m} \frac{\lambda_i}{\lambda} p_i(x)$ の複合ポアソン分布に従うことを示せ.

<解答>

S_i は複合ポアソン分布に従うので，その積率母関数は

$$M_{S_i}(t) = \exp\{\lambda_i(M_i(t)-1)\} \quad \cdots\cdots (\mathrm{a})$$

となる（【例題 17】）．S_i の和である $S = S_1 + S_2 + \cdots + S_m$ の積率母関数は，(a) を連乗すれば求められ

$$\begin{aligned} M_S(t) &= \prod_{i=1}^{m} M_{S_i}(t) = \prod_{i=1}^{m} \exp\{\lambda_i(M_i(t)-1)\} \\ &= \exp\left\{\sum_{i=1}^{m} \lambda_i(M_i(t)-1)\right\} \\ &= \exp\left\{\sum_{i=1}^{m} \lambda_i M_i(t) - \lambda\right\} = \exp\left[\lambda\left\{\sum_{i=1}^{m} \frac{\lambda_i}{\lambda} M_i(t) - 1\right\}\right] \quad \cdots\cdots (\mathrm{b}) \end{aligned}$$

一方，確率密度関数が $p(x) = \sum_{i=1}^{m} \frac{\lambda_i}{\lambda} p_i(x)$ に従う確率変数 X の積率母関数は

$$M_X(t) = E(e^{tX}) = \int_0^\infty e^{tx} p(x)dx = \int_0^\infty e^{tx} \left\{\sum_{i=1}^{m} \frac{\lambda_i}{\lambda} p_i(x)\right\} dx$$

最後の式の計算順序を入れ替えると

$$M_X(t) = \sum_{i=1}^{m} \frac{\lambda_i}{\lambda} \left\{\int_0^\infty e^{tx} p_i(x) dx\right\} = \sum_{i=1}^{m} \frac{\lambda_i}{\lambda} M_i(t)$$

これを (b) に代入すると

$$M_S(t) = \exp\{\lambda(M_X(t) - 1)\}$$

となり，$S = S_1 + S_2 + \cdots + S_m$ は，クレーム件数がポアソン分布（パラメータ λ）に従いクレーム額の確率密度関数が $p(x) = \displaystyle\sum_{i=1}^{m} \frac{\lambda_i}{\lambda} p_i(x)$ である，複合ポアソン分布に従う．

＜補足＞

・本問の結果から，複合ポアソン分布の和は複合ポアソン分布に従うことがわかった．この性質は，保険契約集団同士の合算，複数年度の保険成績データの合算や，異なる保険種目の成績データの合算などのさまざまな局面において重要となる．

【例題 25】複合ポアソン分布の特性②

ある保険について，保険期間中に発生するクレーム件数がパラメータ3のポアソン分布，保険金が表1の分布に従うことが判明している．

表 1

保険金	確率
1万円	80%
2万円	20%

このとき，保険期間中発生する保険金の合計が3万円以上になる確率を求めよ（$e \fallingdotseq 2.7$ を用いよ）．

＜解答＞

保険期間中発生する保険金の合計 S（万円）は，

$$\lambda = 3 \quad p(1) = 0.8, \quad p(2) = 0.2$$

のパラメータを持つ複合ポアソン分布のモデルで表せることができる．

【例題 23】の結果の漸化式 $f_S(x) = \displaystyle\sum_{i=1}^{\min(x,m)} \frac{i}{x} \cdot \lambda p(i) \cdot f_S(x \quad i)$ によって，複合ポアソン分布の確率は以下のように順次計算される．

$$
\begin{aligned}
f_S(0) &= P(N = 0) = e^{-3} = \frac{1}{2.7^3} = 0.051 \\
f_S(1) &= \frac{1}{1} \cdot \lambda \cdot p(1) \cdot f_S(0) = 3 \times 0.8 \times 0.051 = 0.122 \\
f_S(2) &= \frac{1}{2} \cdot \lambda \cdot p(1) \cdot f_S(1) + \frac{2}{2} \cdot \lambda \cdot p(2) \cdot f_S(0) \\
&= \frac{1}{2} \times 3 \times 0.8 \times 0.122 + \frac{2}{2} \times 3 \times 0.2 \times 0.051 = 0.177
\end{aligned}
$$

保険期間中発生する保険金の合計 (S) が 3 万円以上となる確率は,

$$\begin{aligned} P(S \geq 3) &= 1 - P(S \leq 2) \\ &= 1 - (0.051 + 0.122 + 0.177) \\ &= 0.650 \to \underline{65\%} \end{aligned}$$

と約 65%となる.

【例題 26】 複合ポアソン分布の特性③

会社 A と会社 B が合併することになった. それぞれの会社の従業員の傷害保険の年間クレーム総額 S は, 下表のパラメータを持つ複合ポアソン分布に従うことが判明している. 正規近似を用いて, 合併後の会社の年間クレーム総額 S の信頼係数 70%の信頼区間を求めよ.

表 1

	クレーム件数のパラメータ	クレーム額の確率密度関数
会社 A	4	$f(x) = e^{-x}$
会社 B	6	$g(x) = \frac{1}{3}e^{-\frac{x}{3}}$

<解答>

年間クレーム総額 S のクレーム件数のパラメータ, クレーム額の確率密度関数それぞれ λ, $h(x)$ とする. 複合ポアソン分布の性質（【例題 24】の結果）より

$$\lambda = \lambda_A + \lambda_B = 4 + 6 = 10$$

$$h(x) = \frac{\lambda_A}{\lambda} f(x) + \frac{\lambda_B}{\lambda} g(x) = \frac{4}{10} e^{-x} + \frac{6}{10} \cdot \frac{1}{3} e^{-\frac{x}{3}} = \frac{2}{5} e^{-x} + \frac{1}{5} e^{-\frac{x}{3}}$$

であることがわかる.

そこで, まずクレーム件数, クレーム額のモーメントを計算すると

$$\begin{aligned} E(N) &= V(N) = \lambda = 10 \\ E(X) &= \int_0^\infty x h(x) dx = \int_0^\infty x \left(\frac{2}{5} e^{-x} + \frac{1}{5} e^{-\frac{x}{3}} \right) dx \\ &= \frac{2}{5} \int_0^\infty x e^{-x} dx + \frac{1}{5} \int_0^\infty x e^{-\frac{x}{3}} dx = \frac{2}{5} \times \frac{\Gamma(2)}{1^2} + \frac{1}{5} \times \frac{\Gamma(2)}{(1/3)^2} = \frac{11}{5} = 2.2 \end{aligned}$$

$$
\begin{aligned}
E(X^2) &= \int_0^\infty x^2 h(x)dx = \int_0^\infty x^2\left(\frac{2}{5}e^{-x} + \frac{1}{5}e^{-\frac{x}{3}}\right)dx \\
&= \frac{2}{5}\int_0^\infty x^2 e^{-x}dx + \frac{1}{5}\int_0^\infty x^2 e^{-\frac{x}{3}}dx \\
&= \frac{2}{5}\times\frac{\Gamma(3)}{1^3} + \frac{1}{5}\times\frac{\Gamma(3)}{(1/3)^3} = \frac{2}{5}\times\frac{2\times 1}{1} + \frac{1}{5}\times\frac{2\times 1}{\frac{1}{27}} = \frac{58}{5} = 11.6
\end{aligned}
$$

となるので,【例題 16】の結果から，年間クレーム総額 S のモーメントは

$$
\begin{aligned}
E(S) &= \lambda E(X) = 10\times 2.2 = 22 \\
V(S) &= \lambda E(X^2) = 10\times 11.6 = 116
\end{aligned}
$$

と計算される.

以上より，年間クレーム総額 S の信頼区間（信頼係数 70%）は正規近似によって

$$
E(S) - u(0.15)\times\sqrt{V(S)} \leq S \leq E(S) + u(0.15)\times\sqrt{V(S)}
$$

$$
22 - 1.036\times\sqrt{116} \leq S \leq 22 + 1.036\times\sqrt{116}
$$

$$
10.8 \leq S \leq 33.2
$$

と求められる.

<補足>

$$
\int_0^\infty x^t e^{-ax}dx = \frac{\Gamma(t+1)}{a^{t+1}} = \frac{t!}{a^{t+1}}
$$
（第 III 部の付録 II「数学公式集」参照）

【例題 27】複合幾何分布

クレーム額 $X_1, X_2, \cdots, X_N$ はそれぞれ期待値 σ の指数分布に従い，クレーム件数 N は確率関数が $p(n) = p(1-p)^n$ の幾何分布に従う．このとき，クレーム総額 $S = X_1 + X_2 + \cdots + X_N$ の積率母関数を求め，その上でクレーム総額 S の分布関数を求めよ.

<解答>

クレーム総額 S の積率母関数は，$M_S(t) = E(c^{tS}) = M_N(\log M_X(t))$ であること（【例題 17】の結果）を利用する．クレーム額，クレーム件数の積率母関数 $M_X(t)$, $M_N(t)$ はそれぞれ

$$
\begin{aligned}
M_X(t) &= \int_0^\infty e^{tx}\frac{1}{\sigma}e^{-\frac{x}{\sigma}}dx = \frac{1}{\sigma}\int_0^\infty e^{\left(\frac{\sigma t-1}{\sigma}\right)x}dx = \frac{1}{\sigma}\left[\frac{\sigma}{\sigma t-1}e^{\left(\frac{\sigma t-1}{\sigma}\right)x}\right]_0^\infty \\
&= \frac{1}{\sigma}\left(0 - \frac{\sigma}{\sigma t-1}\right) = \frac{1}{1-\sigma t}
\end{aligned}
$$

$$
M_N(t) = \sum_{n=0}^\infty e^{tn}p(1-p)^n = p\sum_{n=0}^\infty \{e^t(1-p)\}^n = \frac{p}{1-(1-p)e^t}
$$

となることから，これらを $M_S(t)=E(e^{tS})=M_N(\log M_X(t))$ 代入すると

$$M_S(t)=\frac{p}{1-(1-p)M_X(t)}=\frac{p}{1-(1-p)\frac{1}{1-\sigma t}}=\frac{p(1-\sigma t)}{p-\sigma t}$$

となる．この右辺を変形することにより

$$M_S(t)=\frac{p(1-\sigma t)}{p-\sigma t}=\frac{p(p-\sigma t)+p(1-p)}{p-\sigma t}=p\cdot 1+(1-p)\cdot\frac{p}{p-\sigma t}$$

という関係が得られ，クレーム総額 S の積率母関数 $M_S(t)$ は 1 と $\dfrac{p}{p-\sigma t}$ との加重平均となっていることがわかる．1 は 0（ゼロ）の，$\dfrac{p}{p-\sigma t}$（すなわち $\dfrac{1}{1-\frac{\sigma}{p}t}$）は期待値 $\dfrac{\sigma}{p}$ の指数分布の積率母関数である．ゆえに，クレーム総額 S の分布関数 $F_S(x)$ は 1（ゼロの分布関数）および指数分布の分布関数の加重平均により

$$\begin{aligned}F_s(x)&=p\times 1+(1-p)\cdot(1-e^{-\frac{p}{\sigma}x})\\&=1-(1-p)e^{-\frac{p}{\sigma}x}\end{aligned}$$

と求められる．

<補足>

・指数分布（第 III 部の付録 I「確率分布」参照）

確率密度関数：$f(x)=\dfrac{1}{\sigma}e^{-\frac{1}{\sigma}x}\quad(x\geq 0\quad \sigma>0)$

・積率母関数の計算

指数分布の積率母関数の計算が収束する $(\lim_{x\to\infty}e^{(\frac{\sigma t-1}{\sigma})x}=0)$ ためには，$\dfrac{\sigma t-1}{\sigma}<0$（$t<\dfrac{1}{\sigma}$）であることが必要．そのため，$t<\dfrac{1}{\sigma}$ が積率母関数 $M_X(t)$ の引数の範囲となる．

また，幾何分布の積率母関数の計算では，$t=0$ の近傍（$e^t(1-p)<1$）で $M_N(t)=\dfrac{p}{1-(1-p)e^t}$ を得ている．

・積率母関数の性質

確率変数 X，Y，Z の分布関数，および積率母関数がそれぞれ $F_X(x)$，$F_Y(y)$，$F_Z(z)$ $M_X(t), M_Y(t), M_Z(t)$ であり，積率母関数の間に

$$M_Z(t)=\alpha\cdot M_X(t)+(1-\alpha)\cdot M_Y(t)\qquad(0\leq\alpha\leq 1)$$

という関係があった場合，Z の分布関数は

$$F_Z(z)=\alpha\cdot F_X(z)+(1-\alpha)\cdot F_Y(z)$$

と表すことができる．

・ゼロの積率母関数，分布関数
確率変数 X の確率 $P(X=0)=1$，$P(X \neq 0)=0$ の場合の積率母関数 $M_X(t)$，分布関数 $F_X(x)$ は

$$
\begin{aligned}
M_X(t) &= \sum_x e^{tx} P(X) = e^{t \times 0} P(X=0) = 1 \\
F_X(x) &= P(X \leq x) = P(X=0) + P(0 < X \leq x) = 1
\end{aligned}
$$

・本問では，クレーム件数が幾何分布，クレーム額が指数分布である，クレーム総額の分布（複合幾何分布）の分布関数を求めている．複合幾何分布の分布関数は後記の【例題 56】,【例題 60】でも用いられるので，適宜参照してください．

第2章　信頼性理論

要　項

信頼性の高い保険料を設計するためには，安定した（統計学の言葉でいえば，不偏性の高い）推定値（クレーム頻度，クレームコストなど）を基礎値として使用する必要があります．そのためには，豊富なクレームデータから基礎値を推定しなければなりません．

しかしながら，実務の世界では，クレーム実績データが（分析する上で）十分揃わないことがしばしばあります．少し極端ですが，次に簡単な例をあげてみます．

> 例：ある保険会社でスキー傷害保険を開発するにあたり，データ準備として社内のスキー経験者 20 人にアンケートをとった結果，昨シーズンに 20 人中 1 人がケガを負ったことが判明した．クレーム頻度を $1 \div 20 = 5\%$ と推定してよいか？

このようなたった 1 人の実績クレームデータ，データ量が十分でない不安定な実績データを基にパラメータを推定することは，料率の合理性，契約者に対する公平性などのさまざまな観点から問題があるといえます．上記の例では 20 名という少ない標本であるがゆえに，クレームがたまたま 1 件だったにすぎないかもしれないでしょう．それでは，いったいどれくらいケガ人

（クレーム件数）がいれば分析に十分な量といえるのでしょうか．

本章では，このような実績データの「十分量の問題」に対応する「信頼性理論」（credibility theory）について説明します．

2.1　信頼性理論の基本的な考え方

■信頼性理論とは

信頼性理論は，実績データのデータ量を基に同データに対する信頼度 Z（$0 \leq Z \leq 1$）を求め，実績データと別に用意した補助データ（一般的な統計など）を信頼度で加重平均することによって，真の値の推定量を求める手法です．

《信頼性理論による推定量 C》

$$C = Z \cdot T + (1 - Z) \cdot M$$

T：実績データ（確率変数）　　M：補助データ（定数）

Z：信頼度（クレディビリティー係数）

信頼性理論は「データの十分量」の程度を信頼度 Z の大きさによって「全信頼」と「部分信頼」に分けています．

《データの信頼度》

$Z = 1$	全信頼	実績データをそのまま採用する．
$0 < Z < 1$	部分信頼	実績データと補助データを組み合わせた値を採用する．

信頼性理論においては信頼度 Z をいかに推定していくか，その推定方法が議論の中心となります．本章では，その代表的な推定方法である「有限変動信頼性理論」(limited fluctuation credibility theory) と「ビュールマン・モデル」（Bühlmann model）の2つを取り上げます．

有限変動信頼性理論は20世紀の初めにMowbray[†1] やPerryman[†2] によって

†1　Mowbray, A.H.: How Extensive a Payroll is Necessary to Give a Dependable Pure Premium ?, Proceedings of Casualty Actuarial Society,1(1914),pp.24-30.

†2　Perryman, F.S.: Some Notes on Credibility, Proceedings of Casualty Actuarial Society,19(1932),pp.65-84.

発案され，その歴史は古いものの（そのため「古典的な信頼性理論」と呼ばれることもあります），公式の簡単さや分析者の判断を加味できる柔軟性などの優れた点もあることから，さまざまな改良を経て今日の損害保険数理でも現役で使用されております．

一方，ビュールマン・モデルは1960～70年代にBühlmann[†1]によって発案された，信頼性理論に条件付き確率の考え方を導入した手法です．さらにStraubらによってビュールマン・モデルの持つ実務的な問題点が改善された[†2]モデルはビュールマン・ストラウブ・モデル（Bühlmann-Straub model）と呼ばれています．

2.2　有限変動信頼性理論

■有限変動信頼性理論とは

有限変動信頼性理論では，次のような問題を対象とします．

例：クレーム件数がポアソン分布に従い，全信頼に必要な条件として「実績のクレーム件数が真の値の上下5%以内にある確率が90%であること」とした場合，全信頼に必要なクレーム件数は？（答えは【例題33】にて）

有限変動信頼性理論は区間推定の考え方を利用し，実績データが真の値（統計学的には母数）を中心とした一定の幅の中に入ることを基準として同データに対する信頼度を計っています．手法の具体的な流れは図2.1のとおりです．

以上の流れを順に説明していきましょう．

(1) 全信頼に必要なクレーム件数n_Fを推定する

信頼度を判定するためには，まず全信頼に必要な実績データ量を知る必要があります．有限変動信頼性理論では，データ量の判断基準として全信頼に必要クレーム件数n_Fを設定します．このクレーム件数n_Fは分析対象データの種類（クレーム頻度の分析なのか？　クレームコストの分析なのか？）によって異なり，次のように計算することができます（記号の定義をクレーム

---

†1　Bülmann,H.: Experience Rating and Credibility, ASTIN Bulletin,4 (1967),pp.119-207.

†2　Bülmann,H. and Straub,E.: Credibility for Loss Ratios, ARCH(1972).

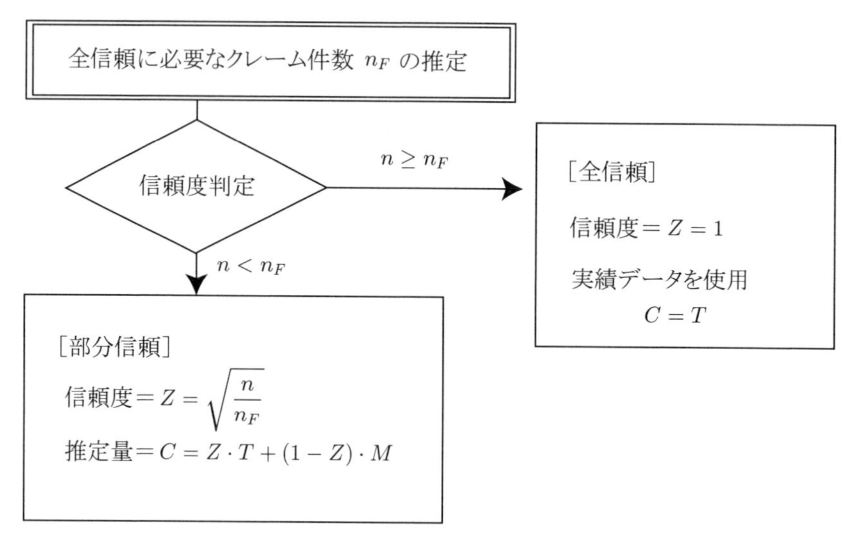

図 2.1　有限変動信頼性理論の流れ

額 X，クレーム件数 N とします）．

なお，以下の計算では，使用する近似は正規近似，全信頼の条件は，「$100p$ % の確率で，実績データ T の変動が真の値（$E(T)$）の $\pm 100\alpha$% 以内に収まる $P(|T - E(T)| \leq \alpha E(T)) = p$」としています．

《クレームコスト，クレーム総額 T の全信頼に必要なクレーム件数 n_F》

①一般形（クレーム件数 N の分布を特定しない）

$$n_F = \left(\frac{y_p}{\alpha}\right)^2 (n_2 + C(X)^2)$$

y_p: 正規分布の上側 $100\left(\frac{q}{2}\right)$ %点 $(p + q = 1)$. $y_p = u(\frac{q}{2})$

$C(X)$：クレーム額 X の統計量　$C(X) = \dfrac{\sqrt{V(X)}}{E(X)}$

n_k: クレーム件数 N の統計量　$n_k = \dfrac{E[(N - E(N))^k]}{E(N)}$

②クレーム件数 N がポアソン分布に従う特殊形

$$n_F = \left(\frac{y_p}{\alpha}\right)^2 \left(1 + \left(\frac{\sigma_X}{m_X}\right)^2\right)$$

m_X, σ_X:クレーム額 X の期待値，標準偏差

《クレーム頻度の全信頼に必要なクレーム件数 n_F》

①一般形（分布を特定しない）

$$n_F = \left(\frac{y_p}{\alpha}\right)^2 \cdot n_2$$

②クレーム件数 N がポアソン分布に従う特殊形

$$n_F = \left(\frac{y_p}{\alpha}\right)^2$$

《クレーム額の全信頼に必要なクレーム件数 n_F》

$$n_F = \left(\frac{y_p}{\alpha}\right)^2 \cdot C(X)^2$$

(2) 信頼度を判定する

実績データ T のクレーム件数 n と n_F を比較することで実績データに対する信頼度を，次のように判定します．

a. 実績データ T のクレーム件数 n が n_F 以上の場合（全信頼）

実績データ T のクレーム件数 n が n_F 以上の場合，全信頼（実績データを100%信頼することができる．信頼度 $Z = 1$）と判定し，同データを修正することなくそのまま推定量 C として使用することができます．すなわち

$$C = T$$

となります．

b. 実績データ T のクレーム件数 n が n_F 未満の場合（部分信頼）

残念ながら実績データのクレーム件数 n が n_F に満たない場合，部分信頼と判定し，(1) の n_F を基にして，実績データ T に対する信頼度 Z を算出する必要があります．信頼度 Z の計算は，次の算式から得られます．

《信頼度 Z の算出》

$$Z = \sqrt{\frac{n}{n_F}}$$

（n：実績データ T のクレーム件数）

(3) 推定量 C を算出する（(2) の b. の場合のみ）

(2) で部分信頼と判定され，信頼度 Z を算出した場合には，実績データ T の他に，分析に準用可能と思われる安定した補助データ M を用いて推定量 C を，次のように設定します．

《部分信頼の場合に使用する推定量 C》

$$C = Z \cdot T + (1 - Z) \cdot M$$

T：実績データ（確率変数）　M：補助データ（定数）　Z：信頼度

部分信頼の場合は，実績データ T に代わって，推定量 C を分析に使用することになります．

■有限変動信頼性理論の利点と欠点

有限変動信頼性理論では，全信頼の条件を決定するのに必要な p, α の水準の設定が分析者の「主観」に委ねられています．分析者は，過去の経験，実績データの抽出状況や癖を総合的に勘案して p, α の水準を設定しなければなりません．

この有限変動信頼性理論の特徴は，推定結果が一義的に決定しない「弱点」がある一方，データをとりまく状況に対して杓子定規に適用せず，柔軟に対応できる「利点」もあります．厳密な数理の観点からみるといい加減な話のようにもとれますが，保険数理という実務の世界ではデータ分析そのものが目的ではなく，あくまでデータ分析の結果をビジネスに活かすことが最終目的であることを意識してください．保険数理では，数理的な厳密性を追及するあまりに，ビジネスの中での「合理性」を見失うことがないように注意しなければなりません．

2.3　ビュールマン（Bühlmann）・モデルによる信頼性理論

■ビュールマン・モデルとは

ビュールマン・モデルでは，次のような問題を取り扱います．

例：表 2.1 は，昨年度のある保険のクレーム件数実績である．クレーム件数 1 件の契約者が，0 件の契約者と比較して，今年度どれくらいクレーム発生リスクが高いか推定せよ（答えは【例題 35】にて）．

表 2.1

クレーム件数	契約者数
0	35 人
1	10 人
2	5 人
合計	50 人

通常，保険料は対象となる保険契約集団の平均的なリスクをもって算出されます．しかし，集団内のリスク水準の分布が広域に渡る場合，平均リスクを集団全員に適用することは不公平――リスクの低い契約にとっては不当に高すぎる，リスクの高い契約にとってはきわめて廉価な保険料――になってしまいます．上記の例でいえば，クレーム件数 0 件の優良の契約者と 1 件の契約者に対して同一の保険料を適用することになりますので，直感的にも平均リスクを集団全体に等しく適用することには公平性がないと思われます．

一方で，それじゃあ，個別契約ごとの実績データだけでリスク判断すればよいではないかという考え方がありますが，先ほどの有限変動信頼性理論を持ち出すまでもなく，データ量の問題が発生します．たった 35 人のデータと 10 人のデータだけをもってして，クレーム件数実績 0 件と 1 件の契約者のリスクの評価に較差を設定することは合理的とはいえないでしょう．

こうした二律背反の状況を解決するように，ビュールマン・モデルは契約者間の公平性とデータ量の問題とのバランスを調整しながら，信頼度 Z を推定しています．

■ビュールマン・モデルの前提

ビュールマン・モデルの内容説明の前に，まずモデルの記号と前提の整理をしておきます．ビュールマン・モデルでは条件付き確率を多用し，使用する記号が複雑になりますので混乱しないように注意してください．

《ビュールマン・モデルで使用する記号》

ある契約の過去 n 年間の実績ロスデータ	$X_i\ (i = 1, 2, \cdots, n)$
ある契約者における固有のロスの期待値（hypothetical mean）	$E[X_i \mid \Theta] = \mu(\Theta)$
ある契約者における固有のロスの分散（process variance）	$V[X_i \mid \Theta] = \sigma^2(\Theta)$
契約者固有のロスの期待値の集団内での分散	$V[E(X_i \mid \Theta)] = V[\mu(\Theta)] = w$
個別契約者内のロスの分散の集団内での期待値	$E[V(X_i \mid \Theta)] = E[\sigma^2(\Theta)] = v$
集団全体でのロスの期待値	μ

《ビュールマン・モデルの前提》

(1) 過去 n 年間の実績ロスデータ（クレーム件数やロス総額）$X_i\ (i = 1, 2, \cdots, n)$ は同一の分布に従い，その分布はパラメータ Θ によって決定される．

(2) パラメータ Θ は何らかの分布に従う（それに伴い，$\mu(\Theta)$ も何らかの分布に従い，その期待値は $E[\mu(\Theta)] = \mu$）．

(3) X_i はパラメータ $\Theta = \theta$ の条件付きで同一の分布に従い，かつ条件下で互いに独立．

■ビュールマンの定理

ビュールマン・モデルでは，個別リスクごとの期待値 $\mu(\Theta)$ の推定を目的とします．具体的には，次にあげるビュールマンの定理により $\mu(\Theta)$ の推定量を求めます．

《ビュールマンの定理》

信頼度 $Z = \dfrac{V[\mu(\Theta)]}{V[\bar{X}]}$ で求められる推定量 $C = Z\bar{X} + (1 - Z)\mu$ は，
$E[\{\mu(\Theta) - (Z\bar{X} + (1 - Z)\mu)\}^2]$ を最小とする $\mu(\Theta)$ の推定量である．

このビュールマンの定理はパラメータの $V[\mu(\Theta)]$，$V[\bar{X}]$ の大小関係によって図 2.2 と解釈することができ，ビュールマン・モデルでは契約者間の公平性とデータ量の問題とのバランスが調整されていることがわかります．

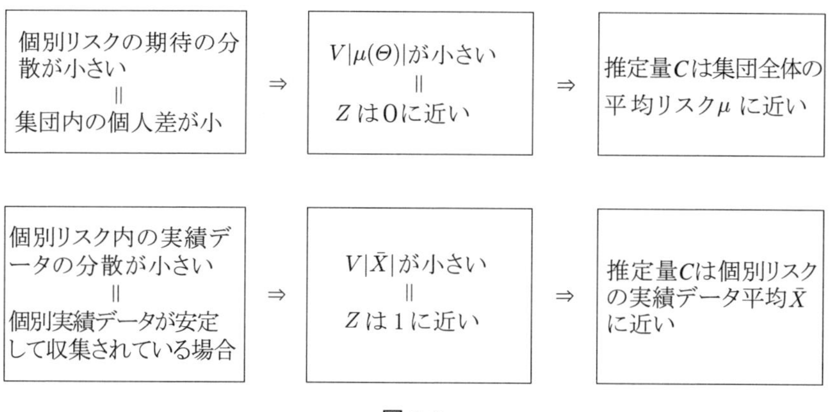

図 2.2

なお，ビュールマン・モデルの信頼度 Z は，次のように変形されます．

《ビュールマン・モデルの信頼度 Z》

$$Z = \frac{V[\mu(\Theta)]}{V[\bar{X}]} = \frac{n}{n + \frac{E[\sigma^2(\Theta)]}{V[\mu(\Theta)]}} = \frac{n}{n + \frac{v}{w}} = \frac{n}{n + k}$$

$k = \dfrac{v}{w}$ はビュールマン信頼係数（Bühlmann credibility factor）と呼ばれています．なお，実際の計算では，$V[\mu(\Theta)]$ や $V[\bar{X}]$ よりも，v, w を求めて $k = \dfrac{v}{w}$ を計算した上で信頼度 Z を推定するほうが一般的です．

■ビュールマン・ストラウブ・モデルとは

ビュールマン・ストラウブ・モデルは，ビュールマン・モデルの欠点を補完して発展させたモデルです．実はビュールマン・モデルには，次の例のようにエクスポージャ（契約者数，経過台数など）が計測年度ごとに異なる問題には対応できないという欠点があります．

例：表2.2は，2つの団体の傷害保険（実損払）の過去3年分の契約年度別クレーム総額実績（S_{ij}）および契約者数（m_{ij}）である．現在判明している4年度目の契約者数を用いて，4年度目のクレーム総額を推定せよ．

表 2.2

		1年度	2年度	3年度	4年度
団体 A	クレーム総額	2,000	—	2,400	—
	加入者数	40	—	60	50
団体 B	クレーム総額	3,280	2,500	1,200	—
	加入者数	80	70	50	60

（答えは【例題41】にて）

そこでビュールマン・ストラウブ・モデルでは，モデルの中にエクスポージャm_i $(i = 1, 2, \cdots, n)$を取り込むことで，ビュールマン・モデルの欠点に対応しています．以下では簡単にビュールマン・ストラウブ・モデルの前提，信頼度，推定量をあげます．なお，具体的な計算方法については後記の【例題40】～【例題42】の中で理解するようにしてください．

《ビュールマン・ストラウブ・モデルの前提》

・X_{ij}は契約者数$i = 1, 2, \cdots, r$，年度数$j = 1, 2, \cdots, n_i$でマトリックス形式のロスデータ．

・m_{ij}は各ロスデータX_{ij}を得たときのエクスポージャ

$$m_i = \sum_{j=1}^{n_i} m_{ij} \qquad m = \sum_{i=1}^{r} m_i = \sum_{i=1}^{r}\sum_{j=1}^{n_i} m_{ij}$$

・各ロスデータX_{ij}は，合計ベースの値Y_{ij}（例：クレーム総額，クレーム件数合計）をエクスポージャで除することによって標準化された値（例：クレームコスト，平均クレーム件数）である．

$$X_{ij} = \frac{Y_{ij}}{m_{ij}} = \frac{Y_{ij1} + Y_{ij2} + \cdots + Y_{ijm_{ij}}}{m_{ij}}$$

・$Y_{ijk}(k = 1, 2, \cdots, m_{ij})$ の Θ_i の条件付の期待値，分散が $\mu(\Theta_i), \sigma^2(\Theta_i)$ のとき，θ_i の条件付きの X_{ij} の期待値，分散は $E[X_{ij}|\Theta_i] = \mu(\Theta_i)$，$V[X_{ij}|\Theta_i] = \dfrac{\sigma^2(\Theta_i)}{m_{ij}}$ となる．

《ビュールマン・ストラウブ・モデルの信頼度，推定量》

ビュールマン・ストラウブ・モデルでは，契約者 (i) ごとに信頼度 Z_i と推定量 C_i が算出される．

$$\text{信頼度：} Z_i = \frac{m_i}{m_i + \frac{v}{w}}$$

$$\text{推定量：} C_i = Z_i \cdot \bar{X}_i + (1 - Z_i) \cdot \mu \qquad (\bar{X} = \sum_{i=1}^{n} \frac{m_i}{m} X_i)$$

■パラメータを推定する

これまでの説明では $v = E[\sigma^2(\Theta)]$，$w = V[\mu(\Theta)]$ を所与の値として扱ってきていますが，実際には未知のパラメータであり，何らかの方法で $\hat{v}, \hat{w}$ を求めなければなりません．パラメータの推定方法には，特定の分布を想定して計算する「パラメトリックな方法」と,「分布を想定しないノンパラメトリックな方法」とがあります．

(1) パラメトリックな方法

X に関して特定の分布を想定することで，$v = E[\sigma^2(\Theta)]$，$w = V[\mu(\Theta)]$ の関係を特定する方法です．以下ではビュールマン・モデルにおいてクレーム件数の分布としてポアソン分布を想定した場合を紹介します．

《ビュールマン・モデルにおいて，クレーム件数の分布としてポアソン分布を想定した場合》

$$v = E[\sigma^2(\Theta)] = E[\mu(\Theta)] = \mu \qquad w = V[\mu(\Theta)] = \sigma^2 - \mu$$

という関係から，推定量は

$$\hat{\mu} = \bar{X} \qquad \hat{w} = s_X^2 - \bar{X}$$

（s_X^2：標本分散．標本数が少ないときは標本不偏分散 $s_X^{\prime 2}$）

(2) ノンパラメトリックな方法

ノンパラメトリックな方法では，不偏推定量をもって $v = E[\sigma^2(\Theta)]$，$w = V[\mu(\Theta)]$ の推定をします．

《ビュールマン・モデルの場合》

$$\hat{\mu} = \bar{X} \qquad \hat{v} = \frac{\sum_{i=1}^{r}\sum_{j=1}^{n}(X_{ij} - \bar{X}_i)^2}{r(n-1)} \qquad \hat{w} = \frac{1}{(r-1)}\sum_{i=1}^{r}(\bar{X}_i - \bar{X})^2 - \frac{\hat{v}}{n}$$

《ビュールマン・ストラウブ・モデルの場合》

$$\hat{\mu} = \bar{X} = \frac{\sum_{i=1}^{r} m_i \bar{X}_i}{m} \qquad \hat{v} = \frac{\sum_{i=1}^{r}\sum_{j=1}^{n_i} m_{ij}(X_{ij} - \bar{X}_i)^2}{\sum_{i=1}^{r}(n_i - 1)}$$

$$\hat{w} = \frac{\sum_{i=1}^{r} m_i(\bar{X}_i - \bar{X})^2 - \hat{v}(r-1)}{m - \frac{1}{m}\sum_{i=1}^{r} m_i^2}$$

ただし

$$\bar{X}_i = \frac{\sum_{j=1}^{n_i} m_{ij} X_{ij}}{m_i} \qquad m_i = \sum_{j=1}^{n_i} m_{ij} \qquad m_{=} \sum_{i=1}^{r} m_i$$

例　題

【例題 28】全信頼

クレーム総額の実績 T の変動部分（バラツキ）が，真の値の $\pm\alpha\%$ 以内の範囲に $100p\%$ の確率で収まる場合，実績 T に全信頼を与え，実績 T だけで料率算定することとした．このとき，全信頼を与えるために必要なクレーム件数 n_F は，T の分布の推定に関して正規近似を用いると

$$n_F = \left(\frac{y_p}{\alpha}\right)^2 (n_2 + C(X)^2)$$

$$y_p\text{: 正規分布の上側 } 100\left(\frac{q}{2}\right)\%\text{点 } (p+q=1).\ y_p = u\left(\frac{q}{2}\right)$$

$$C(X)\text{：クレーム額 } X \text{ の統計量}\quad C(X) = \frac{\sqrt{V(X)}}{E(X)}$$

$$n_k\text{: クレーム件数 } N \text{ の統計量}\quad n_k = \frac{E[(N-E(N))^k]}{E(N)}$$

となることを示せ．

<解答>

クレーム総額 T は，クレーム額が確率変数 X_i，クレーム件数が確率変数 N であるとする．

$$T = X_1 + X_2 + \cdots + X_N$$

実績データ T は，変動要素と固定要素の組み合わさったものなので

$$T = \underbrace{(T - E(T))}_{\text{変動部分}} + \underbrace{E(T)}_{\text{固定部分}}$$

実績データ T は，真の値（T が不偏推定量であるならば，$E(T)$ は真の値）の周りを変動しているといえる．ゆえに,「実績 T の変動部分（バラツキ）$T-E(T)$ が真の値の $\pm\alpha\%$ 以内の範囲に $100p\%$ の確率で収まる場合」とは，$P(|T-E(T)| \leq \alpha E(T)) = p$ を満たすことである．$P\left(|T-E(T)| \leq \alpha E(T)\right) = p$ は

$$P\left(\frac{|T-E(T)|}{\sqrt{V(T)}} \leq \alpha\frac{E(T)}{\sqrt{V(T)}}\right) = p$$

と変形され，さらに T の正規近似が可能であるとすると

$$\alpha\frac{E(T)}{\sqrt{V(T)}} \geq y_p$$

といえる．このとき

$$E(T) = E[E(T|N)] = E(N) \cdot E(X)$$

$$V(T) = E[V(T|N)] + V[E(T|N)] = V(X) \cdot E(N) + E(X)^2 \cdot V(N)$$

なので

$$\alpha \frac{E(N) \cdot E(X)}{\sqrt{V(X) \cdot E(N) + E(X)^2 \cdot V(N)}} \geq y_p$$

$$\frac{\sqrt{E(N)}}{\sqrt{\frac{V(X)}{E(X)^2} + \frac{V(N)}{E(N)}}} \geq \frac{y_p}{\alpha}$$

ここで $C(X) = \dfrac{\sqrt{V(X)}}{E(X)}$，$n_2 = \dfrac{V(N)}{E(N)}$ なので

$$E(N) \geq \left(\frac{y_p}{\alpha}\right)^2 (n_2 + C(X)^2)$$

結果として，全信頼の条件としてクレーム件数の期待値 $E(N)$ が $\left(\dfrac{y_p}{\alpha}\right)^2 (n_2 + C(X)^2)$ 以上であることが求められるといえるので

$$n_F = \left(\frac{y_p}{\alpha}\right)^2 (n_2 + C(X)^2)$$

<補足>

$n_F = \left(\dfrac{y_p}{\alpha}\right)^2 (n_2 + C(X)^2)$ は分布の形を問わない一般形の式である．もしクレーム件数がポアソン分布に従うならば $n_2 = \dfrac{V(N)}{E(N)} = \dfrac{\lambda}{\lambda} = 1$ なので

$$n_F = \left(\frac{y_p}{\alpha}\right)^2 (1 + C(X)^2)$$

となる．

また，$C(X) = \dfrac{\sqrt{V(X)}}{E(X)} = \dfrac{\sigma_X}{m_X}$ と表記を変えて

$$n_F = \left(\frac{y_p}{\alpha}\right)^2 \left(1 + \left(\frac{\sigma_X}{m_X}\right)^2\right)$$

と表すこともある．

【例題 29】部分信頼

クレーム件数 n 件からなる実績データ T と外部データ M との加重平均値である推定量

$$C = Z \cdot T + (1 - Z) \cdot M$$

の変動（バラツキ）が，$100p\%$ の確率で真の値の $\pm\alpha\%$ 以内の範囲に収まるようにしたい．このとき，正規近似を用いると，Z（信頼度）が

$$Z = \sqrt{\frac{n}{\left(\frac{y_p}{\alpha}\right)^2 (n_2 + C(X)^2)}} = \sqrt{\frac{n}{n_F}}$$

であることを示せ．

<解答>

（クレーム総額 T の定義は【例題 29】と同様とする）推定量 $C = Z \cdot T + (1 - Z) \cdot M$ は，次のように変動部分と固定部分に分解できる．

$$C = \underbrace{Z \cdot (T - E(T))}_{\text{変動部分}} + \underbrace{Z \cdot E(T) + (1 - Z) \cdot M}_{\text{固定部分}}$$

よって，部分信頼の条件「推定量 $C = Z \cdot T + (1 - Z) \cdot M$ の変動（バラツキ）が真の値の $\pm\alpha\%$ 以内の範囲に $100p\%$ の確率で収まる」とは

$$P(|Z(T - E(T))| \leq \alpha E(T)) = p$$

$$P\left(\frac{|T - E(T)|}{\sqrt{V(T)}} \leq \frac{\alpha}{Z} \cdot \frac{E(T)}{\sqrt{V(T)}}\right) = p$$

$$\frac{\alpha}{Z} \cdot \frac{E(T)}{\sqrt{V(T)}} \geq y_p$$

【例題 29】と同様にして

$$\frac{\alpha}{Z} \cdot \frac{E(N) \cdot E(X)}{\sqrt{V(X) \cdot E(N) + E(X)^2 \cdot V(N)}} \geq y_p$$

$$\frac{\sqrt{E(N)}}{\sqrt{\frac{V(X)}{E(X)^2} + \frac{V(N)}{E(N)}}} \geq \frac{y_p}{\alpha} \times Z$$

$$\sqrt{E(N)} \geq \sqrt{\left(\frac{y_p}{\alpha}\right)^2 (n_2 + C(X)^2)} \times Z$$

ここで，$n_F = \left(\frac{y_p}{\alpha}\right)^2 (n_2 + C(X)^2)$ なので

$$\sqrt{E(N)} \geq \sqrt{n_F} \times Z$$
$$Z \leq \sqrt{\frac{E(N)}{n_F}}$$

以上より，実績のクレーム件数が n のときの信頼度は高々 $\sqrt{\frac{n}{n_F}}$ といえるので

$$Z = \sqrt{\frac{n}{n_F}}$$

<補足>

【例題 29】の全信頼は，部分信頼の特殊形，すなわち $n > n_F$ の場合の $Z = 1$ となる．したがって，信頼度の算式を全信頼も含めた一般形で表記すると

$$Z = \min\left(\sqrt{\frac{n}{n_F}}, 1\right)$$

となる．

【例題 30】有限変動信頼性理論①

ある保険会社では「真の値の上下 5% 以内にある確率が 99% であること」を全信頼度の基準としている．現在，この保険会社は，クレーム額 X（万円）が一様分布 $U(0,6)$（確率密度関数：$f(x) = \frac{1}{6}$　$(0 < x < 6)$ の分布に従い，クレーム件数がポアソン分布に従うリスクのクレームコストの推定を検討している．

(1) この保険会社が実績データ（クレーム件数 100 件）を得ているとき，このデータに対する信頼度を有限変動信頼性理論で算出せよ．なお，算出にあたっては正規近似を使用せよ．

(2) 今回の問題となっているリスクのクレームコストについて，一般的な統計において 100 円であることが知られている．一方，上記 (1) の保険会社の実績データに基づく実績クレームコストは 80 円であった．このとき，この保険会社に対して適用すべきクレームコストを信頼度を用いて推定せよ．

<解答>

(1) 本問では，クレーム件数がポアソン分布に従うことから【例題 29】の結果を利用し，全信頼に必要なクレーム件数 $n_F = \left(\frac{y_p}{\alpha}\right)^2 \left(1 + \left(\frac{\sigma_X}{m_X}\right)^2\right)$ を求めるため，まずクレーム額の期待値 m_X，標準偏差 σ_X を求める．

$$E(X) = \int_0^6 x\frac{1}{6}dx = \frac{1}{6}\left[\frac{x^2}{2}\right]_0^6 = 3 \qquad E(X^2) = \int_0^6 x^2\frac{1}{6}dx = \frac{1}{6}\left[\frac{x^3}{3}\right]_0^6 = 12$$

$$V(X) = E(X^2) - E(X)^2 = 12 - 3^2 = 3$$

$$\therefore m_X = \frac{6}{2} = 3 \qquad \sigma_X = \sqrt{3}$$

したがって $y_{0.99} = u(0.005) = 2.576$ $\left(\because p = 0.99 \quad \frac{q}{2} = \frac{1-0.99}{2} = 0.005\right)$，$\alpha = 0.05$ を代入して，全信頼に必要なクレーム件数は

$$n_F = \left(\frac{2.576}{0.05}\right)^2 \left(1 + \left(\frac{\sqrt{3}}{3}\right)^2\right) = 3,539.$$

したがって，信頼度は

$$Z = \sqrt{\frac{n}{n_F}} = \sqrt{\frac{100}{3,539}} = 0.168$$

となる．

(2) (1) の結果より，信頼度 $Z = 0.168$ が判明しているので，適用すべきクレームコストは

$$\begin{aligned} C &= Z \cdot T + (1 - Z) \cdot M \\ &= 0.168 \times 80 + (1 - 0.168) \times 100 \\ &= 96.64 \end{aligned}$$

と約 97 円となった．

<補足>

・一様分布 $U(0, k)$（第 III 部の付録 I「確率分布」参照）

確率密度関数: $f(x) = \frac{1}{k}$ $(0 \leq x \leq k)$　n 次モーメント: $\mu_n = \int_0^k x^n \frac{1}{k}dx = \frac{k^n}{n+1}$

【例題 31】有限変動信頼性理論②（クレーム額一定）

A 組合では組合員が傷害を負った場合，事故 1 件につき定額 3 万円の見舞費用を払う保険を契約している．

保険会社は，同組合の実績クレーム件数が λ の $\pm 10\%$ 以内に 95%の確率で収まれば「全信頼」として，組合の実績を反映した料率算定を行いたいと考えている．なお，A 組合の年間クレーム件数の合計はポアソン分布に従うことが判明している．

(1) 「全信頼」を得るために必要なクレーム件数を算出せよ．なお，算出にあたっては正規近似を使用せよ．

(2) A 組合が純保険料 = 300 万円で契約した年度の年間実績クレーム件数が 50 件だった．翌年度の純保険料を (1) の基準を用いて算出せよ．

<解答>

(1)【例題 30】の結果より，クレーム件数の合計がポアソン分布に従う場合の全信頼度を得るために必要なクレーム件数は $n_F = \left(\frac{y_p}{\alpha}\right)^2 \left(1 + \left(\frac{\sigma_X}{m_X}\right)^2\right)$ である．

本問では，クレーム額が「定額 3 万円の見舞費用」と一定であることから，$\sigma_X = 0$ といえる．したがって，$y_{0.95} = u(0.025) = 1.960 \quad (\because p = 0.95 \quad \frac{q}{2} = \frac{1-0.95}{2} = 0.025)$，$\alpha = 0.10$ を代入して

$$n_F = \left(\frac{1.960}{0.1}\right)^2 (1 + 0^2) = 384$$

と 384 件のクレーム件数が必要であることがわかった．

(2) 実績クレーム件数 100 件が全信頼の基準 $n_F = 384$ 件に満たないことから，実績クレームコスト（3 万円 × 50 件 = 150 万円）に対する信頼度 Z を用いて，翌年度の純保険料を算出する．

信頼度 Z は

$$Z = \sqrt{\frac{n}{n_F}} = \sqrt{\frac{50}{384}} = 0.361$$

と得られ，翌年度の純保険料は

$$\begin{aligned} C &= Z \cdot T + (1 - Z) \cdot M \\ &= 0.361 \times (3 \times 50) + (1 - 0.361) \times 300 \\ &= 245.85 \end{aligned}$$

と約 246 万円となる．

<補足>

・本問では契約者集団の過去の保険実績とその実績に対する信頼度を踏まえて，翌年度の純保険料を決定している．このように当該契約者集団の過去の経験を利用する料率は「グループ経験料率」といわれており，契約者集団の実績データが安定的に確保される領域において利用されている．

【例題 32】有限変動信頼性理論③（クレーム件数一定）

ある契約者について，過去 5 年間のクレーム額実績（単位：万円）のデータを得ている（表 1）．

表 1　過去 5 年間のクレーム額実績

年度	1	2	3	4	5
クレーム額 (万円)	19	25	14	16	26

一般的な統計では，このリスクのクレーム額の平均値は 18（万円）であることが判明している．

(1)　全信頼度の基準として「クレーム額が真の値の ±10%以内に 90%の確率で収まる」を設定した場合，過去 5 年の実績が全信頼たりえるかを評価せよ．なお，評価にあたっては正規近似を使用せよ．

(2)　(1) の結果をうけ，来年のクレーム額を予測せよ．

<解答>

(1) 本問では，当該契約者の年間クレーム件数は毎年 1 件と一定であると整理すれば，解答できる．クレーム件数一定とは，すなわち $n_2 = \dfrac{E[(N - E(N))^2]}{E(N)} = 0$ であるので全信頼に必要なクレーム件数は

$$n_F = \left(\frac{y_p}{\alpha}\right)^2 (C(X)^2)$$

ここで

$$\text{標本平均}\bar{x} = \frac{1}{5}(19 + 25 + \cdots + 26) = 20$$

標本不偏分散 $s'^2_X = \dfrac{1}{5-1}\{(19-20)^2 + (25-20)^2 + \cdots + (26-20)^2\} = 28.5$ を代入して，$C(X) = \dfrac{\sqrt{V(X)}}{E(X)}$ の推定値は $\dfrac{\sqrt{28.5}}{20} = 0.267$ と推定される．

ゆえに，$y_{0.90} = u(0.05) = 1.645 \quad (\because p = 0.90 \quad \dfrac{q}{2} = \dfrac{1-0.90}{2} = 0.05)$，$\alpha = 0.1$ と合わせて代入し，全信頼に必要なクレーム件数は n_F は，

$$n_F = \left(\frac{1.645}{0.1}\right)^2 (0.267^2) = 19.29 \cdots \to \underline{19}\text{件}$$

一方，実績件数は 5 件なので，全信頼に足らないと判断された．

(2) (1) の結果より，信頼度は

$$Z = \sqrt{\frac{n}{n_F}} = \sqrt{\frac{5}{19}} = 0.513$$

となり，来年のクレーム額は，

$$\begin{aligned} C &= Z \cdot T + (1 - Z) \cdot M \\ &= 0.513 \times 20 + (1 - 0.513) \times 18 \\ &= 19.026 \end{aligned}$$

約19万円と予測される．

【例題33】有限変動信頼性理論④（全信頼に必要なクレーム件数）

(1) クレーム件数がポアソン分布に従い，クレーム件数の全信頼に必要な条件として「実績のクレーム件数が真の値の上下5%以内にある確率が90%であること」とした場合，全信頼に必要なクレーム件数を求めよ．

(2) クレーム件数がポアソン分布，クレーム額がガンマ分布に従う，クレーム総額の全信頼（実績のクレーム総額が真の値の上下5%以内にある確率が90%であること）に必要なクレーム件数を求めよ．なお，クレーム額 X の分布は，確率密度関数 $f(x) = \dfrac{\left(\frac{1}{6}\right)^4}{\Gamma(9)} x^8 e^{-\frac{1}{6}x}$ $(x \geq 0)$ のガンマ分布に従うことが判明している．

(3) ある保険会社が，上記(2)のクレーム総額について実績額400万円（実績件数500件）のデータを得た．このとき，確率90%でクレーム総額の「真の値」を安全サイドに推定せよ．

＜解答＞

(1) クレーム件数がポアソン分布に従うことから，全信頼に必要なクレーム件数は

$$n_F = \left(\frac{y_p}{\alpha}\right)^2$$

ここで $y_{0.90} = u(0.05) = 1.645$ $\left(\because p = 0.90,\ \dfrac{q}{2} = \dfrac{1-p}{2} = 0.05\right)$，$\alpha - 0.05$ を代入して，$n_F = \left(\dfrac{1.645}{0.05}\right)^2 = 1,082$ 件

となる．

(2) クレーム総額の全信頼に必要な件数は，$n_F = \left(\dfrac{y_p}{\alpha}\right)^2 \left(1 + \left(\dfrac{\sigma_X}{m_X}\right)^2\right)$ クレーム額 X の分布がガンマ分布であることから，クレーム額 X の期待値，標準偏差は

$$m_X = \frac{9}{\left(\frac{1}{6}\right)} = 54 \qquad \sigma_X = \sqrt{\frac{9}{\left(\frac{1}{6}\right)^2}} = 18$$

となり，これらと (1) の結果を代入すると，$n_F = 1,082 \times \{1 + \left(\frac{18}{54}\right)^2\} = 1,202$ 件となる．

上記 (1) の結果（1,082 件）と比較すると，クレーム額のブレ (σ_X/m_X) の影響によって，必要なクレーム件数が増加する結果となっている．

(3) クレーム総額の「真の値」を推定するために，実績件数 500 件，確率 90%の場合の実績額の変動幅 α を逆算することが必要になる．

$$500 = (\frac{1.645}{\alpha})^2 \times \{1 + (\frac{18}{54})^2\}$$

$$\alpha = \sqrt{\frac{1.645^2 \times \{1 + (\frac{18}{54})^2\}}{500}} = 0.078$$

これより，実績額 400 万円は真の値の ±7.8% の範囲にあると考えられる．

安全サイドの推定な観点から，この実績額が下限にあるとみなした場合，真の値は

$$400 \div (1 - 0.078) = 433.8 \cdots$$

と約 434 万円と推測される．

<補足>

・ガンマ分布（第 III 部の付録 I「確率分布」参照）

確率密度関数：$f(x) = \frac{\beta^\alpha}{\Gamma(\alpha)} x^{\alpha-1} e^{-\beta x} \qquad (x \geq 0,\ \alpha > 0,\ \beta > 0)$

期待値：$E(X) = \frac{\alpha}{\beta}$　　分散：$V(X) = \frac{\alpha}{\beta^2}$

・(1) ではクレーム件数のみの信頼度なので，クレーム額は一定とみなし，$n_F = \left(\frac{y_p}{\alpha}\right)^2 \left(1 + \left(\frac{\sigma_X}{m_X}\right)^2\right)$ の式において，$\sigma_X = 0$ としている．

【例題 34】有限変動信頼性理論⑤（ポアソン分布でない場合の全信頼）

クレーム件数 N は，確率関数が $P(N = n) = \binom{4+n}{n} 0.5^5 0.5^n \quad (n = 0, 1, 2, \cdots)$ の負の二項分布に従い，クレーム額 X は確率密度関数が $f_X(x) = \frac{1}{\Gamma(4)} x^3 e^{-x} \quad (x > 0)$ のガンマ分布に従う．このとき，実績のクレーム額の合計が，真の値の上下 5%以内にある確率が 99%であることを全信頼の条件とした場合，全信頼に必要なクレーム件数を求めよ．

<解答>

実績のクレーム額の合計が，真の値の上下 100α%以内にある確率が $100p$%であ

ることを全信頼の条件とした場合，必要なクレーム件数は

$$n_F = \left(\frac{y_p}{\alpha}\right)^2 (n_2 + C(X)^2)$$

$$\left(p+q=1,\ y_p = u\left(\frac{q}{2}\right),\quad C(X) = \frac{\sqrt{V(X)}}{E(X)} \qquad n_k = \frac{E[(N-E(N))^k]}{E(N)}\right.$$

であるので，まず，題意の条件から基礎値を求めることとする．

①クレーム件数

負の二項分布 $P(N=n) = \begin{pmatrix} \alpha+n-1 \\ n \end{pmatrix} p^\alpha q^n \quad (n=0,1,2,\cdots)$ の期待値，分散は $\dfrac{\alpha q}{p}$，$\dfrac{\alpha q}{p^2}$ なので

$$n_2 = \frac{V(N)}{E(N)} = \frac{\frac{\alpha q}{p^2}}{\frac{\alpha q}{p}} = \frac{1}{p} = \frac{1}{0.5} = 2$$

②クレーム額

対数正規分布 $\left(f_X(x) = \dfrac{1}{\Gamma(4)} x^3 e^{-x} \quad (x>0)\right)$ の期待値，分散は

$$E(X) = \frac{4}{1} = 4$$

$$V(X) = \frac{4}{1^2} = 4$$

なので，ゆえに

$$C(X) = \frac{\sqrt{V(X)}}{E(X)} = \frac{\sqrt{4}}{4} = 0.5$$

③その他の基礎値

$p=0.99,\ q = \dfrac{1-p}{2} = 0.005$ より $y_{0.99} = 2.576,\ \ \alpha = 0.05$

以上①，②，③より，必要なクレーム件数は

$$n_F = \left(\frac{2.576}{0.05}\right)^2 (2+0.5^2) = 5{,}972.19\cdots$$

と 5,972 件となる．

＜補足＞

・負の二項分布（第 III 部の付録 I「確率分布」参照）

確率関数：$f(x) = \begin{pmatrix} \alpha+x-1 \\ x \end{pmatrix} p^\alpha \cdot q^x \qquad (\alpha>0,\ 0<p<1,\ p+q=1)$

期待値：$E(X) = \alpha\dfrac{q}{p}$　　　分散：$V(X) = \alpha\dfrac{q}{p^2}$

・ガンマ分布（第 III 部の付録 I「確率分布」参照）

確率密度関数：$f(x) = \dfrac{\beta^\alpha}{\Gamma(\alpha)} x^{\alpha-1} e^{-\beta x} \quad (x \geq 0, \alpha > 0, \beta > 0)$

期待値：$E(X) = \dfrac{\alpha}{\beta}$　　分散：$V(X) = \dfrac{\alpha}{\beta^2}$

・クレームコストの全信頼に必要なクレーム件数 n_F（一般形）

$$n_F = \left(\frac{y_p}{\alpha}\right)^2 (n_2 + C(X)^2)$$

【例題 35】ビュールマン・モデル①（パラメータの推定）

表 1 は，昨年度のある保険のクレーム件数実績である．昨年度のクレーム実績 1 件の契約者が，0 件の契約者と比較して，今年度，どれくらいクレーム発生リスクが高いか，ビュールマン・モデルにより推定せよ．なお，各契約者のクレーム件数はポアソン分布に従い，また，契約者ごとにポアソン分布のパラメータは異なるものとする．

表 1

クレーム件数	契約者数
0 件	35 人
1 件	10 人
2 件	5 人
合計	50 人

<解答>

契約者ごとのクレーム件数を X とする（各契約者のクレーム件数の確率分布のパラメータを Θ とする）．

$$\begin{aligned}
v &= E[V(X|\Theta)] \\
&= E[\sigma^2(\Theta)] \\
&= E[\mu(\Theta)] \qquad (\because \mu(\Theta) = \sigma^2(\Theta)) \\
&= \mu \\
w &= V[E(X|\Theta)] \\
&= V[X] - E(V(X|\Theta)) \qquad (\because V(X) = E[V(X|\Theta)] + V[E(X|\Theta)]) \\
&= \sigma^2 - v
\end{aligned}$$

ここで，μ，σ^2 を標本平均 $\bar{X}$，標本不偏分散 S'^2 で推定すると

$$\begin{aligned}
\bar{x} &= 0.400 \\
\overline{x^2} &= 0.600 \\
s'^2 &= (0.600 - 0.400^2) \times 50 \div (50 - 1) = 0.449 \\
\hat{v} &= \hat{\mu} = \bar{x} = 0.400 \\
\hat{w} &= \hat{\sigma}^2 - \hat{v} = s'^2 - \hat{v} = 0.449 - 0.400 = 0.049
\end{aligned}$$

ゆえに，契約者ごとの実績データに対する信頼度は

$$Z = \frac{n}{n + \frac{\hat{v}}{\hat{w}}} = \frac{1}{1 + \frac{0.400}{0.049}} = 0.109$$

実績クレーム件数 k の契約者の翌年度の推定クレーム件数を c_k とすると

$$\begin{aligned}
c_0 &= 0 \times 0.109 + 0.4 \times (1 - 0.109) = 0.356 \\
c_1 &= 1 \times 0.109 + 0.4 \times (1 - 0.109) = 0.465
\end{aligned}$$

したがって，クレーム実績 1 件の契約者，0 件の契約者と比較して，

$$\frac{c_1}{c_0} = \frac{0.465}{0.356} = 1.306$$

と約 1.3 倍クレーム発生リスクが高いと推定される．

<補足>

・ポアソン分布（第 III 部の付録 I「確率分布」参照）

　期待値と分散は等しい．$E(N) = V(N) = \lambda$

・条件付のモーメントの性質（参照：第 3 章クレーム総額のモデル）

$$E(A) = E[E(A|B)]$$

$$V(A) = E[V(A|B)] + V[E(A|B)]$$

【例題 36】ビュールマン・モデル②（パラメータの推定）

表 1 は，昨年度のある保険のクレーム件数実績である．各契約者のクレーム件数 X が幾何分布に従い，契約者ごとに幾何分布のパラメータ (θ) は異なるものとする．

表 1

クレーム件数	契約者数
0 件	40 人
1 件	6 人
2 件	4 人
合計	50 人

(1) $v = E[V(X|\Theta)]$，$w = V[E(X|\Theta)]$ を，クレーム件数の平均 μ，分散 σ^2 で表現せよ．

(2) 実績データに基づいてクレーム件数の平均 μ，分散 σ^2 を推定した上で，昨年度クレーム件数 1 件の契約者の今年度のクレーム件数をビュールマン・モデルで推定せよ．

<解答>

(1) 契約者ごとのクレーム件数を X．各契約者のクレーム件数の確率分布のパラメータを Θ とする．各契約者のクレーム件数は幾何分布に従うので，条件付きの確率関数は $f_{X|\Theta}(x|p) = p(1-p)^x \quad (x = 0, 1, 2, \cdots)$ である．

ゆえに X の条件付きの期待値，分散は

$$E(X|\Theta) = \sum_{x=0}^{\infty} x \cdot \Theta(1-\Theta)^x = \frac{1-\Theta}{\Theta}$$

$$V(X|\Theta) = \frac{1-\Theta}{\Theta^2}$$

と計算できる．

以上を用いて v は

$$\begin{aligned} v &= E[V(X|\Theta)] \\ &= E[\frac{1-\Theta}{\Theta^2}] = E[(\frac{1-\Theta}{\Theta})^2 + \frac{1-\Theta}{\Theta}] = E[(\frac{1-\Theta}{\Theta})^2] + E[\frac{1-\Theta}{\Theta}] \\ &= E[(E(X|\Theta))^2] + E[E(X|\Theta)] = E[(E(X|\Theta))^2] + \mu \end{aligned}$$

となり，$E[(E(X|\Theta))^2] = v - \mu \cdots (a)$

一方，w は

$$\begin{aligned} w &= V[E(X|\Theta)] = E[E(X|\Theta)^2] - E[E(X|\Theta)]^2 \\ &= E[E(X|\Theta)^2] - \mu^2 \\ &= v - \mu - \mu^2 \quad (\because (a)) \cdots (b) \end{aligned}$$

また，w は

$$\begin{aligned} w &= V[E(X|\Theta)] = V[X] - E(V(X|\Theta)) \\ &= \sigma^2 - v \cdots (c) \end{aligned}$$

とも表現できるので

$$w = \frac{(b)+(c)}{2} = \frac{1}{2}(\sigma^2 - \mu - \mu^2)$$

この結果を式 (b) に代入して整理すると

$$v = \frac{1}{2}(\sigma^2 + \mu + \mu^2)$$

となる．

(2) μ，σ^2 を標本平均 $\bar{X}$，標本不偏分散 S'^2 で推定すると

$$\begin{aligned} \hat{\mu} &= \bar{x} = 0.280 \qquad \bar{x}^2 = (1^2 \times 6 + 2^2 \times 4) \div 50 = 0.44 \\ \hat{\sigma}^2 &= s'^2 = (0.44 - 0.28^2) \times 50 \div (50-1) \fallingdotseq 0.369 \\ \hat{v} &= \frac{1}{2}(0.369 + 0.280 + 0.280^2) = 0.364 \\ \hat{w} &= \frac{1}{2}(0.369 - 0.280 - 0.280^2) = 0.005 \end{aligned}$$

ゆえに，契約者ごとの実績データに対する信頼度は

$$Z = \frac{n}{n + \frac{\hat{v}}{\hat{w}}} = \frac{1}{1 + \frac{0.364}{0.005}} = 0.014$$

昨年度クレーム件数1件の契約者の今年度のクレーム件数は

$$c = 0.014 \times 1 + (1 - 0.014) \times 0.280 = 0.290$$

と推定される．

＜補足＞

・幾何分布（第III部の付録I「確率分布」参照）

確率関数：$f(x) = p \cdot q^x \qquad (x = 0, 1, 2, \cdots)$

期待値：$E(X) = \dfrac{q}{p}$　　分散：$V(X) = \dfrac{q}{p^2}$

・本問では，個別リスクの期待値の分散 $w = V[E(X|\Theta)]$ が小さい（＝集団内の個人差が小さい）ことから，翌年度の推定が全体平均に近い結果となった．

【例題 37】ビュールマン・モデル③

3 名の契約者の過去 3 年のクレーム額実績データとして表 1 を得ている.

表 1

	1 年目	2 年目	3 年目
契約者 A	38	22	30
契約者 B	60	50	40
契約者 C	75	70	65

(1) 実績データに対する信頼度をビュールマン・モデルで推定せよ.

(2) 契約者 A の 4 年目のクレーム額を推定せよ.

<解答>

(1) 分布を想定しない場合には，ノンパラメトリックな推定方法である

$$\mu = \bar{X}$$

$$v = \frac{1}{r(n-1)} \sum_{i=1}^{r} \sum_{j=1}^{n} (X_{ij} - \bar{X}_i)^2$$

$$w = \frac{1}{r-1} \sum_{i=1}^{r} (\bar{X}_i - \bar{X})^2 - \frac{v}{n}$$

の統計量を利用する（n：データ数　r：契約数）（表 2）.

表 2

	1 年目	2 年目	3 年目	契約者別平均	契約者別不偏分散
契約者 A	38	22	30	30	64
契約者 B	60	50	40	50	100
契約者 C	75	70	65	70	25
			全平均	50	

契約者別平均$\bar{X}_i = \frac{1}{n} \sum_{j=1}^{n} X_{ij}$，契約者別不偏分散 $v_i = \frac{1}{n-1} \sum_{j=1}^{n} (X_{ij} - \bar{X}_i)^2$

$$\bar{\mu} = 50$$

$$\hat{v} = \frac{1}{3}(64 + 100 + 25) = 63$$

$$\hat{w} = \frac{1}{3-1}((30-50)^2 + (50-50)^2 + (70-50)^2) - \frac{63}{3} = 379$$

信頼度は

$$Z = \frac{n}{n + \frac{v}{w}} = \frac{3}{3 + \frac{63}{379}} = 0.948$$

と算出される.

(2) 契約者Aの個別実績と全体平均値とを信頼度で加重平均し，4年目のクレーム額は

$$P = 0.948 \times 30 + (1 - 0.948) \times 50 = 31.0$$

と推定される.

【例題38】ビュールマン・モデル④

50名の保険契約者で構成される契約集団について，次のことが判明している.

・各保険契約者のクレーム件数は二項分布 $B(1, p_\theta)$ に従い，互いに独立である.

・二項分布のパラメータのクレーム頻度 p_θ は一様分布 $U(0, 0.1)$ に従う.

・この契約集団の今年度のクレーム件数実績は6件.

この契約集団の次年度のクレーム件数をビュールマン・モデルで推定せよ.

<解答>

契約者ごとのクレーム件数を X_i（二項分布）とした場合，契約者集団のクレーム件数（S）は

$$S = X_1 + X_2 + \cdots + X_{50}$$

となる.

契約者集団のクレーム件数 (S) の条件付きのモーメントは

$$\begin{aligned} E(S|\theta) &= E(X_1 + X_2 + \cdots + X_{50}|\theta) = 50 \times E(X_i|\theta) = 50p_\theta \\ V(S|\theta) &= V(X_1 + X_2 + \cdots + X_{50}|\theta) = 50 \times V(X_i|\theta) = 50p_\theta(1 - p_\theta) \end{aligned}$$

となり，μ，v，w は以下のとおり計算される.

$$\begin{aligned} \mu &= E(E(S|\theta)) = E(50p_\theta) = 50E(p_\theta) = 50 \times 0.05 = 2.5 \\ v &= E(V(S|\theta)) = E(50p_\theta(1 - p_\theta)) \\ &= E(50p_\theta(1 - p_\theta)) \\ &= 50 \times \{E(p_\theta) - E(p_\theta^2)\} \\ &= 50 \times (0.05 - \frac{0.1^2}{3}) = 2.33 \end{aligned}$$

$$w = V(E(S|\theta)) = V(50p_\theta) = 50^2 \times V(p_\theta) = 50^2 \times \left(\frac{0.1^2}{3} - 0.05^2\right) = 2.08$$

$$\left(\begin{aligned} E(p_\theta) &= \int_0^{0.1} x dx = 0.05 \\ E(p_\theta^2) &= \int_0^{0.1} x^2 dx = \frac{0.1^2}{3} \\ V(p_\theta) &= E(p_\theta^2) - E(p_\theta)^2 = \frac{0.1^2}{3} - 0.05^2 \end{aligned}\right)$$

と計算され，ビュールマン・モデルによる信頼度は

$$Z = \frac{n}{n + \frac{v}{w}} = \frac{1}{1 + \frac{2.33}{2.08}} = 0.472$$

と求められる．

以上より，次年度の契約集団のクレーム件数は

$$C = Z \times T + (1 - Z) \times \mu = 0.472 \times 6 + (1 - 0.472) \times 2.5 = 4.152$$

と約 4 件と推定される．

<補足>

・本問では，契約集団を単一の「契約」とみなして，$n = 1$ でビュールマン・モデルによる信頼度を計算した．

・二項分布 $B(n, p)$（第 III 部の付録 I「確率分布」参照）
期待値：np　　分散：$np(1-p)$

・一様分布 $U(0, k)$（第 III 部の付録 I「確率分布」参照）
確率密度関数：$f(x) = \dfrac{1}{k}$　$(0 \leq x \leq k)$ n 次モーメント：$\mu_n = \displaystyle\int_0^k x^n \frac{1}{k} dx = \frac{k^n}{n+1}$

【例題 39】ビュールマン・ストラウブ・モデル①

1 契約あたりのクレーム件数 X は，ポアソン分布 (確率関数 $P(X = x) = e^{-\Lambda}\dfrac{\Lambda^x}{x!}$) に従い，また，パラメータ Λ は確率密度関数が $f_\Lambda(z) = \dfrac{50^2}{\Gamma(2)} z e^{-50z}$ $(z \geq 0)$ のガンマ分布に従うとことが判明している．ある契約集団の過去 3 年間のクレーム件数を調べたところ，表 1 のデータが得られた．

(1) このクレーム件数実績に対する信頼度をビュールマン・モデルによって求めよ．

(2) 4 年目の契約件数は 140 件と判明している．(1) の結果を用いて，4 年目のクレーム件数を推定せよ．

表 1

	1 年目	2 年目	3 年目
契約件数（m_i）	100 件	120 件	130 件
クレーム件数	8 件	9 件	11 件

<解答>

(1) $\mathit{\Lambda} = \lambda$ の条件付きクレーム件数は，ポアソン分布に従うので

$$V(N|\mathit{\Lambda}) = \mathit{\Lambda} \qquad E(N|\mathit{\Lambda}) = \mathit{\Lambda}$$

したがって，パラメータ v, w および μ は

$$v = E(V(N|\mathit{\Lambda})) = E(\mathit{\Lambda}) = \frac{2}{50}$$

$$w = V(E(N|\mathit{\Lambda})) = V(\mathit{\Lambda}) = \frac{2}{50^2}$$

$$\mu = E(E(N|\mathit{\Lambda})) = E(\mathit{\Lambda}) = \frac{2}{50}$$

となる．

信頼度は

$$Z = \frac{\sum m_i}{\sum m_i + \frac{v}{w}} = \frac{(100+120+130)}{(100+120+130) + \frac{2/50}{2/50^2}} = 0.875$$

と計算される．

(2) $\bar{X} = \dfrac{8+9+11}{100+120+130} = 0.08$，$\mu = \dfrac{2}{50} = 0.04$ から，4 年目の 1 契約当たりのクレーム件数は

$$C = 0.875 \times 0.08 + (1 - 0.875) \times 0.04 = 0.075$$

と推定される．

以上より，4 年目の契約件数は 140 件なので 4 年目のクレーム件数は

$$140 \times 0.075 = 10.5$$

となり 10〜11 件と推定される．

<補足>

・ガンマ分布（第 III 部の付録 I「確率分布」参照）

確率密度関数：$f(x) = \dfrac{\beta^\alpha}{\mathit{\Gamma}(\alpha)} x^{\alpha-1} e^{-\beta x} \qquad (x \geq 0,\ \alpha > 0,\ \beta > 0)$

期待値：$E(X) = \dfrac{\alpha}{\beta}$　　分散：$V(X) = \dfrac{\alpha}{\beta^2}$

【例題 40】ビュールマン・ストラウブ・モデル②

表 1 は，契約者集団の過去 3 年間の契約者数 (m_i) および契約者一人当たりのクレームコスト (X_i) の実績である．加えて，表 1 以外に同契約集団のデータとして以下のことが判明している．

① 業界全体ベースでの平均クレームコストは $\mu = 11$

② クレームコスト (X_i) のパラメータは $\hat{v} = 200 \quad \hat{w} = 5$

③ 4 年目の契約者数は 20 名を予定

このとき，ビュールマン・ストラウブ・モデルを用いてこの契約集団の 4 年目のクレーム総額を推定せよ．

表 1

年 (i)	契約者数 (m_i)	契約者一人当たりの実績クレームコスト (X_i)
1 年目	18 名	12
2 年目	20 名	15
3 年目	22 名	18

<解答>

表 1 より，契約集団の平均クレームコストは

$$\bar{X} = \frac{12 \times 18 + 15 \times 20 + 18 \times 22}{18 + 20 + 22} = 15.2$$

①, ②を用いて，信頼度は

$$Z = \frac{\sum m_i}{\sum m_i + \frac{v}{w}} = \frac{18 + 20 + 22}{(18 + 20 + 22) + \frac{200}{5}} = 0.60$$

と計算される．

以上より，この契約集団の契約者一人当たりのクレームコストは

$$C = Z \times \bar{X} + (1 - Z) \times \mu = 0.60 \times 15.2 + (1 - 0.60) \times 11 = 13.52$$

③より，4 年目の契約者は 20 名予定しているので，この契約集団のクレーム総額は

$$13.52 \times 20 = 270.4$$

と推定される．

【例題 41】ビュールマン・ストラウブ・モデル③

表1は二つの団体の傷害保険（実損払）の過去3年分の契約年度別クレーム総額実績（S_{ij}）および加入者数（m_{ij}）である．現在予定している4年度目の加入者数を用いて，各団体の4年度目のクレーム総額を推定せよ．

表 1

		1年度	2年度	3年度	4年度（予定）
団体A	クレーム総額	2,000	—	2,400	—
	加入者数	40名	—	60名	50名
団体B	クレーム総額	3,280	2,520	1,200	—
	加入者数	80名	70名	50名	60名

<解答>

3年度までの実績を用いた基礎統計量は次のとおり．

表 2

エクスポージャー（加入者数）m_{ij}

	1年度	2年度	3年度	合計
団体A	40	—	60	$m_A = 100$
団体B	80	70	50	$m_B = 200$
				$m = 300$

クレームコスト $x_{ij} = S_{ij} \div m_{ij}$

	1年度	2年度	3年度	平均
団体A	50	—	40	$\bar{x}_A = 44.0$
団体B	41	36	24	$\bar{x}_B = 35.0$
				$\bar{x} = 38.0$

$$\left(\bar{x}_A = \frac{\sum_{j=1}^{3} x_{Aj} m_{Aj}}{m_A} = 44.0 \quad \bar{x}_B = \frac{\sum_{j=1}^{3} x_{Bj} m_{Bj}}{m_B} = 35.0 \quad \bar{x} = \frac{\bar{x}_A m_A + \bar{x}_B m_B}{m} = 38.0 \right)$$

ビュールマン・ストラウブ・モデルで分布を特定しない場合のパラメータ v, w お

よび μ は，次のような統計量

$$\hat{\mu}=\bar{X}=\frac{\sum_{i=1}^{r} m_i\bar{X}_i}{m}\quad \hat{v}=\frac{\sum_{i=1}^{r}\sum_{j=1}^{n_i} m_{ij}(X_{ij}-\bar{X}_i)^2}{\sum_{i=1}^{r}(n_i-1)}\quad \hat{w}=\frac{\sum_{i=1}^{r} m_i(\bar{X}_i-\bar{X})^2-\hat{v}(r-1)}{m-\frac{1}{m}\sum_{i=1}^{r} m_i^2}$$

（r：団体数 $r=2$，n_i：実績のある年度数 $n_A=2 \quad n_B=3$）

で推測されることを利用して

$$\hat{\mu}=\bar{x}=38.0 \quad \hat{v}=3,800 \quad \hat{w}=12.0$$

各団体別の信頼度は $Z_i=\dfrac{m_i}{m_i+\frac{v}{w}}$ で算出されるので

$$Z_A=\frac{100}{100+\frac{3,800}{12.0}}=0.240 \qquad Z_B=\frac{200}{200+\frac{3,800}{12.0}}=0.387$$

となる．

これを用いて，各団体の 4 年度のクレームコストは

$$x_{A4}=Z_A\times\bar{X}_A+(1-Z_A)\times\bar{X}=0.240\times 44.0+(1-0.240)\times 38.0=39.4$$

$$x_{B4}=Z_B\times\bar{X}_B+(1-Z_B)\times\bar{X}=0.387\times 35.0+(1-0.387)\times 38.0=36.8$$

と推測され，各団体の 4 年度のクレーム総額実績は

$$S_{A4}=X_{A4}\times m_{A4}=39.4\times 50=1,970$$

$$S_{B4}=X_{B4}\times m_{B4}=36.8\times 60=2,208$$

【例題 42】 ビュールマン・ストラウブ・モデル④

地域別（グループ数 $r=2$）に過去 3 年間（$n=3$）の実績クレームコスト（X_{ij}）の保険成績として表 1 を得た．

表 1

i	地域	過去 3 年 契約者数合計	過去 3 年平均 クレームコスト		
		$m_i=\sum_{j=1}^{3} m_{ij}$	$\overline{X_i}=\frac{\sum_{j=1}^{3} X_{ij}m_{ij}}{m_i}$	$v_i=\frac{\sum_{j=1}^{3} m_{ij}(X_{ij}-\bar{X}_i)^2}{n_i-1}$	$m_i(\bar{X}_i-\bar{X})^2$
1	第 1 地域	200	2	0.8	1.4
2	第 2 地域	400	3	0.6	1.2

（m_{ij}：第 i 地域の j 年目のエクスポージャ数　X_{ij}：第 i 地域の j 年目のクレームコスト）

ビュールマン・ストラウブ・モデルを用いて，各地域の純保険料（クレームコストの理論値）を推定せよ．ただし，推定される純保険料の合計が実績のクレーム合計と同一にするようにせよ（すなわち総ファンドを一定とせよ）．

<解答>

基礎値となる統計量として

$$\hat{\mu} = \bar{X} = \frac{\sum_{i=1}^{r} m_i \bar{X}_i}{m} \quad \hat{v} = \frac{\sum_{i=1}^{r}\sum_{j=1}^{n_i} m_{ij}(X_{ij} - \bar{X}_i)^2}{\sum_{i=1}^{r}(n_i - 1)} \quad \hat{w} = \frac{\sum_{i=1}^{r} m_i(\bar{X}_i - \bar{X})^2 - \hat{v}(r-1)}{m - \frac{1}{m}\sum_{i=1}^{r} m_i^2}$$

を計算すると

$$\begin{aligned}
\hat{\mu} &= \bar{X} = \frac{200 \times 2 + 400 \times 3}{200 + 400} = 2.667 \\
\hat{v} &= \frac{\sum_{i=1}^{2}(n_i - 1)v_i}{\sum_{i=1}^{2}(n_i - 1)} = \frac{2 \times 0.8 + 2 \times 0.6}{2 + 2} = 0.7 \\
\hat{w} &= \frac{(1.4 + 1.2) - 0.7 \times (2 - 1)}{600 - \frac{1}{600}(200^2 + 400^2)} = 0.007
\end{aligned}$$

以上より，地域ごとの信頼度はそれぞれ

$$Z_1 = \frac{200}{200 + \frac{0.7}{0.007}} = 0.667 \quad Z_2 = \frac{400}{400 + \frac{0.7}{0.007}} = 0.800$$

と計算される．よって，全体クレームコストの推定量を $\mu = \bar{X}$ として各地域の純保険料を計算すると，次のとおりとなる．

$$\begin{aligned}
C_1 &= 0.667 \times 2 + (1 - 0.667) \times 2.667 = 2.222 \\
C_2 &= 0.800 \times 3 + (1 - 0.800) \times 2.667 = 2.933
\end{aligned}$$

ただし，このままでは総ファンドが変化する $\left(\left(\sum_{i=1}^{2} m_i \bar{X}_i = 1,600\right) \neq \left(\sum_{i=1}^{2} m_i C_i = 1,618\right)\right)$ ため，次のように信頼度で調整した全体クレームコストの推定量 $\hat{\mu}' = \dfrac{\sum_{i=1}^{2} Z_i \bar{X}_i}{\sum_{i=1}^{2} Z_i}$ を使用することが必要となる．

$$\hat{\mu}' = \frac{0.667 \times 2 + 0.800 \times 3}{0.667 + 0.800} = 2.545$$

よって

$$\begin{aligned} C_1' &= 0.667 \times 2 + (1 - 0.667) \times 2.545 = 2.181 \\ C_2' &= 0.800 \times 3 + (1 - 0.800) \times 2.545 = 2.909 \end{aligned}$$

$$\left(\sum_{i=1}^{2} m_i C_i' = 1,600 \right)$$

＜補足＞

・純保険料（「第 5 章　保険料算出の基礎」参照）

保険料のうち，経費，利潤を除いた，支払保険金に充当するファンド，クレームコスト．

・総ファンドを変化させない全体クレームコストの推定量

解答中で用いた推定量 $\hat{\mu}' = \dfrac{\sum_{i=1}^{r} Z_i \bar{X}_i}{\sum_{i=1}^{r} Z_i}$ の証明を簡単に行う．

推定する純保険料 $C_i' = Z_i \times \bar{X}_i + (1 - Z_i) \times u$ の合計（総ファンド）を，保険金合計 $(F = \sum_{i=1}^{r} m_i \bar{X}_i)$ に一致させるように，$\sum_{i=1}^{r} m_i C_i' = F$ を u で解けばよい．

$$\begin{aligned} \sum_{i=1}^{r} m_i C_i' &= F \\ \sum_{i=1}^{r} m_i \{ Z_i \times \bar{X}_i + (1 - Z_i) \times u \} &= \sum_{i=1}^{r} m_i \bar{X}_i \\ \sum_{i=1}^{r} \{ m_i \times (1 - Z_i) \times u \} &= \sum_{i=1}^{r} m_i \bar{X}_i (1 - Z_i) \\ \sum_{i=1}^{r} \left\{ m_i \times \left(1 - \frac{m_i}{m_i + \frac{v}{w}} \right) \times u \right\} &= \sum_{i=1}^{r} m_i \bar{X}_i \left(1 - \frac{m_i}{m_i + \frac{v}{w}} \right) \\ \sum_{i=1}^{r} \left\{ m_i \times \left(\frac{\frac{v}{w}}{m_i + \frac{v}{w}} \right) \times u \right\} &= \sum_{i=1}^{r} m_i \bar{X}_i \left(\frac{\frac{v}{w}}{m_i + \frac{v}{w}} \right) \\ u \times \frac{v}{w} \sum_{i=1}^{r} \left(\underbrace{\frac{m_i}{m_i + \frac{v}{w}}}_{Z_i} \right) &= \frac{v}{w} \sum_{i=1}^{r} \bar{X}_i \left(\underbrace{\frac{m_i}{m_i + \frac{v}{w}}}_{Z_i} \right) \\ u \sum_{i=1}^{r} Z_i &= \sum_{i=1}^{r} Z_i \bar{X}_i \end{aligned}$$

$$u = \frac{\sum_{i=1}^{r} Z_i \bar{X}_i}{\sum_{i=1}^{r} Z_i} = \hat{\mu}' \qquad \text{(証明終)}$$

第3章　危険理論

要　項

本章では，確率過程をベースにした「**危険理論**」(risk theory) を取り上げます．確率過程は時間の経過により「ある状態」が確率的に変動する様子を捉えるものですが，危険理論ではその確率過程を用いて「ある状態」=「クレーム」に時間変化の概念を組み込むことで，保険会社の収支モデルを組み立て，収支がマイナスに転じる確率（破産確率：ruin probability）の把握を目的としています．本章では，まず確率過程の危険理論への当てはめ方（モデル）を踏まえた後，そのモデルをベースとした破産確率の計算方法を紹介することにします．

なお，本章のクレームの発生部分は，第1章のクレーム・モデルを発展させた内容となっていますので，損害保険数理を初めて学ばれる方は，第1章の内容をおさえた上で本章に取り組むようにしてください．また，本章では，確率過程そのものに対する数学的な議論は省略し，危険理論で使用される「結果」のみを取り上げていますので，確率過程の詳細については専門書で確認するようにしてください．

3.1　確率過程の危険理論への適用

■ポアソン過程とクレーム件数過程

本章の危険理論では，ポアソン過程 (Poisson process) を利用します．最近ではブラウン運動などの他の確率過程を使用することもありますが，損害保険数理の歴史の中では，数学的な処理の簡便さゆえに主にポアソン過程を中心にして議論を展開しています．以下では，まずポアソン過程の定義を記載します．

《ポアソン過程 N_t》

N_t は期間 $[0,t]$ に発生する非負の整数値をとる確率変数．

① $N_0=0$

② $0 \leq s < t \leq u < v$, $N_t - N_s$ と $N_v - N_u$ は独立

③ $N_{s+t} - N_t$, N_s は同じ分布に従う

④ $P(N_{s+t} - N_s \geq 2) = o(t) \quad \left(\lim_{h \to 0} \frac{o(h)}{h} = 0\right)$[†]

⑤ $P(N_{s+t} - N_s = n) = \frac{(\lambda t)^n e^{-\lambda t}}{n!} \qquad (n = 0, 1, 2, \cdots)$

このとき，N_t はポアソン過程に従う．

危険理論では，ポアソン過程を次のようにクレーム件数の確率過程モデル（クレーム件数過程）として利用します．

《クレーム件数過程 N_t（claim number process）》

期間 $[0,t]$ に発生するクレーム件数（確率変数）N_t で次の性質を持つ．

① $N_0=0$

→ 時刻0での発生クレーム件数は0件

② $0 \leq s < t \leq u < v$, $N_t - N_s$ と $N_v - N_u$ は独立

→ $(s,t]$, $(u,v]$ のそれぞれの期間で発生するクレーム件数は独立

③ $N_{s+t} - N_t$, N_s は同じ分布に従う

→ $(0,s]$, $(t, s+t]$ に発生するクレーム件数は同じ分布に従う

④ $P(N_{s+t} - N_s \geq 2) = o(t)$

→ 同一時刻に2件以上のクレームが発生することはない

⑤ $P(N_{s+t} - N_s = n) = \frac{(\lambda t)^n e^{-\lambda t}}{n!} \qquad (n = 0, 1, 2, \cdots)$

→ 時刻 s から時刻 $s+t$ までの間に発生するクレーム件数が n 件である確率

[†] スモール・オウの記号 $o(h)$

2つの無限小（または無限大）$f(x), g(x) (x \to +0)$ に対し，$\lim_{x \to +0} \frac{f(x)}{g(x)} = 0$ が成立するとき，$f(x) = o(g(x)) (x \to +0)$ と書き，$f(x)$ は $g(x)$ に対して無視できるという．

は $\dfrac{(\lambda t)^n e^{-\lambda t}}{n!}$ である（クレームの発生確率は s によらず，経過時間 t による）

■複合ポアソン過程とクレーム総額過程

第 1 章で，クレーム総額のモデルとして複合ポアソン分布を使用しましたが，確率過程の中でも同様にクレーム総額のモデルとして「複合ポアソン過程」(compound Poisson process または mixed Poisson process) を使用します．まず複合ポアソン過程の定義を記載します．

《複合ポアソン過程 S_t》
・N_t はポアソン過程
・$X_1, X_2, \cdots$ は同じ分布に従う確率変数
・N_t，$X_1, X_2, \cdots$ は互いに独立
$S_t = X_1 + X_2 + \cdots + X_{N_t}$ は複合ポアソン過程に従う．

上記の複合ポアソン過程は，S_t を期間 $[0, t]$ に発生したクレームの総額として，次のようにクレーム総額のモデル（クレーム総額過程）に組み込まれます．

《クレーム総額過程 S_t》
・時刻 t までに発生するクレーム件数 N_t はポアソン過程に従う
・個々のクレーム額 $X_1, X_2, \cdots$ は同じ分布に従う確率変数
・クレーム件数 N_t，クレーム額 $X_1, X_2, \cdots$ は互いに独立
以上を満たすとき，期間 $[0, t]$ に発生したクレームの総額 $S_t = X_1 + X_2 + \cdots + X_{N_t}$ は複合ポアソン過程に従う．

■サープラス過程とは

危険理論では，保険会社の収支を把握する指標として「**サープラス**」(surplus) を用います．仮に保険会社を「ダム」，保険料収入を「上流から流入する水」，支払保険金を「下流に放水する水」にぞれぞれたとえると，サープラスは「ダムにたまる貯水量」に当たります（図 3.1）．

危険理論では，このサープラスの推移を表現するために，先ほどのクレー

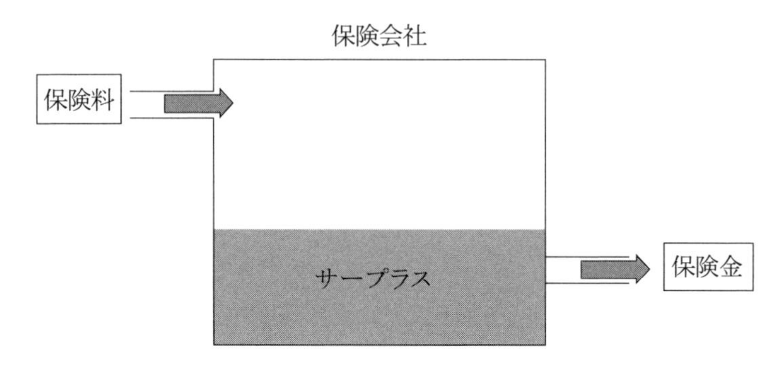

図 3.1　サープラスのイメージ

ム総額モデルを取り込んだ「サープラス過程」を使用します．

《サープラス過程 U_t》
・時刻 t のサープラスを U_t とする
・保険料収入は経過期間に比例する単純な設定とし，期間 $[0,t]$ に領収した保険料を ct とする
　c：単位期間に領収される保険料．$c = (1+\theta)\cdot\lambda\mu$
　θ：**安全割増**（safety loading）
・期間 $[0,t]$ に発生したクレームの総額 S_t は複合ポアソン過程（クレーム件数過程のパラメータ λ，クレーム額の期待値 μ）に従う
このとき，サープラス過程：$U_t = U_0 + ct - S_t$

3.2　破産確率

■ルンドベリ・モデル

危険理論では，複合ポアソン過程をベースとしたサープラス過程によるモデル（ルンドベリ・モデル）を用いて破産確率の議論を行っています．

《ルンドベリ（Lundberg）・モデル下におけるサープラス過程》
・時刻 t のサープラスは U_t，初期サープラス (U_0) は u_0
・期間 $[0,t]$ に発生したクレームの総額 S_t は複合ポアソン過程
　—$S_t = X_1 + X_2 + \cdots + X_{N_t}$
　—クレーム件数 N_t は $P(N_1) = e^{-\lambda}$ のポアソン過程

—個々のクレーム額 $X_1, X_2, \cdots$ は同じ分布
（分布関数 $F(x)$，確率密度関数 $f(x)$，期待値 $E(X) = \mu$）に従う確率変数
—N_t，$X_1, X_2, \cdots$ は互いに独立
・期間 $[0, t]$ に領収した保険料 ct

$$c = \lambda\mu(1 + \theta)$$

このとき，サープラス過程：$U_t = u_0 + ct - S_t$

■破産の表現

危険理論では，サープラスが負の値になる状態を「破産」(ruin) と定義しています.「破産」の算式としての表現には，次にあげるようにいくつかの形式があります.

《破産確率の表現①》
・初期サープラスが u_0 の保険会社が $[0, v]$ で破産する確率 $\varepsilon(u_0, v)$

$$\varepsilon(u_0, v) = 1 - P(\min_{0 \leq t \leq v} U_t \geq 0)$$

・初期サープラスが u_0 の保険会社が破産する確率 $\varepsilon(u_0)$

$$\varepsilon(u_0) = \lim_{v \to \infty} \varepsilon(u_0, v)$$

・破産時刻 T を用いた破産の表現

$$\varepsilon(u_0, v) = P(T \leq v) \qquad \varepsilon(u_0) = P(T < \infty)$$

また，後記の例題で紹介する最大値（最大損失額）$L = \max\{S_t - ct | t > 0\}$ の分布関数を用いると，破産確率は

《破産確率の表現②》

$$\varepsilon(u_0) = 1 - P(L \leq u_0) = 1 - F_L(u_0)$$

（L：最大損失額 $L = \max\{S_t - ct | t > 0\}$）

とも表現できます.

■単位期間での破産確率の推測

ルンドベリ・モデルを用いた長期間の破産確率の計算に入る前に，ウォーミング・アップとして単位期間末時点の破産確率の計算を簡単に紹介します.

まず前提条件ですが，

・初期サープラス u_0

・単位期間内のクレーム総額 S（S は複合ポアソン分布に従う．クレーム件数 N は期待値 λ のポアソン分布，クレーム額 X は期待値 μ の確率分布にそれぞれ従う）

・単位期間内の収入保険料は $c = \lambda\mu(1+\theta)$

・求める破産確率 ε は期間末のサープラスがマイナスになる確率

とします．このとき，単位期間末のサープラスは

$$U_1 = u_0 + c - S$$

と記載されることから，破産確率 ε は

$$\varepsilon = P(U_1 < 0) = P(u_0 + \lambda\mu(1+\theta) - S < 0)$$

となります．ここで，第1章のクレーム総額の知識に基づいて，発生クレーム総額 S が正規分布で近似されると仮定すると，破産確率 ε は

$$\varepsilon = 1 - \Phi\left(\frac{u_0 + \theta\lambda\mu}{\sqrt{\lambda E(X^2)}}\right)$$

と簡単に計算できます.

■長期間での破産確率の推測 - 調整係数 R と破産確率 $\varepsilon(u_0)$

ルンドベリ・モデルでは，以下にあげる**調整係数** (adjustment coefficient)R という概念を用いることで破産確率 $\varepsilon(u_0)$（初期サープラス u_0 の会社のサープラスが将来的にマイナスになる確率）を算出することができます.

《調整係数 R を用いたルンドベリ・モデルでの破産確率 $\varepsilon(u_0)$》

初期サープラス u_0 の会社の破産確率は，次のとおり計算される.

$$\varepsilon(u_0) = \frac{e^{-Ru_0}}{E(e^{-RU_T}|T < \infty)}$$

（調整係数 R は，r に関する方程式

$$\lambda + \lambda\mu(1+\theta)r = \lambda M_X(r)$$

（または，λ で両辺を除して $1+\mu(1+\theta)r = M_X(r)$）

の正の解（2 つ以上ある場合は最小の値とする).）

この調整係数 R を求めるための方程式 $1+\mu(1+\theta)r = M_X(r)$ は，手計算では困難なことが多いことから，通常は以下のような近似解

$$1+\mu(1+\theta)r = M_X(r) \cong 1 + E(X)r + \frac{E(X^2)}{2}r^2 \qquad \Rightarrow R = \frac{2\theta\mu}{E(X^2)}$$

で代用したり，あるいは近似解を初期値としたニュートン法で漸近的に解を求めたりすることも時に重要となります.

■ルンドベリの不等式

前記のように正攻法で $\varepsilon(u_0) = \dfrac{e^{-Ru_0}}{E(e^{-RU_T}|T < \infty)}$ の破産確率を計算することも重要ですが（しかし非常に計算が面倒くさい），実務の世界では「ざっくり」と量感を抑えることも時に重要となります．そうした観点からも有用なのが，ルンドベリ・モデルにおいて破産確率を保守的に評価する「ルンドベリの不等式」（Lundberg's inequality）です.

《ルンドベリの不等式》

ルンドベリ・モデル下では破産確率 $\varepsilon(u_0)$ に関して，次の不等式が成り立つ.

$$\varepsilon(u_0) \leq e^{-Ru_0}$$

u_0: 初期サープラス　　R：調整係数

この不等式の関係から，ルンドベリ・モデルの破産確率の上限は $\varepsilon(u_0) \cong e^{-Ru_0}$ といえます.

■調整係数 R と他のパラメータとの関係

調整係数 R は，破産確率を計算する上での一種の中間値であるため，その意味を直感的につかみにくくなっています．そこで，割増率 θ，初期サープラス u_0，破産確率 ε との間の関係について，次のとおり整理しました．

《初期サープラス u_0，調整係数 R と破産確率 ε》

$\varepsilon(u_0) \cong e^{-Ru_0}$ の関係から，

・初期サープラス $u_0 \to$ 大　ならば　破産確率 $\varepsilon \to$ 小

・調整係数 $R \to$ 大　ならば　破産確率 $\varepsilon \to$ 小

《割増率 θ，調整係数 R と破産確率 ε》

調整係数 R を求めるための方程式 $1 + \mu(1 + \theta)r = M_X(r)$ の関係から，次のとおり大小関係がわかる（図 3.2 参照）．

$\theta_1 < \theta_2$ ならば $R_1 < R_2$ なので，

・割増率 $\theta \to$ 大　ならば　調整係数 R$\to$ 大

また，前記の「調整係数 $R \to$ 大　ならば　破産確率 $\varepsilon \to$ 小」の関係から，

・割増率 $\theta \to$ 大　ならば　破産確率 $\varepsilon \to$ 小

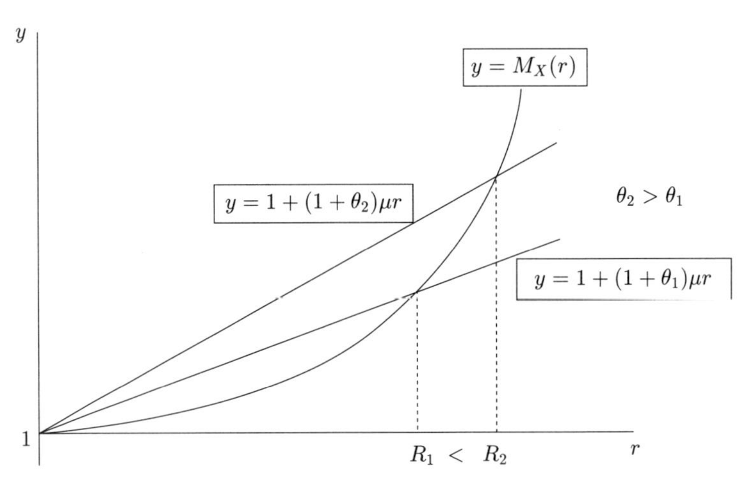

図 3.2　割増率 θ と調整係数 R との関係

・調整係数 R は直線（$y = 1 + (1 + \theta)\mu r$）と曲線（$y = M_X(r)$）との交点．

・直線の傾き（$1 + \theta$）が大きくなると調整係数 R は大きくなる．

■ルンドベリ・モデルにおけるさまざまな公式

モデルの前提条件がある程度制限されているルンドベリ・モデルでは，破産確率の計算に有用なさまざまな公式が使用可能です．以下に代表的な公式を紹介しますので，後記の例題の中で使用方法を理解するようにしてください．

《ルンドベリ・モデル（初期サープラス 0）において，サープラスが最大 $-y$（$y > 0$）まで落ち込む確率 $G(0,y)$》

$$G(0,y) = \frac{\lambda}{c}\int_0^y \{1 - F(x)\}dx$$

$$(G(u,y) : G(u,y) = \Pr[U_T \in (-y,0) \& T < \infty])$$

《初期サープラス 0 の破産確率 $\varepsilon(0)$》

$$\varepsilon(0) = \lim_{y\to\infty} G(0,y) = \frac{\lambda\mu}{c} = \frac{1}{1+\theta}$$

《初期サープラス 0 の会社の場合の，破産直後のサープラスの下限 $-L_1$ の分布》

分布関数：$F_{L_1}(y) = \dfrac{\int_0^y \{1 - F(x)\}dx}{\mu}$　　確率密度関数：$f_{L_1}(y) = \dfrac{1 - F(y)}{\mu}$

例　題

【例題 43】ポアソン過程①

$[0,t]$ で発生するクレーム件数 N_t はポアソン過程（パラメータ λ）に従うとする．$j-1$ 回目のクレームから j 回目のクレームが発生するまでの時間を W_j とする．このとき，W_j の分布を求めよ．

＜解答＞

まず，W_1 の分布関数を求めると

$$P(W_1 \leq t) = 1 - P(W_1 > t)$$

ここで $P(W_1 > t)$ は時刻 t まで無事故 $(N_t = 0)$ である確率なので

$$P(W_1 > t) = P(N_t = 0) = \frac{(\lambda t)^0 \cdot e^{\lambda t}}{0!} = e^{-\lambda t}$$

となり

$$P(W_1 \leq t) = 1 - e^{-\lambda t}$$

W_1 は期待値 $\dfrac{1}{\lambda}$ の指数分布に従う．

次に，$P(W_2 > t|W_1 = s)$ という条件付き確率を想定すると

$$\begin{aligned}
P(W_2 > t|W_1 = s) &= P(W_1 + W_2 > s + t|W_1 = s) \\
&= P(N_{s+t} = 1|N_s = 1) \\
&= P(N_{s+t} - N_s = 0,\ N_s = 1|N_s = 1) \\
&= \frac{P(N_{s+t} - N_s = 0) \cdot P(N_s = 1)}{P(N_s = 1)} \qquad (\because N_{s+t} - N_s, N_s \text{ は独立}) \\
&= P(N_{s+t} - N_s = 0)
\end{aligned}$$

ここでポアソン過程の性質により，$N_{s+t} - N_s$，N_t は同じ分布に従う（「要項 3.1 節」参照）ことから

$$P(W_2 > t|W_1 = s) = P(N_t = 0) = e^{-\lambda t}$$

となる．よって，W_2 の分布は s によらないことから，W_1 と独立で

$$P(W_2 > t) = e^{-\lambda t}$$

といえる．

以上より，$W_3, W_4, W_5, \cdots$ についても同様のことがいえるので，$W_j\ (j=1,2,\cdots)$ は期待値 $\dfrac{1}{\lambda}$ の指数分布に従うといえる．

<補足>

・指数分布（第 III 部の付録 I「確率分布」参照）

分布関数：$F(x) = 1 - e^{-\frac{x}{\sigma}} \quad (x \geq 0)$　　期待値：$E(X) = \sigma$

【例題 44】ポアソン過程②

$[0,t]$ で発生するクレーム件数 N_t はポアソン過程（パラメータ λ）に従うとする．$j-1$ 回目のクレームから j 回目のクレームが発生するまでの時間（無事故期間）を W_j とする．このとき，n 回目の事故が発生するまでの時間 $S_n(S_n = W_1 + W_2 + \cdots + W_n)$ の分布を求めよ．

<解答>

本問では，n 回目の事故が発生するまでの時間 S_n（$S_n = W_1 + W_2 + \cdots + W_n$）の確率（$P(S_n \leq t)$）を求めればよい．

ここで，$S_n \leq t$ とは $[0,t]$ に n 件以上のクレームが発生することと同義なので（$\because$ 時刻 t までに n 回以上クレームが発生すれば，必ず S_n は時刻 t を下回る）

$$
\begin{aligned}
P(S_n \leq t) &= P(N_t \geq n) = \sum_{x=n}^{\infty} e^{-\lambda t} \frac{(\lambda t)^x}{x!} = 1 - e^{-\lambda t} \sum_{x=0}^{n-1} \frac{(\lambda t)^x}{x!} \\
&= 1 - e^{-\lambda t} \left(1 + \lambda t + \frac{(\lambda t)^2}{2!} + \cdots + \frac{(\lambda t)^{(n-1)}}{(n-1)!} \right)
\end{aligned}
$$

といえる．

ここで，右辺の式はテーラー展開

$$
e^y = 1 + y + \frac{y^2}{2!} + \cdots + \frac{y^{n-1}}{(n-1)!} + \frac{1}{(n-1)!} \int_0^y e^k (y-k)^{n-1} dk
$$

を用いて

$$
\begin{aligned}
P(S_n \leq t) &= 1 - e^{-\lambda t} \left\{ e^{\lambda t} - \frac{1}{(n-1)!} \int_0^{\lambda t} e^k (\lambda t - k)^{n-1} dk \right\} \\
&= \frac{e^{-\lambda t}}{(n-1)!} \int_0^{\lambda t} e^k (\lambda t - k)^{n-1} dk \\
&= \frac{e^{-\lambda t}}{(n-1)!} \int_t^0 e^{-\lambda(x-t)} (\lambda x)^{n-1} (-\lambda) dx \qquad (k = -\lambda(x-t) \text{ で置換}) \\
&= \frac{\lambda^n}{\Gamma(n)} \int_0^t x^{n-1} e^{-\lambda x} dx
\end{aligned}
$$

と変形できる．よって，n 回目のクレームが発生するまでの時間 S_n はガンマ分布 $\Gamma(n,\lambda)$ に従う．

<補足>

・ガンマ分布 $\Gamma(\alpha,\beta)$（第 III 部の付録 I「確率分布」参照）

確率密度関数：$f(x)=\dfrac{\beta^\alpha}{\Gamma(\alpha)}x^{\alpha-1}e^{-\beta x}\qquad(x\geq 0)$

・テイラーの定理

$$f(x)=f(a)+f'(a)(x-a)+\frac{f''(a)(x-a)^2}{2!}+\cdots+\frac{f^{(n-1)}(a)(x-a)^{n-1}}{(n-1)!}+R_n$$

剰余項 R_n にはいくつかの形があるが，本問では次の形式を利用した．

$$R_n=\frac{1}{(n-1)!}\int_a^x(x-k)^{n-1}f^{(n)}(k)dk$$

・指数分布とガンマ分布の関係

【例題 43】から無事故期間 W_j は，期待値 $\dfrac{1}{\lambda}$ の指数分布に従うことが判明している．

一方，n 個の指数分布（期待値 $\dfrac{1}{\lambda}$）の和 $(S=X_1+X_2+\cdots+X_n)$ は，確率密度関数が

$$f_S(s)=\frac{\lambda^n}{\Gamma(n)}s^{n-1}e^{-\lambda s}$$

のガンマ分布（アーラン分布）となることが知られており，これを用いると，無事故期間 W_j の n 個の和である S_n の確率分布がガンマ分布 $\Gamma(n,\lambda)$ であることは，すぐに求められる．

【例題 45】ポアソン過程③

ある保険契約の集団において，1 日に発生するクレーム件数がポアソン過程に従うことが判明している．この保険契約の集団において，始期日から最初のクレームが発生するまでの期間を契約者別に測定したところ，平均 50 日となった．

(1) 契約者 1 日当たりの平均クレーム件数を求めよ．

(2) 始期日から 2 回目のクレームが発生するまでの，平均日数を求めよ．

<解答>

(1) 1 日のクレーム発生件数の期待値を λ とすると，【例題 43】の結果より n 回目のクレームが発生するまでの時間 S_n（単位；日）は，確率密度関数 $f_{S_n}(x)=\dfrac{\lambda^n}{\Gamma(n)}e^{-\lambda x}x^{n-1}$

ガンマ分布（期待値は $E(S_n)=\dfrac{n}{\lambda}$）に従うことを用いる．1回目のクレームが発生するまでの時間 S_1（単位；日）は，確率密度関数 $f_{S_1}(x)=\dfrac{\lambda}{\Gamma(1)}e^{-\lambda x}=\lambda e^{-\lambda x}$ の指数分布に従うので，S_1 の期待値は $E(S_1)=\dfrac{1}{\lambda}$ となる．モーメント法により

$$\frac{1}{\lambda}=50 \qquad \therefore \lambda=0.02$$

となり，1日平均クレーム件数は0.02件と推定される．

(2) n 回目のクレームが発生するまでの時間 S_n の期待値は $E(S_n)=\dfrac{n}{\lambda}$ なので $n=2\quad\lambda=0.02$ を代入し，$E(S_2)=\dfrac{2}{0.02}=100$ 日となる．

<補足>

・S_n の分布

n 回目のクレームが発生するまでの時間 S_n（$S_t=W_1+W_2+\cdots+W_n$）は，確率分布関数 $f_{S_n}(t)=\dfrac{\lambda^n}{\Gamma(n)}e^{-\lambda t}t^{t-1}$ のガンマ分布 $\Gamma(n,\lambda)$ に従う（【例題44】参照）．

・ガンマ関数

n が整数の場合，$\Gamma(n)=(n-1)!$

【例題46】 ポアソン過程④

ある会社のフリート契約の車両保険のクレーム件数が月平均0.5件のポアソン過程に従うことが判明している．このフリート契約に免責金額5万円（エクセス方式）を導入し，車両保険事故件数を減少させることを見込んでいる（免責金額導入前のクレーム額 X（万円）の分布は期待値10万円の指数分布に従うことも判明している）．

(1) 免責金額の導入により最初の車両保険事故が発生するまで4ヶ月間超かかる確率を求めよ．

(2) 免責金額の導入により，1年間無事故である確率を求めよ．

<解答>

(1) 免責金額の導入による事故減少割合は

$$p=P(X\leq 5)=F_X(5)=1-e^{-\frac{5}{10}}\fallingdotseq 0.393$$

免責金額の導入後の事故件数は，パラメータ $\lambda'=$ 月平均 $0.5\times(1-0.393)\fallingdotseq 0.304$ 件のポアソン過程に従う．

最初の事故が発生するまで4ヶ月超かかる確率は，4ヶ月無事故の確率と同じであることから

$$P(S_1 > 4) = P(N_4 = 0) = e^{-\lambda' \times 4}\frac{(\lambda' \times 4)^0}{0!} = e^{-0.304 \times 4} = 0.2964 \cdots \to \underline{29.6\%}$$

と約30%と求められる．

(2) 12ヶ月無事故確率を出せばよく

$$P(S_1 > 12) = P(N_{12} = 0) = e^{-0.304 \times 12} = \underline{2.6\%}$$

<補足>

・日本の任意自動車保険では，同一の契約者が所有・使用する被保険自動車が10台以上の契約を「フリート契約」，10台未満の契約を「ノンフリート契約」という．

・指数分布（第III部の付録I「確率分布」参照）

$$\text{分布関数}: F(x) = 1 - e^{-\frac{1}{\sigma}x} \quad (x \geq 0\,\sigma > 0) \qquad \text{期待値}:\sigma$$

・期間 $(0,t)$ 無事故の確率は $P(N_t = 0) = e^{-\lambda' t}\dfrac{(\lambda' t)^0}{0!} = e^{-\lambda' t}$ となる．

ここで時刻 t を $t = t_1 + t_2 + \cdots + t_k$ と分割すると，無事故確率は

$$\begin{aligned} P(N_t = 0) &= e^{-\lambda'(t_1 + t_2 + \cdots + t_k)} = e^{-\lambda' t_1} \times e^{-\lambda' t_2} \times \cdots \times e^{-\lambda' t_k} \\ &= P(N_{t_1} = 0) \times P(N_{t_2} = 0) \times \cdots \times P(N_{t_k} = 0) \end{aligned}$$

と分割期間毎の無事故確率の連乗となっている．

そのため，(2) の1年間無事故の確率は，(1) の4ヶ月間無事故の確率の3乗となっている．

（4ヶ月無事故確率 29.6%）^{3} = 1年間無事故確率 2.6%

【例題 47】複合ポアソン過程

$[0,t]$ で発生する自動車盗難件数はポアソン過程（パラメータ λ）に従うとする．保険会社Aの車両保険（自動車の盗難を補償する）の普及率が p（$0 < p < 1$）のとき，$[0,t]$ で保険会社Aに報告される盗難クレーム件数の期待値および分散を求めよ．なお，保険会社Aの普及率と盗難事故の発生とは独立であり，また盗難クレームは即座に報告されることとする．

<解答>

$[0,t]$ で保険会社Aに報告される盗難クレーム件数を $S_t(S_0 = 0)$，$[0,t]$ で発生する自動車盗難件数を $N_t(N_0 = 0)$ とする．このとき，S_t は二項分布 $\mathrm{Bin}(1,p)$ に従う確率変数 X_i を用いて

$$S_t = X_1 + X_2 + \cdots + X_{N_t}$$

$$P(X_i = x) = \begin{cases} p & (x=1) \\ 1-p & (x=0) \end{cases}$$

と表現できる.

条件付き確率を用いて報告される盗難クレーム件数の確率は二項分布の再生性により，$P(S_t = k|N_t = n) = \begin{pmatrix} n \\ k \end{pmatrix} p^k(1-p)^{n-k}$ と表現でき，さらに自動車盗難件数はポアソン過程に従うことから

$$P(N_t = n) = e^{-\lambda t}\frac{(\lambda t)^n}{n!}$$

となる．よって

$$\begin{aligned} P(S_t = k) &= \sum_{n=k}^{\infty} P(S_t = k|N_t = n)P(N_t = n) \\ &= \sum_{n=k}^{\infty} \begin{pmatrix} n \\ k \end{pmatrix} p^k(1-p)^{n-k}e^{-\lambda t}\frac{(\lambda t)^n}{n!} = \sum_{n=k}^{\infty} \frac{n!}{(n-k)!k!}p^k(1-p)^{n-k}e^{-\lambda t}\frac{(\lambda t)^n}{n!} \\ &= \frac{1}{k!}p^k e^{-\lambda tp}(\lambda t)^k \times \underbrace{\sum_{n=k}^{\infty} e^{-\lambda t(1-p)}\frac{(\lambda t\cdot(1-p))^{n-k}}{(n-k)!}}_{1} \\ &= e^{-\lambda tp}\frac{(\lambda tp)^k}{k!} \end{aligned}$$

と S_t はポアソン過程に従う．ゆえに，$[0,t]$ で保険会社 A に報告される盗難クレーム件数の期待値，分散はともに λtp といえる.

<補足>

・二項分布の再生性

x_i が $\mathrm{Bin}(n_i, p)$ に従うとき，$S = X_1 + X_2 + \cdots X_k$ について S は $\mathrm{Bin}(n_1 + n_2 + \cdots n_k, p)$ に従う.

【例題 48】破産確率①（単期間のモデル　正規近似）

ある保険会社は，以下の条件

・年間クレーム件数 N の期待値 $= 5$　標準偏差 $= 2$

・クレーム額 X(万円) の期待値 $= 8$　標準偏差 $= 3$

のクレーム総額を保険期間（1 年）末に支払う保険契約を保有し，保険料 P（保険期間の期初に領収する）をクレーム総額 S の期待値に設定している.

(1)　初期サープラス 10（万円）の場合の 1 年後の破産確率 $\varepsilon(10, 1)$ を求めよ.

(2) 1年後の破産確率 $\varepsilon(u_0,1)$ を5%に抑えるために必要な初期サープラスを求めよ．

なお，破産確率の計算には，正規近似を用いよ．

<解答>

(1) 題意より，基礎値は

$$E(N)=5 \qquad V(N)=2^2=4 \qquad E(X)=8 \qquad V(X)=3^2=9$$

となっている．これらを用いて年間のクレーム総額 S の期待値，分散，標準偏差は

$$\begin{aligned}
E(S) &= E[E(S|N)] = E(N)\cdot E(X) = 5\times 8 = 40 \\
V(S) &= E[V(S|N)] + V[E(S|N)] = V(X)\cdot E(N) + E(X)^2\cdot V(N) \\
&= 9\times 5 + 8^2\times 4 = 301 \\
\sqrt{V(S)} &= \sqrt{301} = \underline{17.3}
\end{aligned}$$

と計算され，題意より保険料 $P=E(S)=40$.

したがって，1年後のサープラスが負になる $(U_1=U_0+P-S<0)$ = 破産確率 $\varepsilon(10,1)$ は

$$\begin{aligned}
\varepsilon(10,1) &= P(U_0+P-S<0) = P(10+40-S<0) \\
&= P(S>50) = P\left(\frac{S-E(S)}{\sqrt{V(S)}} > \frac{50-40}{17.3}\right) \\
&\approx 1-\Phi(0.578) = 1-0.718 = \underline{28.2\%}
\end{aligned}$$

と計算される．

(2) 求める初期サープラスを u_0 とおき，破産確率 $\varepsilon(u_0,1)$ が5%となるように u_0 の方程式を立てる．

$$\begin{aligned}
\varepsilon(u_0,1) &= P(u_0+P-S<0) = P(u_0+40-S<0) \\
&= P(S>u_0+40) = P(\frac{S-E(S)}{\sqrt{V(s)}} > \frac{u_0}{17.3}) = 5\%
\end{aligned}$$

$$\begin{aligned}
\frac{u_0}{17.3} &= \Phi^{-1}(0.95) = 1.645 \\
u_0 &= 1.645\times 17.3 = 28.45\cdots
\end{aligned}$$

以上より，必要な初期サープラスは約28.5万円となる

<補足>

・クレーム総額モデル（第1章【例題16】参照）

《年間のクレーム総額 S の期待値，分散》

$$E(S)=E(N)\cdot E(X) \qquad V(S)=V(X)\cdot E(N)+E(X)^2\cdot V(N)$$

・$\Phi(x)$：標準正規分布の分布関数

$$\Phi(x) = \int_{-\infty}^{x} \frac{1}{\sqrt{2\pi}} e^{-\frac{t^2}{2}} dt$$

【例題 49】破産確率②（単期間のモデル　移動ガンマ近似）

ある保険会社は，

・クレーム発生率 $q = 1$ (%)（クレーム件数はポアソン分布に従う）

・クレーム額の分布のモーメント $E(X) = 1$, $E(X^2) = 4$, $E(X^3) = 16$ のポートフォリオ（契約件数 2,000 件）を保有している．

保険会社（期初にサープラスを 5 保有）は，このポートフォリオに対して，保険料をクレーム総額の期待値の水準で領収する予定である．この保険会社の 1 年後の期末のサープラスが負になる確率を移動ガンマ分布（モーメント法で推定せよ）の近似を用いて求めよ．なお，期中のクレームはすべて期末に支払うものとする．

<解答>

題意より，複合ポアソン分布に従う年間のクレーム総額 S のパラメータ λ は

$$\lambda = E(N) = 0.01 \times 2,000 = 20$$

となっている．よって年間のクレーム総額 S の平均値まわりのモーメントは

$$\begin{aligned} E(S) &= \lambda E(X) = 20 \times 1 = 20 \\ V(S) &= \lambda E(X^2) = 20 \times 4 = 80 \\ E(\{S - E(S)\}^3) &= \lambda E(X^3) = 20 \times 16 = 320 \end{aligned}$$

と計算され，一方移動ガンマ分布のモーメントはそれぞれ

$$x_0 + \frac{\alpha}{\beta},\ \frac{\alpha}{\beta},\ \frac{2\alpha}{\beta^2}$$

と計算される（【例題 18】参照）．ここでモーメント法による方程式

$$x_0 + \frac{\alpha}{\beta} = 20 \qquad \frac{\alpha}{\beta^2} = 80 \qquad \frac{2\alpha}{\beta^3} = 320$$

を解いて，クレーム総額 S の近似のための移動ガンマ分布のパラメータは

$$x_0 = -20 \qquad \alpha = 20 \qquad \beta = 0.5$$

と推定される．

初期サープラス $u_0 = 5$，保険料 $p = E(S) = 20$ であることを踏まえて，1年後の期末のサープラスが負になる確率 $\varepsilon(5,1)$ は

$$\begin{aligned}\varepsilon(5,1) &= P(u_0 + p - S < 0) = P(5 + 20 - S < 0) \\ &= P(S > 25) \\ &\approx 1 - G(25 - (-20); 20, 0.5) = 1 - G(45; 20, 0.5)) = 0.27054\cdots \\ &\quad (G(x;\alpha,\beta))\text{ はガンマ分布 }\Gamma(\alpha,\beta)\text{ の分布関数)}\end{aligned}$$

と約27%と推定される．

【例題50】破産確率③（調整係数 R の計算）

ルンドベリ・モデルにおいて，安全割増率が $\theta = 0.5$，クレーム額の分布の確率密度関数が $f(x) = xe^{-x} (x \geq 0)$ であることが判明している．このとき，調整係数 R を求めよ．

＜解答＞

クレーム額の分布はガンマ分布（$\alpha = 2$，$\beta = 1$）なので，期待値は

$$\mu = E(X) = \frac{2}{1} = 2$$

積率母関数は

$$\begin{aligned}M_X(r) &= \int_0^\infty e^{rx}(xe^{-x})dx = \int_0^\infty xe^{-(1-r)x}dx \\ &= \frac{\mathit{\Gamma}(2)}{(1-r)^2} = \frac{1}{(1-r)^2} \quad (r < 1)\end{aligned}$$

と計算できる．

これを $1 + \mu(1+\theta)r = M_X(r)$ に代入し，r で解くと

$$\begin{aligned}1 + \mu(1+\theta)r &= M_X(r) \\ 1 + 2 \times (1 + 0.5)r &= \frac{1}{(1-r)^2} \\ 3r^3 - 5r^2 + r &= 0 \\ r(3r^2 - 5r + 1) &= 0 \\ r &= 0, \frac{5 \pm \sqrt{13}}{6}\end{aligned}$$

方程式の正値の解，かつ $r<1$ となる値が調整係数であることから

$$R=\frac{5-\sqrt{13}}{6}\fallingdotseq 0.232$$

<補足>

・ガンマ分布（第 III 部の付録 I「確率分布」参照）

確率密度関数：$f_X(x)=\dfrac{\beta^\alpha}{\Gamma(\alpha)}x^{\alpha-1}e^{-\beta x}\qquad (x\geq 0,\ \alpha>0,\ \beta>0)$

期待値：$E(X)=\dfrac{\alpha}{\beta}$

積率母関数：$M_X(t)=\left(\dfrac{\beta}{\beta-t}\right)^\alpha\qquad (t<\beta)$

・$\displaystyle\int_0^\infty x^t e^{-ax}dx=\frac{\Gamma(t+1)}{a^{t+1}}=\frac{t!}{a^{t+1}}$（第 III 部の付録 II.「数学公式集」参照）

・二次方程式 $(ax^2+bx+c=0)$ の解の公式（第 III 部の付録 II.「数学公式集」参照）

$$x=\frac{-b+\sqrt{b^2-4ac}}{2a}$$

【例題 51】破産確率④（調整係数 $\boldsymbol{R}$ の近似計算）

クレーム額が指数分布（確率密度関数 $f(x)=e^{-x}\quad (x>0)$）に従い，安全割増 $\theta=0.1$ の場合，以下の問いに答えよ．

(1) $1+\mu(1+\theta)r=M_X(r)$ の解である調整係数 R を 2 次項までの級数展開を用いて求めよ．

(2) 調整係数 R を 3 次項までの級数展開を用いて求めよ．

<解答>

(1) 積率母関数を級数展開して，R の近似を求める．

$$\begin{aligned}1+\mu(1+\theta)r &= M_X(r)\\ &= E(e^{rX})\\ &= E\left(1+\frac{rX}{1!}+\frac{(rX)^2}{2!}+\cdots\right)\\ 1+\mu(1+\theta)r &\cong 1+E(X)r+\frac{E(X^2)}{2}r^2\\ \therefore R_2 &= \frac{2\theta\mu}{E(X^2)}\end{aligned}$$

クレーム額 X の期待値，分散は $\mu=1\quad \sigma_x^2=1$ なので

$$E(X^2)=1+1=2$$

安全割増 $\theta = 0.1$ とあわせて，R の近似式に代入すると，

$$R = \frac{2\theta\mu}{E(X^2)} = \frac{2 \times 0.1 \times 1}{2} = \underline{0.1}$$

と求められる．

(2) (1) と同様に

$$1 + \mu(1+\theta)r \; = \; E\left(1 + \frac{rX}{1!} + \frac{(rX)^2}{2!} + \frac{(rX)^3}{3!} \cdots\right)$$

$$1 + \mu(1+\theta)r \; \cong \; 1 + E(X)r + \frac{E(X^2)}{2}r^2 + \frac{E(X^3)}{6}r^3$$

ここで r について整理すると

$$E(X^3)r^2 + 3E(X^2)r - 6\mu\theta = 0$$

と2次方程式となり，これを解くと

$$r = \frac{-3E(X^2) \pm \sqrt{9E(X^2)^2 + 24\mu\theta E(X^3)}}{2E(X^3)}$$

調整係数は正の値なので

$$R = \frac{-3E(X^2) + \sqrt{9E(X^2)^2 + 24\mu\theta E(X^3)}}{2E(X^3)}$$

ここで $\mu = 1$，$E(X^2) = 2$，$\theta = 0.1$，および

$$E(X^3) = \int_0^\infty x^3 f(x)dx = \int_0^\infty x^3 e^{-x} dx = \frac{\Gamma(4)}{1^4} = 6$$

を代入して

$$R = \frac{-3 \times 2 + \sqrt{9 \times 2^2 + 24 \times 1 \times 0.1 \times 6}}{2 \times 6} = 0.0916 \cdots \to \underline{0.092}$$

＜補足＞

・指数関数の級数展開　　$e^x = \sum_{n=0}^{\infty} \frac{x^n}{n!}$

・指数分布（第 III 部の付録 I「確率分布」参照）

$$f(x) = \frac{1}{\sigma} e^{-\frac{1}{\sigma}x} \quad (x \geq 0) \quad E(X) = \sigma \quad V(X) = \sigma^2$$

・$\int_0^\infty x^t e^{-ax} dx = \frac{\Gamma(t+1)}{a^{t+1}}$（第 III 部の付録 II「数学公式集」参照）

・(1)，(2) の結果を見ると，簡易な近似の (1) による調整係数 R が大きい＝破産確率が低めに出ていることがわかる．

【例題 52】破産確率⑤（調整係数 $\boldsymbol{R}$ の計算）

ルンドベリ・モデルにおいて，安全割増率が $\theta = 1$，クレーム額の分布が $U(0,2)$ の一様分布であることが判明している．このとき，ニュートン法を用いて調整係数 R を求めよ．

＜解答＞

クレーム額の分布が $U(0,2)$ の一様分布（確率密度関数 $f(x) = \dfrac{1}{2} \quad (0 \leq x \leq 2)$）であるので，クレーム額の期待値および積率母関数はそれぞれ

$$\mu \ = \ E(X) = \int_0^2 xf(x)dx = \int_0^2 x \times \frac{1}{2}dx = 1$$

$$M_X(r) \ = \ \int_0^2 e^{rx}f(x)dx = \int_0^2 e^{rx} \times \frac{1}{2}dx = \frac{1}{2} \times [\frac{1}{r}e^{rx}]_0^2 = \frac{e^{2r}-1}{2r}$$

と計算される．これらを $1 + \mu(1+\theta)r = M_X(r)$ に代入し

$$1 \ + \ \mu(1+\theta)r = M_X(r)$$

$$1 \ + \ \times(1+1)r = \frac{e^{2r}-1}{2r}$$

$$1 \ + \ 2r = \frac{e^{2r}-1}{2r}$$

この方程式に対して，ニュートン法を用いて漸近的に解を求めることとする．

$$g(r) = 1 + 2r - \frac{e^{2r}-1}{2r} \qquad g'(r) = 2 - \frac{2e^{2r}r - e^r + 1}{2r^2}$$

初期値 r_0 には 2 次の近似解（$R = \dfrac{2\theta\mu}{E(X^2)}$【例題 51】参照）を用いて

$$r_0 = \frac{2\theta\mu}{E(X^2)} = \frac{2 \times 1 \times 1}{\frac{4}{3}} = 1.5$$

とする ($\because E(X^2) = \displaystyle\int_0^2 x^2 f(x)dx = \int_0^2 x^2 \times \frac{1}{2}dx = \frac{4}{3}$).

ニュートンの近似法の漸化式 $r_{j+1} = r_j - \dfrac{g(r_j)}{g'(r_j)}$ に初期値を代入すると

$$r_1 = r_0 - \frac{g(r_0)}{g'(r_0)} = 1.5 - \frac{-2.362}{-10.617} = 1.278$$

表 1

j	r_j	$g(r_j)$	$g'(r_j)$
0	1.500	−2.362	−10.617
1	1.278	−1.091	−7.283
2	1.128	−0.531	−5.637
3	1.034	−0.272	−4.798
4	0.977	−0.146	−4.355
⋯（略）⋯			
13	0.897	−0.001	−3.803
14	0.897	−0.001	−3.802
15	0.897	0.000	−3.801
16	0.897	0.000	−3.800

これを順次繰り返して計算すると表1，図1のようになる．

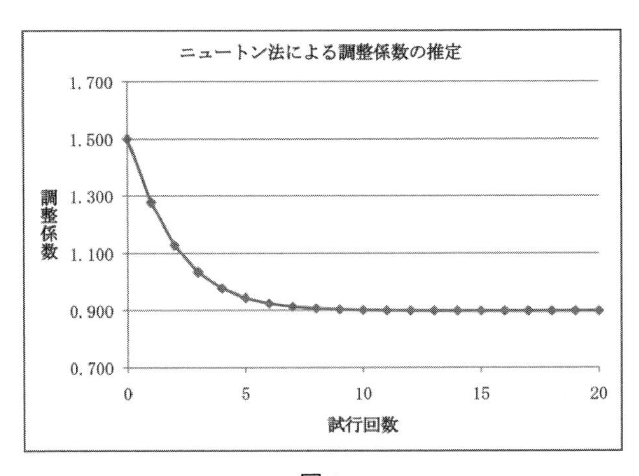

図 1

よって，$g(r) = 0$ なる点は $r = 0.897$，以上より調整係数は $R = 0.897$ となる．

＜補足＞

・ニュートン法 (Newton-Raphson method)

$f(x) = 0$ を解くのに初期値 a_0 を起点にして，漸化式 $a_{j+1} = a_j - \dfrac{f(a_j)}{f'(a_j)}$ $(j = 0, 1, 2, \cdots)$ によって解の近似値を漸近的に求めていく．

【例題 53】ルンドベリの不等式

初期サープラスが 50 の保険会社において，クレーム件数が複合ポアソン過程に従うポートフォリオを保有している．なお，クレーム件数のパラメータ λ は 3，クレーム額の分布の確率密度関数は $f(x) = \dfrac{1}{10}e^{-\frac{1}{10}x} \quad (x \geq 0)$ とする．

(1) この保険会社において破産確率を最大 10% まで容認するとした場合，ルンドベリの不等式を用いて調整係数 R の下限を求めよ（$\log_e 0.1 \fallingdotseq -2.3$ を用いて計算せよ）．

(2) (1) の調整係数 R を方程式 $\lambda + \lambda\mu(1+\theta)r = \lambda M_X(r)$ に代入して割増率 θ について整理する，破産確率を最大 10% までに抑えるのに必要な割増率 θ を求めよ．

<解答>

(1) ルンドベリの不等式 $\varepsilon(u_0) \leq e^{-Ru_0}$ を題意に当てはめると，この保険会社（$u_0 = 50$）では破産確率を最大 10% まで容認するので，

$$
\begin{aligned}
\varepsilon(50) < e^{-R\times 50} &= 10\% \\
-R \times 50 &= \log(0.1) \\
-R \times 50 &= -2.3 \\
R &= 2.3 \div 50 = 0.046
\end{aligned}
$$

と調整係数は $R = 0.046$ となる．

(2) クレーム額の分布の密度関数 $f(x) = \dfrac{1}{10}e^{-\frac{1}{10}x} \quad (x \geq 0)$ からクレームの期待値，積率母関数は

$$
\mu = E(X) = \int_0^\infty x\left(\frac{1}{10}e^{-\frac{1}{10}x}\right)dx = 10
$$

$$
\begin{aligned}
M_X(r) &= \int_0^\infty e^{rx}\left(\frac{1}{10}e^{-\frac{1}{10}x}\right)dx = \int_0^\infty \left(\frac{1}{10}e^{(r-\frac{1}{10})x}\right)dx \\
&= \frac{1}{10}\left[\frac{1}{r-\frac{1}{10}}e^{(r-\frac{1}{10})x}\right]_0^\infty = \frac{1}{1-10r}
\end{aligned}
$$

と計算される．

(1) の結果を用いて，調整係数 R の方程式から割増率 θ を算出すると

$$
\begin{gathered}
\lambda + \lambda\mu(1+\theta)r = \lambda M_X(r) \\
1 + \mu(1+\theta)r = M_X(r) \\
1 + 10 \times (1+\theta) \times r = \frac{1}{1-10r} \\
\therefore \theta = \frac{10r}{1-10r}
\end{gathered}
$$

これに $R = 0.046$ を代入すると

$$\theta = \frac{10 \times 0.046}{1 - 10 \times 0.046} = 0.851 \cdots \to \underline{0.85}$$

必要な安全割増は約85%となる.

<補足>

・安全割増と破産確率の関係

(2) 中の安全割増と破産確率の関係式 $\theta = \dfrac{10R}{1 - 10R}$ を，調整係数 R を割増率 θ の関数となるように変形すると，$R = \dfrac{\theta}{10(1 + \theta)}$ となる.

これをルンドベリ不等式の上限値に代入すると，安全割増と破産確率は

$$\varepsilon(50) \cong e^{-R \times 50} = \exp\left(-\frac{5\theta}{1 + \theta}\right)$$

という関係式で表され，図1のとおり，安全割増を厚くすることによって逓減することがわかる.

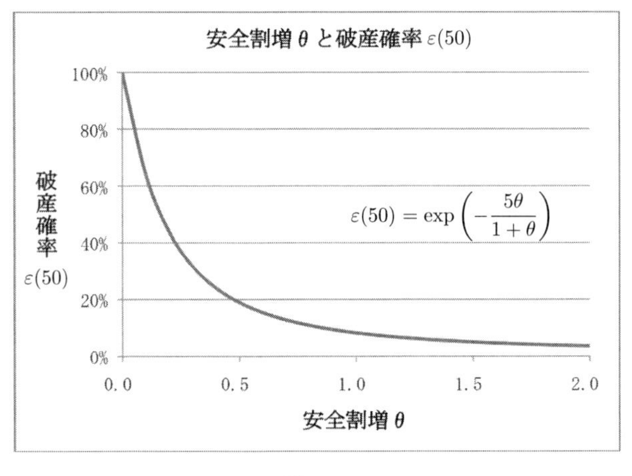

図1

【例題54】ルンドベリ・モデルにおける破産確率

初期サープラスが0のルンドベリ・モデル $(\theta = 0.2)$ において破産確率を求めよ.

<解答>

$G(u, y)$ を用いると破産確率 $\varepsilon(u)$ は $\varepsilon(u) = \lim\limits_{y \to \infty} G(u, y)$ と書ける．要項ルンドベ

リ・モデルの公式から $G(0,y) = \dfrac{\lambda}{c}\displaystyle\int_0^y \{1 - F(x)\}dx$ なので

$$\varepsilon(0) = \lim_{y\to\infty} G(0,y) = \lim_{y\to\infty} \frac{\lambda}{c}\int_0^y \{1-F(x)\}dx = \frac{\lambda}{c}\int_0^\infty \{1-F(x)\}dx$$

ここで期待値に関しては

$$\mu = \int_0^\infty xf(x)dx = \int_0^\infty \left\{\int_0^x 1dt\right\} f(x)dx = \int_0^\infty \int_t^\infty f(x)dxdt = \int_0^\infty \{1-F(t)\}dt$$

という関係式があることから

$$\varepsilon(0) = \lim_{y\to\infty} G(0,y) = \frac{\lambda\mu}{c} = \frac{1}{1+\theta}$$

安全割増は $\theta = 0.2$ なので破産確率は

$$\varepsilon(0) = \frac{1}{1+0.2} = 0.833\cdots \to \underline{83.3\%}$$

となる.

<補足>

本問の結果である，初期サープラスが 0 の場合の破産確率 $\varepsilon(0) = \dfrac{1}{1+\theta}$ は，ルンドベリ・モデルにおいては「公式」として使用できる.

・μ の計算における積分順序の交換は，積分領域を $D = \{(x,t)|0 \le t \le x, 0 \le x \le \infty\}$ と見ていたのを，$D = \{(x,t)|t \le x \le \infty, 0 \le t \le \infty\}$ と見直したことによるもの.

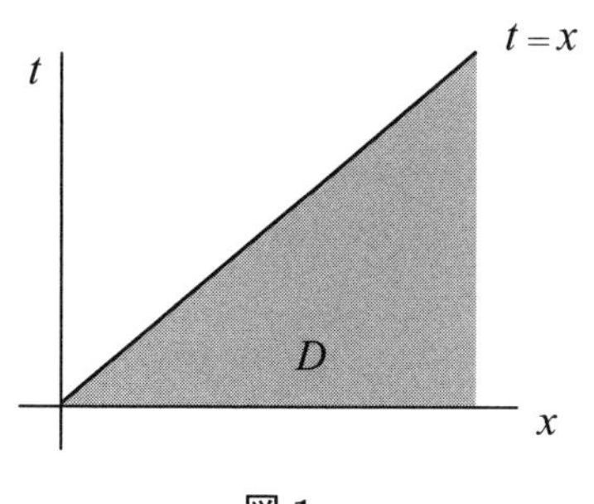

図 1

【例題 55】ルンドベリ・モデルにおけるサープラスの分布

クレーム額 X が期待値 8 の指数分布（分布関数 $F_X(x)$）に従うルンドベリ・モデル（初期サープラス 0）において，赤字に転落した直後の赤字幅 Y が 4 超となる確率を求めよ（$e \fallingdotseq 2.7$ で計算せよ）．

<解答>

赤字に転落した直後の赤字幅 Y の分布関数は，ルンドベリ・モデル（初期サープラス 0）でサープラスが最大 $-y(y>0)$ まで落ち込む確率 $G(0,y)=\dfrac{\lambda}{c}\displaystyle\int_0^y\{1-F_X(x)\}dx$（要項参照）を用いて，

$$F_Y(y)=P(Y\leq y)=\frac{G(0,y)}{\varepsilon(0)}=\frac{\frac{\lambda}{c}\int_0^y\{1-F(x)\}dx}{\varepsilon(0)}$$

となる．

【例題 54】の結果 $\varepsilon(0)=\dfrac{1}{1+\theta}$ を代入すると

$$F_Y(y)=\frac{\frac{\lambda}{c}\int_0^y\{1-F_X(x)\}dx}{\frac{1}{1+\theta}}=\frac{\int_0^y\{1-F_X(x)\}dx}{\mu}\quad\cdots\cdots(※)$$

ここでクレーム額は期待値 8 の指数分布に従うので，分布関数 $F_X(x)=1-e^{-\frac{1}{8}x}$ を代入すると

$$F_Y(y)=\frac{\int_0^y\{1-(1-e^{-\frac{1}{8}x})\}dx}{8}=\frac{\int_0^y e^{-\frac{1}{8}x}dx}{8}=\frac{[-8e^{-\frac{1}{8}x}]_0^y}{8}=1-e^{-\frac{1}{8}y}$$

と，赤字幅 Y の分布も同じく指数分布（期待値 8）となった．

ゆえに，題意の確率は

$$P(Y>4)=1-F_Y(4)=1-(1-e^{-\frac{4}{8}})=e^{-\frac{1}{2}}=\frac{1}{\sqrt{2.7}}=0.6085\cdots\to 60.9\%$$

<補足>

・解答中の式（※）の $F_Y(y)=\dfrac{\int_0^y\{1-F_X(x)\}dx}{\mu}$ を y で微分すると，赤字幅の額（以下では $Y=L_1$ とする）の分布の確率密度関数は

$$f_{L_1}(y)=\frac{1-F_X(y)}{\mu}$$

と表現される．

クレーム額の分布 $F_X(x)=1-e^{-\frac{1}{\mu}x}$ を上記式に当てはめると

$$f_{L_1}(y)=\frac{1-(1-e^{-\frac{1}{\mu}x})}{\mu}=\frac{1}{\mu}e^{-\frac{1}{\mu}x}$$

と，解答のとおり赤字幅の額の分布も指数分布となっていることがわかる．

【例題 56】最大損失額 L の分布

ルンドベリ・モデル（クレーム件数はポアソン分布，クレーム額の期待値 μ，安全割増 θ）において，時刻 t までのクレーム額の累計と保険料収入累計の差額の最大値（最大損失額）を L とする．$L = \max\{S(t) - ct | t > 0\}$

(1) このとき，L の積率母関数を計算せよ．

(2) クレーム額が期待値 μ の指数分布に従うとき，最大損失額 L の分布関数を求めよ．

<解答>

(1) 本問の最大損失額 L は，図にすると次のように表現できる．

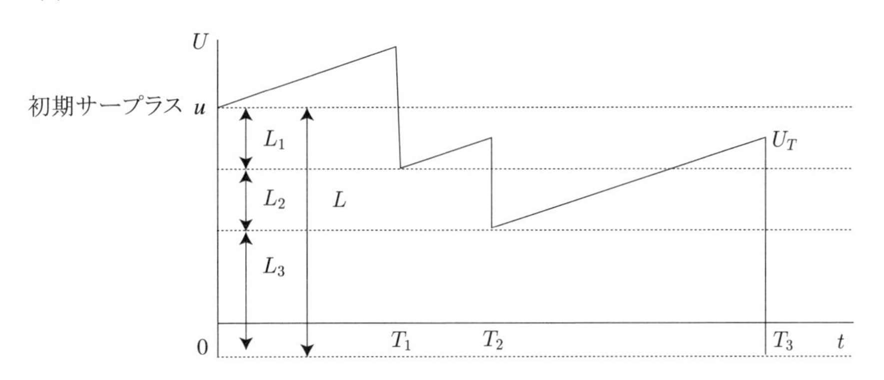

図のとおり，最大損失額は

$$L = L_1 + L_2 + L_3 + \cdots + L_N$$

と表すことができる（N：赤字更新される回数）．

この L_1 の分布は，【例題 54】の結果より

$$f_{L_1}(y) = \frac{1 - F(y)}{\mu}$$

であることが判明している．また，L_2 についても時刻 T_1 のサープラス（$U_{T_1} = u - L_1$）が初期サープラスであるように考え直すと，初期サープラスを下回る額の分布として同様に

$$f_{L_2}(y) = \frac{1 - F(y)}{\mu}$$

が使用できる．このことは L_3 以降についても同様といえる．

一方，この赤字更新される確率は初期サープラス0で破産する確率と同じなので，【例題 54】の結果から $\dfrac{1}{1+\theta}$ といえる．これを用いて，時刻 t までに赤字更新される回数 N の確率は

$$P(N=n)=\left(1-\frac{1}{1+\theta}\right)\left(\frac{1}{1+\theta}\right)^n \qquad (n=0,1,2\cdots)$$

と幾何分布（成功確率：$p=1-\dfrac{1}{1+\theta}=\dfrac{\theta}{1+\theta}$ 失敗確率：$q=\dfrac{1}{1+\theta}$）で表すことができる．

以上より，最大損失額 L の確率は赤字更新額 L_i と赤字更新回数 N との複合分布で表現できるといえる．したがって，その積率母関数は【例題 17】と同様に

$$\begin{aligned} M_L(t) &= E(e^{tL}) \\ &= E[E(e^{t(L_1+L_2+\cdots+L_N)}|N] \\ &= E((M_{L_1}(t))^N|N) \\ &= E[\exp\{N\cdot\log M_{L_1}(t)\}|N] \\ &= M_N(\log M_{L_1}(t)) \end{aligned}$$

と求められる．ここで

$$\begin{aligned} M_N(t) &= \frac{1-\frac{1}{1+\theta}}{1-\frac{1}{1+\theta}e^t}=\frac{\theta}{1+\theta-e^t} \\ M_{L_1}(t) &= E(e^{tL_1}) \\ &= \int_0^\infty e^{ty}\frac{1-F(y)}{\mu}dy \\ &= \frac{1}{\mu}\left[\frac{e^{ty}}{t}(1-F(y))\right]_0^\infty-\frac{1}{\mu}\int_0^\infty\frac{e^{ty}}{t}(-f(y))dy \\ &= \frac{1}{\mu t}(M_X(t)-1) \end{aligned}$$

なので

$$\begin{aligned} M_L(t) &= M_N(\log M_{L_1}(t))=\frac{\theta}{1+\theta-e^{\log M_{L_1}(t)}} \\ &= \frac{\theta}{1+\theta-M_{L_1}(t)}=\frac{\theta}{1+\theta-\frac{1}{\mu t}(M_X(t)-1)}=\frac{\theta\mu t}{1+(1+\theta)\mu t-M_X(t)} \end{aligned}$$

(2)　クレーム額が指数分布（期待値 μ）に従う場合，L_1 の分布も【例題 55】の結果より同じ指数分布に従うことが判明していることから，L_1 の確率密度関数は

$$f_{L_1}(y)=\frac{1}{\mu}e^{-\frac{1}{\mu}x}$$

となる．

上記 (1) のとおり，最大損失額 L の確率は赤字更新額 L_i（指数分布）と赤字更新回数 N（幾何分布）との複合分布であることが判明している．

ここで,【例題 27】の結果

> 複合幾何分布に従うクレーム総額の分布関数
>
> $$F_S(x) = 1 - (1-p)e^{-\frac{p}{\sigma}x}$$
>
> ＜クレーム総額の前提＞
>
> ・クレーム件数の分布が幾何分布（確率関数：$f(x) = p \cdot q^x$）
>
> ・クレーム額の分布が指数分布（期待値 σ）

を用いると，最大損失額 L の分布関数は

$$F_L(x) = 1 - (1 - \frac{\theta}{1+\theta})e^{-\frac{\frac{\theta}{1+\theta}}{\mu}x} = 1 - \frac{1}{1+\theta}e^{-\frac{\theta}{\mu(1+\theta)}x}$$

となる．

＜補足＞

・幾何分布（第 III 部の付録 I「確率分布」参照）

確率関数：$f(x) = p \cdot q^x \quad (x = 0, 1, 2, \cdots)$　　　積率母関数：$M_X(t) = \dfrac{p}{1 - qe^t}$

・初期サープラスがゼロの場合の破産確率 $\varepsilon(0)$ は最大損失額が 0 より大きい確率なので，(2) の分布関数を用いて計算すると

$$\varepsilon(0) = P(L > 0) = 1 - F_L(0) = 1 - (1 - \frac{1}{1+\theta}e^0) = \frac{1}{1+\theta}$$

となり,【例題 54】の結果と一致する．

【例題 57】サープラス過程①

ある保険契約が以下のサープラス過程に従うことが判明している．

・クレーム額 X（万円）の分布は，一様分布 $U(0, 10)$ に従う．

・安全割増 25％で純保険料を領収する．

(1) 初期サープラスが 0 の場合，破産する確率を求めよ．

(2) 最初に破産する際の赤字額の期待値を求めよ．

<解答>

(1)【例題 54】の結果より，初期サープラス 0 の場合の破産確率は $\varepsilon(0)=\dfrac{1}{1+\theta}$ なので，

$$\varepsilon(0)=\frac{1}{1+\theta}=\frac{1}{1+0.25}=\underline{0.80}$$

と 80%となる．

(2)【例題 55】の結果から，最初の赤字幅 (L_1) の確率密度関数は，クレーム額 X（万円）の分布関数，期待値 μ（万円）を用いて，$f_{L_1}(y)=\dfrac{1-F_X(y)}{\mu}$ となる．

ここで，期待値 μ（万円）は $\mu=5$，

クレーム額の分布関数 $F_X(x)$ は

$$F_X(x)=\begin{cases}\dfrac{x}{10} & (0<x<10)\\ 1 & (x\geq 10)\end{cases}$$

なので，赤字額の確率密度関数は

$$f_{L_1}(y)=\begin{cases}\dfrac{1}{5}-\dfrac{y}{50} & (0<y<10)\\ 0 & (y\geq 10)\end{cases}$$

以上より赤字額の期待値は

$$E(Y)=\int_0^{10}y\left(\frac{1}{5}-\frac{y}{50}\right)dy=\int_0^{10}\left(\frac{1}{5}y-\frac{y^2}{50}\right)dy$$
$$=\left[\frac{1}{10}y^2-\frac{y^3}{150}\right]_0^{10}=\frac{10}{3}=3.33\cdots$$

と約 3.3 万円と計算される．

<補足>

・初期サープラス 0 の会社の場合の，破産直後のサープラスの下限 $-y$ の分布

分布関数：$F_{L_1}(y)=\dfrac{\int_0^y\{1-F(x)\}dx}{\mu}$　　確率密度関数：$f_{L_1}(y)=\dfrac{1-F(y)}{\mu}$

【例題 58】サープラス過程②

あるリスクのクレーム件数が年平均 1 件のポアソン過程に従い，クレーム額は常に 10 であることが判明している．

このリスクについて，①1 年契約（安全割増 10%）を更新して 2 年間補償する場合と，②2 年契約（安全割増 10%）で 2 年間補償する場合の，それぞれの破産確率を求めよ（計算において $e\fallingdotseq 2.7$ を用いよ）．

なお，

・保険料は保険期間の期初に領収すること．

・2 年契約の純保険料には長期契約に起因する割引は適用しない．

（1 年契約の純保険料の 2 倍とする）

こととする．

＜解答＞

t 年目のクレーム額合計 X_t，1 年契約の純保険料 P_1，1 年契約の純保険料 P_2，1 年後のサープラスを $U_1 = P_1 - X_1$ とする．

①1 年契約（安全割増 10%）を更新して 2 年間補償する場合

1 年契約の純保険料は $P_1 = 1 \times 10 \times (1 + 0.1) = 11$ となる．

クレーム額は 10 であることからクレーム件数 2 件以上で 1 年後のサープラス $U_1 = P_1 - X_1$ はマイナス（破産）となる．

$$U_1 = 11 - 10 \times 2 = -9$$

以上踏まえて，1 年目のサープラスの推移パターンを整理すると表 1 のとおりとなる．

表 1　1 年契約の 1 年後のサープラス

1 年目の クレーム件数	$U_1 = P_1 - X_1$	確率
0 件	$11 - 0 = 11$	$e^{-1} \cdot \dfrac{1^0}{0!} = \dfrac{1}{2.7} = 37.0\%$
1 件	$11 - 10 = 1$	$e^{-1} \cdot \dfrac{1^1}{1!} = \dfrac{1}{2.7} = 37.0\%$
2 件	$11 - 10 \times 2 = -9$	$e^{-1} \cdot \dfrac{1^2}{2!} = \dfrac{1}{2.7 \times 2} = 18.5\%$
3 件以上	-19 以下	$1 - 0.370 - 0.370 - 0.185 = 7.5\%$

以上より，1 年目の破産確率は $18.5\% + 7.5\% = 26\%$，1 年目に破産しないで 2 年目に進むパターンは，$U_1 = 1$ と $U_1 = 11$ の 2 パターンとわかる．

次に 2 年目について，$U_1 = 1$ と $U_1 = 11$ の場合分けをして 2 年後のサープラス $U_2 = P_1 - X_2$ を求める（表 2，表 3）．

ア．$U_1 = 1$ の場合

表 2

2年目のクレーム件数	$U_2 = U_1 + P_1 - X_2$	条件 $(U_1 = 1)$ 付き確率	確率
0件	$1 + 11 - 0 = 12$	37.0%	$37.0\% \times 37.0\% = 13.7\%$
1件	$1 + 11 - 10 = 2$	37.0%	$37.0\% \times 37.0\% = 13.7\%$
2件	$1 + 11 - 10 \times 2 = -8$	18.5%	$37.0\% \times 18.5\% = 6.8\%$
3件以上	-18 以下	7.5%	$37.0\% \times 7.5\% = 2.8\%$

イ．$U_1 = 11$ の場合

表 3

2年目のクレーム件数	$U_2 = U_1 + P_1 - X_2$	条件 $(U_1 = 11)$ 付き確率	確率
0件	$11 + 11 - 0 = 22$	37.0%	$37.0\% \times 37.0\% = 13.7\%$
1件	$11 + 11 - 10 = 12$	37.0%	$37.0\% \times 37.0\% = 13.7\%$
2件	$11 + 11 - 10 \times 2 = 2$	18.5%	$37.0\% \times 18.5\% = 6.8\%$
3件	$11 + 11 - 10 \times 3 = -8$	6.2%	$37.0\% \times 6.2\% = 2.3\%$
4件以上	-18 以下	1.3%	$37.0\% \times 1.3\% = 0.5\%$

（クレーム件数3件の条件付き確率 $= e^{-1} \cdot \dfrac{1^3}{3!} = \dfrac{1}{2.7 \times 6} = 6.2\%$ ）

ア，イより2年目に破産する確率は $6.8\% + 2.8\% + 2.3\% + 0.5\% = 12.4\%$

以上より，1年契約（安全割増10%）を更新して2年間補償で破産する確率は26 $\% + 12.4\% = \underline{38.4\%}$ となる．

②2年契約（安全割増10%）で補償する場合

1年契約の純保険料は $P_2 = P_1 \times 2 = 22$ となる．また，単位期間を2年とした場合，2年間のクレーム件数 Y ポアソン過程のパラメータは $1 \times 2 = 2$ となる．このとき2年後のサープラス $U_2 = P_2 - Y$ の推移パターンを整理すると表4のとおりとなる．

表 4　2 年契約の 2 年後のサープラス

2 年間のクレーム件数	$U_2 = P_2 - Y$	確率
0 件	$22 - 0 = 22$	$e^{-2} \cdot \frac{2^0}{0!} = \frac{1}{2.7^2} = 13.7\%$
1 件	$22 - 10 = 12$	$e^{-2} \cdot \frac{2^1}{1!} = \frac{2}{2.7^2} = 27.4\%$
2 件	$22 - 10 \times 2 = 2$	$e^{-2} \cdot \frac{2^2}{2!} = \frac{4}{2.7^2 \times 2} = 27.4\%$
3 件	$22 - 10 \times 3 = -8$	$e^{-2} \cdot \frac{2^3}{3!} = \frac{8}{2.7^2 \times 6} = 18.3\%$
4 件以上	-18 以下	$1 - 13.7\% - 27.4\% - 27.4\% - 18.3\% = 13.2\%$

以上より，年契約（安全割増 10%）で 2 年補償する場合の破産確率は
18.3% +13.2% =31.5%

<補足>

・本問では長期契約（2 年）の破産確率が，1 年契約補償よりも低くなる結果となった．これは，長期契約では期初に将来の保険料ファンドを先取りすることで，1 年契約よりもサープラスを確保できることによる．ただし，長期契約を締結する場合には，期中のパラメータの変動（例：社会環境の変化によりクレーム頻度が上昇）によって 1 年契約よりもリスク（パラメータ・リスク）をとっていることに注意する必要がある（1 年契約はパラメータ変動を期中で観察した場合，契約を更新する際に保険料水準を変更できることから，長期契約よりもパラメータ・リスクをコントロールすることができる）．

【例題 59】最大損失額 L のモーメント

クレーム額 X が $U(0,2)$ の一様分布に従うリスクに対して，安全割増 $\theta = 1$ の保険を販売する．このとき，保険収支の悪化に備えて，十分な初期サープラスを用意したい．

(1) 破産（サープラスが負となる）を回避するために，平均的に備えるべき初期サープラスを求めよ．

(2) 正規近似を用いて 1%の破産確率に備えたサープラスを求めよ．

<解答>

(1) 平均的に備えるべき初期サープラス＝最大損失額の期待値 $E(L)$ とする．【例題56】の結果から最大損失額 $L = L_1 + L_2 + L_3 + \cdots + L_N$ は，

L_i（確率密度関数：$f_{L_i}(y) = \dfrac{1-F(y)}{\mu}$）と

N（確率関数：$P(N=n) = pq^n \quad p = 1 - \dfrac{1}{1+\theta} = \dfrac{\theta}{1+\theta} \quad q = \dfrac{1}{1+\theta}$）

との複合分布に従うことがわかっているから，その期待値は，第1章のクレーム総額のモーメントの関係と同様に，L のモーメントも

$$E(L) = E[E(L|N)] = E(N) \cdot E(L_i)$$

と整理できる．

$E(N)$，$E(L_i)$ は以下のとおり計算され

$$E(N) = \frac{q}{p} = \frac{\frac{1}{1+\theta}}{\frac{\theta}{1+\theta}} = \frac{1}{\theta} = \frac{1}{1} = 1$$

$$E(L_i) = \int_0^\infty y(\frac{1-F(y)}{\mu})dy = \int_0^2 y(\frac{1-\frac{y}{2}}{1})dy = \int_0^2 (y - \frac{y^2}{2})dy = [\frac{1}{2}y^2 - \frac{1}{6}y^3]_0^2 = \frac{2}{3}$$

これらを用いて，最大損失額の期待値 $E(L)$ は

$$E(L) = E(N) \cdot E(L_i) = 1 \times \frac{2}{3} = \frac{2}{3}$$

となり，平均値に備えるサープラスは $\dfrac{2}{3}$ となる．

(2) 初期サープラス u_0 での破産する確率については，

$$\varepsilon(u_0) = 1 - F_L(u_0)$$

という関係が成り立つことから，1%の破産確率（破産しない確率99%）に備えるには

$$\varepsilon(u_0) = 1 - F_L(u_0) = 0.01$$
$$F_L(u_0) = 0.99$$
$$P(L \leq u_0) = 0.99$$

となる初期サープラス u_0 を求めればよい．

そこで，正規近似で当該 u_0 の水準を求めるため，最大損失額 L の分散を求める．複合分布の分散の関係から

$$V(L) = E[V(L|N)] + VE(L|N) = V(L_i) \cdot E(N) + R(L_i)^2 \cdot V(N)$$

なので，それぞれの項を求めると，

$$E(L_i^2) = \int_0^\infty y^2(\frac{1-F(y)}{\mu})dy = \int_0^2 y^2(\frac{1-\frac{y}{2}}{1})dy = \int_0^2 (y^2 - \frac{y^3}{2})dy = [\frac{1}{3}y^3 - \frac{1}{8}y^4]_0^2$$
$$= \frac{2}{3}$$

$$V(L_i) = E(L_i^2) - E(L_i)^2 = \frac{2}{3} - (\frac{2}{3})^2 = \frac{2}{9}$$

$$V(N) = \frac{q}{p^2} = \frac{\frac{1}{1+\theta}}{(\frac{\theta}{1+\theta})^2} = \frac{1+\theta}{\theta^2} = \frac{1+1}{1} = 2$$

$$V(L) = V(L_i)\cdot E(N) + E(L_i)^2 \cdot V(N) = \frac{2}{9}\times 1 + (\frac{2}{3})^2 \times 2 = \frac{10}{9}$$

以上より，L を正規近似すると上側 1%点は

$$E(L) + u(0.01)\times\sqrt{V(L)} = \frac{2}{3} + 2.326\times\sqrt{\frac{10}{9}} = 3.118\cdots$$

となり，1%の破産リスクに備えて，約 3.1 の初期サープラスを備える必要ある．

＜補足＞

・幾何分布（第 III 部の付録 I「確率分布」参照）
　確率関数:$f(x) = p{\cdot}q^x \quad (x = 0, 1, 2, \cdots)$　　期待値，分散:$E(X) = \frac{q}{p}$:$V(X) = \frac{q}{p^2}$

・一様分布 $U(0, k)$（第 III 部の付録 I「確率分布」参照）
　確率密度関数：$f(x) = \frac{1}{k} \quad (0 \leq x \leq k)$　　分布関数：$F(x) = \frac{x}{k} \quad (0 \leq x \leq k)$
　原点まわりの n 次モーメント：$\mu_n = \int_0^k x^n \frac{1}{k}dx = \frac{k^n}{n+1}$

・本問の設定は，【例題 52】と同じであることから，調整係数は近似的に $R = 0.897$ であることが判明している．これを利用して，ルンドベリの不等式の上限値 e^{-Ru_0} で破産確率を推定すると

	初期サープラス (u_0)	破産確率 (e^{-Ru_0})
(1)	$\frac{2}{3}$	55.0%
(2)	3.1	6.2%

となり，(2) については正規近似（破産確率 1%）より保守的な結果となっている．

【例題 60】破産確率の近似計算（複合幾何分布）

ある保険会社（初期サープラス 60）が，クレーム額 X が指数分布（確率密

度関数 $f(x)=\dfrac{1}{10}e^{-\frac{1}{10}x}\quad (x\geq 0)$）に従うクレームを，安全割増率20%の保険料で引き受けた場合，その破産確率を求めよ（計算上，$e\fallingdotseq 2.7$ を用いよ）.

<解答>

初期サープラス60の破産確率は $\varepsilon(60)=1-F_L(60)$ となることから，最大損失額 L の分布を求めることとする.

最大損失額 L は，赤字更新額 L_i と赤字更新回数（幾何分布）N との複合分布に従うが,

1. クレーム額 X が指数分布の場合，赤字更新額 L_i も同じ指数分布に従う（【例題55】参照）.
2. 幾何分布（$p(n)=p(1-p)^n$）と，指数分布（期待値 σ）の複合分布 S の分布関数 $F_S(x)$ は $F_S(x)=1-(1-p)e^{-\frac{p}{\sigma}x}$（【例題27】,【例題56】参照）

ということが判明していることから，これらを利用して

$F_S(x)$ の式に $1-p=\dfrac{1}{1+\theta}\quad p=\dfrac{\theta}{1+\theta}$ を代入し，$F_L(x)$ は

$$F_L(x)=1-\frac{1}{1+\theta}e^{-\frac{\theta}{\sigma(1+\theta)}x}$$

と求められる．これを用いて，初期サープラス60の破産確率は

$$\varepsilon(60)=1-F_L(60)=\frac{1}{1+0.2}e^{-\frac{0.2}{10\times(1+0.2)}\times 60}=\frac{e^{-1}}{1.2}\fallingdotseq\frac{1}{1.2\times 2.7}=0.3086\cdots$$

と約31%と求められる.

<補足>

・$\varepsilon(60)=1-F_L(60)=\dfrac{1}{1+\theta}e^{-\frac{\theta}{1+\theta}\times 6}$ を安全割増 θ の関数と見ると，下のグラフのとおり安全割増が大きくなると，破産確率が逓減することがわかる（【例題53】参照）.

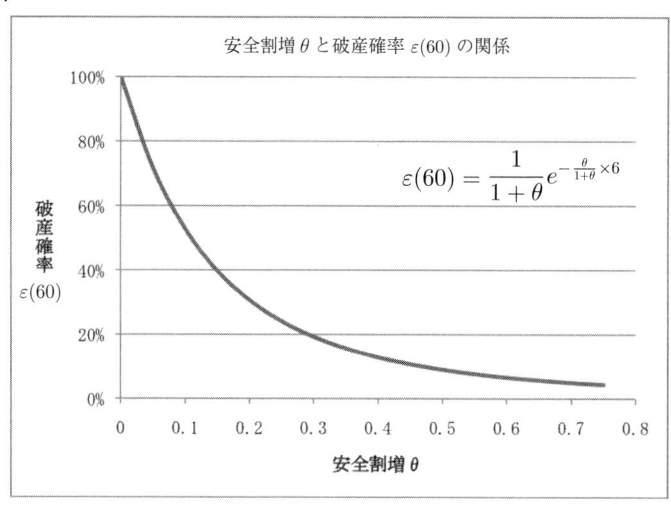

第II部

損害保険実務の基礎

第4章　損害保険統計

要　項

損害保険会社において，商品開発をする上で重要な業務の1つとして支払保険金，収入保険料の成績データ（以下，保険統計データ）管理があります．第1章，第2章で触れましたように，商品開発の中で保険料設計をするためには，保険統計データが材料として必要になります．そのため，保険統計データの「誤読」は保険料設計ミス（保険収支の赤字）の原因となりますので，保険料設計，保険収支の分析者は保険統計データを正確に解釈することが必要です．本章では，まずクレームデータを正しく解釈するための基礎知識である「**支払備金**」および「**IBNR**」を踏まえた上で，損害保険会社の収支管理データとして重要な指標である「**損害率**」について紹介します．

4.1　支払備金

■支払備金とは

賠償責任保険の場合では，被害者と加害者との示談，賠償金額の査定，場合によっては示談がもつれて訴訟…　というように，クレーム発生から相当の時間を経て実際の費用の支出が発生し，クレーム発生時点での正確な費用の認識が難しくなることがあります．

このように長期期間に支払がわたる（こうした特性をロングテイルといいます）商品は少し極端な例かもしれませんが，クレーム発生から保険金の支払までには損害調査，利害関係者間の費用分担の調整，各種書類の作成など，さまざまな事務処理があることから，クレーム発生と実際のキャッシュフローとの間に一定のタイムラグは必ず存在します．そのため，保険統計のロスデータは常に「確定した費用（支払保険金)」と「未確定の費用（未払保険金)」との2種類のデータで構成されています．仮に損害保険の料率を算定する際に支払保険金のみをロスデータとして取り扱うと，実態より少ないコストしか認識されない，すなわち実態的に採算がとれない保険料率がはじき出され，結果として売れば売るほど損をする事態（その上，時間をおいてから損を認識する悲劇）になります．そのため，損害保険統計では必ず何らかの方法によって未確定の費用（未払保険金）を推定し，確定費用（支払保険金）と合わせて，不足のないトータルコストを常に認識しています．会計の世界で未払費用に当たるこの未払保険金の推定値を，損害保険の世界では「支払備金」(reserve）と呼んでいます．

■支払備金の種類

支払備金には，普通支払備金とIBNR備金の2種類があります．

(1) 普通支払備金

普通支払備金は，クレーム発生がすでに保険会社に報告されている損害に対して見積もった支払備金です．保険会社としてはクレーム個別に推定を行い（損害保険会社の調査部門がクレーム調査を行い，既定の支払テーブルや過去の経験を用いて未払保険金の推定を行う）積み上げることで全体の債務を認識します．

(2) IBNR備金

IBNR備金は，クレームが発生し債務として認識すべきものの，保険会社に報告がなされていないために認識されていない（ここが普通支払備金と異なる）損害，すなわち既発生未報告（IBNR：incurred but not reported）である損害に対して見積るべき支払備金です．IBNR備金は，その内容から次の2つに分類されます (表4.1).

IBNR備金は損害保険会社特有のものであり，個別の見積もり額を積み上げる普通支払備金と異なり，何らかの方法によって推定値を求めなければなりません．そのため，IBNR備金の推定方法には，

表 4.1 IBNR 備金の種類

①	真性 IBNR 備金 < IBNYR 備金> (incurred but not yet reported)	クレーム発生の事実報告（保険会社への報告）の遅れによる，IBNR 損害に対する支払備金.
②	IBNER 備金 (incurred but not enough reported)	普通支払備金の見積もりが甘かった（実態より低かった）ことにより，結果的に積み不足となる IBNR 損害に対する支払備金.

《IBNR 備金の推定方法》
・簡便な計算式を利用する「算式見積法」
・ロスディヴェロップメント・トライアングル・データを用いた「統計的見積法」

があります.

なお，クレームデータを正確に読み取るためには，取り扱っているデータにどれくらい IBNR が含まれているか意識し，無視できない量が発生していると判断される場合には，IBNR 備金をクレームデータに織り込む必要があります.

■ IBNR 備金の推定①（算式見積法）

以下に紹介する算式見積法は，いずれも計算が簡便ですぐに結果が得られる利点がありますが，この後に紹介する統計的見積法と比べて正確性において劣りますので，あくまで概算であると認識してください.

《IBNR 備金の推定（パーセンテージ法）》
確定している他の統計量（収入保険料，経過保険料，支払保険金，発生保険金，普通支払備金）に対する比率から IBNR を推定する方法.

例：当年度支払保険金 × 比例定数 = 当年度 IBNR
比例定数 = 前年度 IBNR 損害 ÷ 前年度支払保険金
前年度 IBNR 損害 = 前年度には認識されていなかったが，当年度において認識された損害

《IBNR 備金の推定（前年度 IBNR 損害を基準とする方法）》

前年度の IBNR 損害を基に，当年度 IBNR 備金を推計する方法．

当年度 IBNR 備金 = 前年度 IBNR 損害 × 当年度エクスポージャ率

= 前年度 IBNR 損害 ×（報告件数の伸び率 × 単価の伸び率）

$$\text{IBNR} = \frac{N_y}{N_{y-1}} \times \frac{C_y}{C_{y-1}} \times I_{y-1}$$

y：当年事業年度

N_y：y 年度発生クレームの y 年度末3ケ月のクレーム報告件数

C_y：y 年度発生クレームの y 年度末3ケ月のクレーム報告当たりの平均単価

I_{y-1}：$y-1$ 年度発生クレームの y 年度末 IBNR 損害の額

■ IBNR 備金の推定②（統計的見積法）

統計的見積法にはロスディヴェロップメント・トライアングル（loss development triangle）といわれる形式で集計したロスデータが使用されます（表4.2）．

表 4.2　ロスディヴェロップメント・トライアングル

	経過年数				
事故年度	1	2	$\cdots$	$k-1$	k
1	$C_{1,1}$	$C_{1,2}$	$\cdots$	$C_{1,k-1}$	$C_{1,k}$
2	$C_{2,1}$	$C_{2,2}$	$\cdots$	$C_{2,k-1}$	
$\vdots$		$\vdots$			
$k-1$	$C_{k-1,1}$	$C_{k-1,2}$			
k	$C_{k,1}$				

$C_{i,j}$ には，事故年度[†] i の発生クレームの経過年数 j 年末時点で把握されている支払保険金累計，既報告クレーム件数累計や発生保険金などの「過去の実績ロスデータ」が入ります．たとえば，支払保険金累計のロスディヴェロップメント・トライアングルの場合，$C_{1996,3}$ には1996年度に発生したクレームに関

[†] 事故年度：クレームが発生した時点の年度．日本の場合，2003年1月2日の事故であれば2002年度となる．ちなみに1月〜12月を年度とする国では2003年度となるので，海外の文献を見る場合には要注意．

して，3 年目（すなわち 1998 年度）まで支払われた保険金の合計が入力されます．したがって，実績部分のいちばん右端である，ロスディヴェロップメント・トライアングルの中の右上から左下の対角線上の $C_{1,k}, C_{2,k-1}, \cdots, C_{k-1,2}, C_{k,1}$ には，最新の支払保険金累計実績データが入力されることになります．

統計的見積法では，このロスディヴェロップメント・トライアングルを用いて，過去の実績の部分のロスデータの進捗（development）パターンから一定の規則性を見つけ，その過去の規則性が将来も続くものとして，データの最右列に当たる最終的なロスデータ（保険金であれば，すべて支払が完了した，最終保険金 (ultimate loss)）を推定します（表 4.3）．

表 4.3

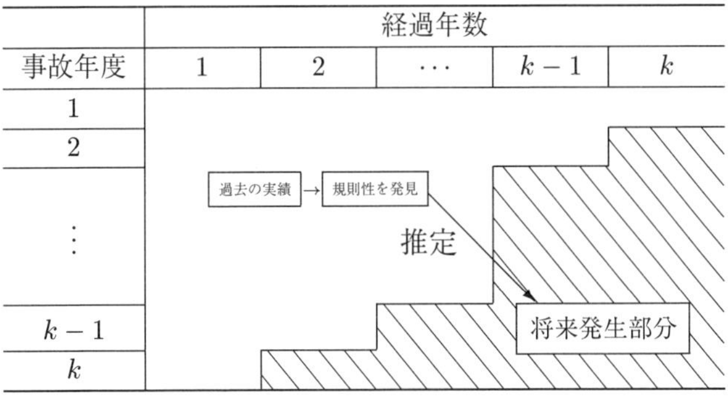

	経過年数				
事故年度	1	2	$\cdots$	$k-1$	k
1					
2					
$\vdots$					
$k-1$					
k					

過去の実績 → 規則性を発見

推定

将来発生部分

■チェイン・ラダー法（chain ladder method）

チェイン・ラダー法は，統計的見積法の中で最も簡易な手法です．同法では過去の実績データから経過年別にロスデータが増減していく比率（**ロスディヴェロップメント・ファクター** (loss development factor)）を求めて，同ファクターを最新状態のロス実績（ロスディヴェロップメント・トライアングルの中の右上から左下の対角線上の実績データ）に乗じることで最終状態（発生保険金がこれ以上変化しない状態）のロスデータを推定します．

以下にチェイン・ラダー法の簡単な計算例を示します．

《チェイン・ラダー法の計算例》

発生保険金に関するロスディヴェロップメント・トライアングルとして表4.4のようなデータを得たとします．なお，以下の例では2010年度のロスは4年目ですべて最終状態になったとします．

表 4.4　発生保険金に関するロスディヴェロップメント・トライアングル

	1	2	3	4
2010	480	494	504	509
2011	420	437	441	
2012	450	459		
2013	430			

このとき，事故年度別に発生保険金が推移していく比率（実績のロスディヴェロップメント・ファクター）を計算すると表4.5のようになります．

表 4.5　実績のロスディヴェロップメント・ファクター

	1→2	2→3	3→4
2010	1.03	1.02	1.01
2011	1.04	1.01	
2012	1.02		
2013			

（計算例）494÷480=1.03

この実績のロスディヴェロップメント・ファクターの経過年別の単純平均（表4.6）

表 4.6

	1→2	2→3	3→4
単純平均	1.03	1.02	1.01

をロスディヴェロップメント・ファクターの推定値とすると，同値を最新の発生保険金に連乗することで，最終保険金累計を求めることができます．

$$\begin{aligned}
&\text{2011 年度クレームの最終発生保険金累計} = 441 \times 1.01 = 445 \\
&\text{2012 年度クレームの最終発生保険金累計} = 459 \times 1.02 \times 1.01 = 473 \\
&\text{2013 年度クレームの最終発生保険金累計} = 430 \times 1.03 \times 1.02 \times 1.01 \\
&\qquad\qquad\qquad\qquad\qquad\qquad\qquad\quad = 456
\end{aligned}$$

推定された最終保険金累計と直近の発生保険金累計を差し引くことで

$$\begin{aligned}
\text{IBNR備金} &= (445+473+456)-(441+459+430) \\
&= 44
\end{aligned}$$

と，2013 年度末時点における 2011 年度から 2013 年度発生のクレームに対する IBNR 備金を見積もることができます．

■ チェイン・ラダー法におけるロスディヴェロップメント・ファクター

前項のチェイン・ラダー法では，将来のロスディヴェロップメント・ファクターの推定方法として，実績値 $b_{i,j}$ の単純平均

$$b_j = \frac{1}{k}\sum_{i=1}^{k} b_{i,j} \qquad \left(b_{i,j} = \frac{C_{i,j+1}}{C_{i,j}}\right)$$

を使用しましたが，他にも

・直近数年だけのデータの平均 $b_j = \dfrac{1}{k-l}\displaystyle\sum_{i=l+1}^{k} b_{i,j}$

・直近のデータを重視するような加重平均 $b_j = \dfrac{\sum_{i=1}^{k} i \cdot b_{i,j}}{\sum_{i=1}^{k} i}$

・経過年数別の合計値の比 $b_j = \dfrac{\sum_{i=1}^{k-j+1} C_{i,j}}{\sum_{i=1}^{k-j+1} C_{i,j-1}}$

などの推定方法があります．最後の $b_j = \dfrac{\sum_{i=1}^{k-j+1} C_{i,j}}{\sum_{i=1}^{k-j+1} C_{i,j-1}}$ は最も標準的に使用される方法です．

■チェイン・ラダー法以外の統計的見積方法

チェイン・ラダー法以外にも，統計的見積方法としてさまざまな手法が現在も検討・研究されています．表4.7に代表的なものを示します．

表 4.7

分離法 (separation method)	ロスディヴェロップメント・データに対して，事故年度別の要素，経過年数別の要素，カレンダーイヤー別の要素の3つの要素の乗算モデルを適用する方法.
ボーンヒュッター－ファーガソン法 (Bornhuetter-Ferguson method)	予定損害率から計算される予測損害額にチェイン・ラダーの結果を当てはめてIBNRを推定する方法.
マックモデル	ロスディベロップファクターの誤差を推定し，最終保険金の信頼区間を推定する方法.

（これらの計算方法の詳細については,【例題 70】,【例題 71】,【例題 72】参照）

支払備金の計算方法の理論研究は現在も盛んになされていますので，興味のある読者は海外の専門書籍を参照ください[†1]．

■手法の選択，推定結果の補正

統計的見積法を実施する際には，利用できるデータ状況および性質を十分勘案[†2]して，適当と思われる手法を選択することが必要ですが，場合によっては複数の手法による分析を並行して実施した結果を比較し，定量的事情，定性的事情の両面を勘案した上で，最も妥当と思われる結果を選択してもよいと思われます．

[†1] その他のIBNR備金推定手法の詳細について紹介することは，質，量ともに本書の範囲を越えるため割愛します．興味をもたれた読者は，損害保険アクチュアリーの学術論文掲載誌である「*Astin Bulletin*」や，米国の損害保険アクチュアリーの専門団体CAS(損害保険アクチュアリー協会．Casualty Actuary Society)の学術大会の資料に当たられることをお勧めします．なお，いずれについても，インターネットにおいてバックナンバーのダウンロードが可能となっています．

[†2] 分析対象となる実績データの中に通常の支払パターンでは捉えきれない要因（損害査定方針の急激な変更，急速なインフレの進行，その他社会環境の変化等々）が含まれる場合に統計的見積法を機械的に適用すると，誤った分析結果が導かれる恐れがあります．統計的見積法を実施する前に，データ環境に対する定性的な調査を十分に行い，状況に応じて適宜，データの修正（異常値の除去），あるいは分析結果の補正を行う必要がある旨留意してください．

後者の姿勢は,「数理」の観点からはいささかいい加減に見えるかもしれませんが,信頼性理論の章においても触れたとおり,保険数理の実務の世界では統計的な手法がすべてではありません.IBNR 備金の推定においても,数理的な合理性だけでなく,データをとりまく環境,今後の社会変化などの統計以外の定性的な側面にも配慮する必要があります[†].

4.2 損害率

支払保険金の保険料に対する比率である「損害率」(loss ratio. ロスレシオと読みます)は,保険会社の収支分析,料率算出のための重要な保険統計指標の1つです.

《損害率》

$$損害率(\%) = \frac{保険金}{保険料} \times 100$$

いうまでもなく,損害率が高ければ当該保険の収支は悪く,逆に低ければ採算性は高いといえます.

損害率は上式のとおり単純な指標ですが,分子,分母である保険金,保険料の捉え方が異なる3つの種類があります.

■損害率の種類

損害率は保険金,保険料の捉え方が異なる,リトン・ベーシス損害率,アーンド・ベーシス損害率,ポリシーイヤー・ベーシス損害率の3つがあります.

(1) **リトン・ベーシス損害率**(paid-to-written basis loss ratio. 略称:**W/B 損害率**)

次の計算式で算出されるリトン・ベーシス損害率は,計算が最も簡単な損害率です.

† 本書で繰り返し述べている「定性的な判断」は,あくまで定量的な分析あっての存在です.定量分析なしでの「定性的な判断」は楽観的な予測になりがちであり,「定性的な事情だけによる意思決定」は慎むべきでしょう.

《リトン・ベーシス損害率：W/B 損害率》

$$\text{損害率（\%）} = \frac{\text{支払保険金 (paid loss)}}{\text{収入保険料 (written premium)}^{\dagger}} \times 100$$

しかしながら，リトン・ベーシス損害率は保険料の変動が激しい保険商品や，ロングテイル商品では正確な収支を把握できない欠点があります．そのため，原則的にはリトン・ベーシス損害率の利用範囲は参考程度にとどめるべきであり，特に保険料算出のツールとしては不向きです．

(2) **アーンド・ベーシス損害率** (incurred-to- earned basis loss ratio. **略称：I/E 損害率**)

アーンド・ベーシス損害率はリトン・ベーシス損害率と異なり，損益の期間対応に配慮した発生保険金，経過保険料（それぞれの説明はこの後に行います）を織り込んで計算する方法です．

《アーンド・ベーシス損害率：I/E 損害率》

$$\text{損害率（\%）} = \frac{\text{発生保険金 (incurred loss)}}{\text{経過保険料 (earned premium)}} \times 100$$

(3) **ポリシーイヤー・ベーシス損害率** (policy-year basis loss ratio)

《ポリシーイヤー・ベーシス損害率》

$$\text{損害率（\%）} = \frac{\begin{array}{c}\text{当該契約年度に保険料が領収された契約}\\ \text{に対する保険金累計}\end{array}}{\text{当該契約年度に領収された保険料}} \times 100$$

分子，分母の完全なる一致（正確性）という点で最も優れた方法といえます．しかしながら，当該契約の保険期間が仮に1年間であるとしても集計の対

† リトンプレミアム
当該期間（多くは年度）内に保険会社の帳簿上に計上される保険料．

象とすべき期間が2年間に渡るため，結果が出るまで，先の2方法に比べて時間がかかる欠点があります．損害率の計算方法の比較を表4.8に示します．

表 4.8 損害率の計算方法の比較

損害率	正確さ	ロード
リトン・ベーシス損害率	小	小
アーンド・ベーシス損害率	中	中
ポリシーイヤー・ベーシス損害率	大	大

一般的には，時間対効果（精度）の観点からI/E損害率が最も標準的に利用されています．

■経過保険料と未経過保険料

第1章で，経過期間の概念を盛り込んだ「エクスポージャ」について紹介しましたが，同様に経過期間の概念を反映させた保険料を「経過保険料」(earned premium）と呼びます．経過保険料は当該期間の保険責任に充当すべき保険料を意味し，次の計算式で算出されます．

《経過保険料の算式》

$$
\begin{aligned}
n\text{ 年度経過保険料} &= n\text{ 年度における収入保険料 } P_n \\
&\quad -n\text{ 年度における未経過保険料の増加}\Delta u_n \\
&= n\text{ 年度における収入保険料 } P_n \\
&\quad -(n\text{ 年度末における未経過保険料 } u_n \\
&\quad -(n-1)\text{ 年度末における未経過保険料 } u_{n-1})
\end{aligned}
$$

算式中の「未経過保険料」(unexpired premium）は，保険の責任が到来していない期間に充当すべき保険料であり，会計でいう「前受収益」に相当します．

なお，保険料をすべて保険期間初に領収するとした場合，収入保険料，未経過保険料は図4.1のような関係にあります．

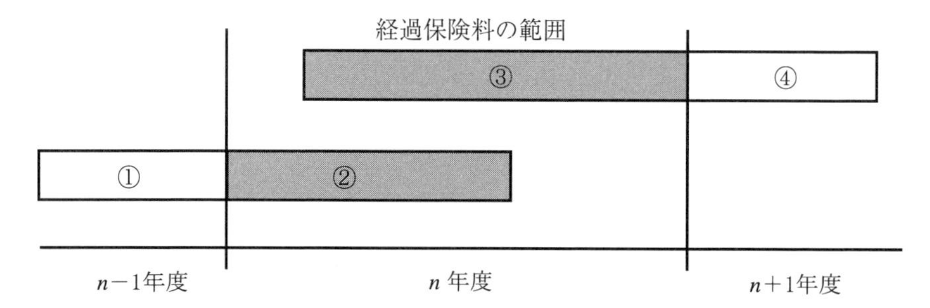

$$
\begin{aligned}
①+② &= (n-1)\text{ 年度における収入保険料 } P_{n-1} \\
② &= (n-1)\text{ 年度末における未経過保険料 } u_{n-1} \\
③+④ &= n\text{ 年度における収入保険料 } P_n \\
④ &= n\text{ 年度末における未経過保険料 } u_n
\end{aligned}
$$

$$
n\text{ 年度経過保険料} = ③+④-(④-②) = ②+③
$$

図 **4.1**

■未経過保険料の計算方法

未経過保険料の計算方法そのものは非常に単純で，保険料に保険期間と未経過期間との比率を乗じることで計算されます．

$$
\text{未経過保険料} = \text{保険料} \times \frac{\text{未経過期間}}{\text{保険期間}}
$$

普通に考えれば未経過期間の計測を日割で行う（日数単位で計測する）ことが合理的かつ正確ですが，コンピュータが広く発達しておらず，手計算が主体であった時代の「名残」（継続性の原則？）で現在でも月単位や半期単位で把握する方法も実施されています（表4.9）．

■発生保険金とは

I/E 損害率の計算で分子として使用される発生保険金は，損益の期間対応をはかるために，当該期間に支払われた保険金だけでなく，支払備金（通常は普通支払備金のみ．必要に応じて IBNR 備金）も織り込んで算出されています．

表 **4.9**　未経過期間の計測方法

$\frac{1}{2}$ 法	当該期間に計上した保険契約の始期日はすべて期央にあるとみなして，計測する方法.
$\frac{1}{12}$ 法	当該期間に計上した保険契約の始期日はすべて計上月の月末にあるとみなして，計測する方法.
$\frac{1}{24}$ 法	当該期間に計上した保険契約の始期日はすべて計上月の月央にあるとみなして，計測する方法.
$\frac{1}{365}$ 法	日割で計測する方法.

計算方法には，経理上の数値として使用されることの多い「会計年度方式」と，保険料率の算定に使用されることの多い「事故年度方式」の 2 つがあります.

(1) 会計年度方式

会計年度方式は，個々のクレーム事案の発生日を気にすることなく，簡易に計算できる利点のある方法です.

《発生保険金（会計年度方式）》

n 年度の発生保険金 ＝ n 年度中に支払われた保険金 C_n
　　＋n 年度の支払備金増加額$\varDelta R_n$
＝ n 年度中に支払われた保険金 C_n
　　＋(n 年度末の支払備金 R_n − $(n-1)$ 年度末の支払備金 R_{n-1})

ただし，会計年度方式は簡易に計算される一方で，本来的には n 年度の損益に帰属しない $(n-1)$ 年度末の支払備金 R_{n-1} の見直しが n 年度中になされると支払備金増加額 $\varDelta R_n$ が変化し，結果として n 年度の発生保険金も影響を受けることから，損益の期間対応が必ずしも正確でない欠点があります.

(2) 事故年度方式

事故年度方式は，当該期間内に発生したクレームのデータのみを集計することから，会計年度方式より正確となっています.

《発生保険金（事故年度方式）》

n 年度の発生保険金 ＝ n 年度中に発生したクレームの発生保険金
＝ n 年度中に発生したクレームの支払保険金
$+n$ 年度中に発生したクレームの n 年度末の支払備金

■ IBNR 備金の損害率・発生保険金への織込み

ここまで読まれた読者には，本章の冒頭で説明した IBNR 備金と発生保険金との関係，つまるところ，IBNR 備金と損害率との関係が気になると思います．

日常業務の中で参考として損害率を見たい場合であれば，保険金の支払が比較的短期間で完了する物保険（車両保険，火災保険）では，IBNR 備金を考慮しなくても大きな問題はないと思われます．支払が何年にもわたるロングテイル商品である対人賠償責任保険，人身傷害保険については，原則として IBNR 備金を織り込んで損害率を見るべきですが，もし IBNR 備金を織り込む時間がないような場合には，織り込まれていない旨を留意した上で参考値として損害率を取り扱えばよいでしょう．

一方，保険料の水準決定に損害率を使用する場合には，原則として IBNR 備金を織り込むべきです．特にロングテイル商品の料率検証，料率改定をする上で IBNR 備金の見積もりは重要な作業となりますので，本章で紹介する例題を通して推定方法をしっかり理解するようにしてください．

例　　題

【例題 61】損害率①

ある事業年度の A 社の傷害保険 (掛捨) の数字は，次のようになった．

・収入保険料 56,474 百万円（対前年度増収率 12.3%）．

・支払保険金 23,534 百万円．

(うち，基準時点過去 1 年間に発生したクレームによる支払保険金 10,590 百万円)

・当年度末支払備金　繰入 10,401 百万円

戻入 9,678 百万円

(うち，基準時点過去 1 年間に発生したクレームによる未払保険金 2,730 百万円)

である．なお，経過保険料は $\frac{1}{2}$ 法で算出せよ．

(1) I/E 損害率 (会計年度方式) を求めよ．

(2) I/E 損害率 (事故年度方式) を求めよ．

(3) W/B 損害率を求めよ．

<解答>

経過保険料が不明であるので，$\frac{1}{2}$ 法を用いると，当年度収入保険料が 56,474(百万円) で，対前年度増収率 12.3% なので，前年度収入保険料は

$$56,474 \div (1 + 0.123) \fallingdotseq 50,289 \text{ (百万円)}$$

したがって，$\frac{1}{2}$ 法による経過保険料は

$$\frac{1}{2}(50,289 + 56,474) \fallingdotseq 53,382 \text{ (百万円)}$$

(1) $\dfrac{23,534 + 10,401 - 9,678}{53,382} \fallingdotseq 45.4\,(\%)$

(2) $\dfrac{10,590 + 2,730}{53,382} \fallingdotseq 25.0\,(\%)$

(3) $\dfrac{23,534}{56,474} \fallingdotseq 41.7\,(\%)$

<補足>

当年度末支払備金の戻入とは前年度末の支払備金繰入である．

【例題62】損害率②

表1の自動車保険の損害率 (I/E 損害率 (会計年度方式), W/B 損害率 (会計年度方式)) を会社別に算出せよ (単位：百万円).

表1

	収入保険料 (増収率)	正味支払保険金	支払備金 (繰入)	支払備金 (戻入)
A社	201,774 (5.3%)	110,033	85,710	84,103
B社	124,826 (6.9)	67,262	54,581	53,464
C社	99,969 (6.2)	56,038	34,246	31,464
D社	99,696 (5.3)	55,678	52,257	50,084
E社	97,073 (8.1)	53,112	45,152	40,139

<解答>

【例題65】と同じように計算できる. 答を記すと (表2)

表2

	I/E Ⓐ	W/B Ⓑ	(参考)Ⓐ−Ⓑ
A社	56.8%	54.5%	2.3%
B社	56.6	53.9	2.7
C社	60.6	56.1	4.5
D社	59.5	55.8	3.7
E社	62.2	54.7	7.5

このように W/B のほうが I/E より低いため, 実態の損害率より約3%〜7%低く出るため W/B に頼った経営をしていると, 危険差損が出ているのに気がつくのが遅れ, ロス改善の手を打つのが遅れてしまう.

【例題63】損害率③

A, B 両扱者 (代理店) の直近3年間の傷害保険の成績状況（リトン・ベーシス）は, 表1のようであった. 両扱者のロス実態について, 分析しコメントを加えよ. なお, この保険の予定損害率は50%である.

表 1

		＜契約＞		＜クレーム＞	
		件数 (件)	保険料 (千円)	件数 (件)	保険金 (千円)
(扱者 A)	98 年	280	10,110	24	3,560
	99 年	312	12,760	28	22,800
	00 年	355	15,380	32	5,020
	合計	947	38,250	84	31,380
(扱者 B)	98 年	360	14,370	51	10,490
	99 年	412	16,010	60	11,360
	00 年	431	15,800	72	12,150
	合計	1,203	46,180	183	34,000

＜解答＞

(扱者 A)	損害率 (W/B)	98 年	35.2%	$(3,560 \div 10,110 \times 100)$
		99 年	178.7%	
		00 年	32.6%	
		合計	82.0%	
	クレーム頻度	98 年	8.6%	$(24 \div 280 \times 100)$
		99 年	9.0%	
		00 年	9.0%	
		合計	8.9%	
(扱者 B)	損害率 (W/B)	98 年	73.0%	
		99 年	71.0%	
		00 年	76.9%	
		合計	73.6%	
	クレーム頻度	98 年	14.2%	
		99 年	14.6%	
		00 年	16.7%	
		合計	15.2%	

＜補足＞

・まず，3 年間通算の損害率は扱者 A が 82.0%，扱者 B が 73.6%であり，両扱者とも予定損害率の 50%を大幅に上回っている．しかし，この A，B 両扱者のロス実態には大きな違いがある．

・扱者 A は 98 年，00 年の損害率はどちらも 30%台であり，クレーム頻度も相対的に低いことから，優良契約を多く集めてきていることがわかる．ただ 99 年の大口支払クレームによって，損害率が一時的に高水準となっているものと推定される．

一方，扱者Bは通算の損害率で扱者Aを下回っているものの，その水準は73.6%と予定損害率を大きく超えている．また，損害率が各年とも同じような水準にあり，クレーム頻度も比較的高いことから大口支払クレームによる影響ではなく，不良契約を多く集めているものと考えられ，アンダーライティング (引受け) の指導をするか考慮に価する．

【例題64】IBNRの推定①（前年度IBNRを基準とする算式見積法）

2013年度末および2014年度末に，それぞれ集計したロスデータとして表1を得た．2013年度発生クレームの2014年度末時点のIBNRを基準として，2014年度発生クレームのIBNRを推定せよ．

表1

2013年度末報告データ

	2013年度発生クレーム		2014年度発生クレーム	
クレーム発生月	既報告発生保険金	報告件数	既報告発生保険金	報告件数
1	28,000	31	–	–
2	35,000	40	–	–
3	43,000	35	–	–
年間計	360,000	480	–	–

2014年度末報告データ

	2013年度発生クレーム		2014年度発生クレーム	
クレーム発生月	既報告発生保険金	報告件数	既報告発生保険金	報告件数
1	32,000	34	29,800	37
2	38,000	43	36,500	24
3	48,000	37	24,200	28
年間計	375,000	510	290,000	520

<解答>

2013年度発生クレームの2014年度末時点のIBNRを基準として，以下の計算式を用いて2014年度発生クレームのIBNRを推測する．

$$\text{IBNR} = \frac{N_y}{N_{y-1}} \times \frac{C_y}{C_{y-1}} \times I_{y-1}$$

$$\left(\begin{array}{ll} y & \text{：IBNR を見積もる事業年度} \\ N_y & \text{：}y\text{ 年度発生クレームの }y\text{ 年度末 3 ケ月のクレーム報告件数} \\ C_y & \text{：}y\text{ 年度発生クレームの }y\text{ 年度末 3 ケ月のクレーム報告当たりの平均ク} \\ & \quad\text{レーム単価} \\ I_{y-1} & \text{：}y-1\text{ 年度発生クレームの }y\text{ 年度末 IBNR 損害の額} \end{array}\right)$$

各基礎値を計算すると

$$\begin{aligned} N_{2013} &= 31+40+35=106 \\ N_{2014} &= 37+24+28=89 \\ C_{2013} &= (28,000+35,000+43,000)\div 106=1,000 \\ C_{2014} &= (29,800+36,500+24,200)\div 89=1,017 \\ I_{2013} &= 375,000-360,000=15,000 \end{aligned}$$

以上より，2014 年度発生クレームの IBNR は

$$\text{IBNR}=\frac{89}{106}\times\frac{1,017}{1,000}\times 15,000=\underline{12,808}$$

<補足>

・本手法は「IBNR は概ね年度末直近 3 ケ月間の発生クレームの報告内容の変動によって構成される」と一定みなした上での推測であり，また，翌年度分だけのロスディベロップを見積もった概算であることに注意すること．

【例題 65】IBNR の推定②（算式見積法　パーセンテージ法）

2001 年度末時点において，過去 2 年の保険成績に関して表 1 のようなデータを得ている．

表 1

事故年度	経過保険料	2000 年度末 発生保険金	2001 年度末 発生保険金
2000	1,200	588	648
2001	1,800	–	900

IBNR が経過保険料に比例するとした場合，2001 年度発生クレームの IBNR を求め，IBNR を含んだ同年度の I/E 損害率（事故年度方式）を推定せよ．なお，発生保険金は事故年度方式であり，かつ 2000 年度発生のクレームはすべて支払完了済みとする．

<解答>

2000年度発生クレームの2000年度末時点でのIBNRは

$$2000\text{年度 IBNR} = 648 - 588 = 60$$

であるので，事故年度末のIBNRの経過保険料に対する割合は

$$60 \div 1,200 = 5\%$$

とわかる．よって，2001年度発生クレームの2001年度末時点でのIBNRは

$$2001\text{年度 IBNR} = 1,800 \times 5\% = \underline{90}$$

以上より，2001年度I/E損害率（IBNR込み）は

$$(900 + 90) \div 1,800 = \underline{55.0\%}$$

となる．

【例題66】IBNRの推定③（確率分布の適用）

水災を補償する保険について，事故発生から保険会社に事故報告されるまでに要した日数のデータを集計したところ，表1のとおりとなった．

表1

事故発生から報告までに要した日数	事故件数
2日以内	180件
2日超3日以下	10件
3日超	10件
合計	200件

(1) 事故発生から報告までの要した日数（X）は，対数正規分布（確率密度関数：$f(x) = \dfrac{1}{\sqrt{2\pi}\sigma x}\exp\{-\dfrac{(\log x - \mu)^2}{2\sigma^2}\}$）に従うことが判明している．このとき，パーセンテージ点マッチングを用いて対数正規分布のパラメータμ，σを求めよ．なお，計算上，$\log 2 \fallingdotseq 0.693$，$\log 3 \fallingdotseq 1.099$を用いよ．

(2) 7月3日に集中豪雨が発生し，7月3日（1日以内）に150件の水災事故の報告があった．最終的に同豪雨による事故が何件報告されるか推定せよ．

＜解答＞

(1) パーセンテージ点マッチングで μ, σ を推定する．

実績データを用いて，以下の連立方程式を解く．($\Phi(\cdot)$ は標準正規分布の累積確率)

$$\begin{cases} \Phi\left(\dfrac{\log(2)-\mu}{\sigma}\right) = \dfrac{180}{200} = 0.90 \\ \Phi\left(\dfrac{\log(3)-\mu}{\sigma}\right) = \dfrac{190}{200} = 0.95 \end{cases}$$

$$\begin{cases} \dfrac{0.693-\mu}{\sigma} = \Phi^{-1}(0.90) = 1.282 \\ \dfrac{1.099-\mu}{\sigma} = \Phi^{-1}(0.95) = 1.645 \end{cases}$$

$$\therefore \hat{\mu} = -0.741 \quad \hat{\sigma} = 1.119$$

(2) 初日（1 日以内）に報告される確率は，

$$\Phi(\frac{\log(1)+0.741}{1.119}) \fallingdotseq \Phi(0.662) = 0.746\cdots$$

となり，74.6%が報告されていると見込まれる．

そのため最終的には

$$150 \div 74.6\% \fallingdotseq 201$$

と 201 件の事故報告があるものと推定される．

【例題 67】ロスディヴェロップメント・トライアングルの作成

表 1 にあげるクレーム報告を基に，事故年度別×経過年数別のロスディヴェロップメント・トライアングル（発生保険金ベース）を作成せよ．なお，事業年度は 4 月 1 日から 3 月 31 日とする．

表 1

事故番号 1	1999 年 8 月 3 日	クレーム発生．支払備金 120
	2000 年 3 月 31 日	支払備金 200 に修正
	2000 年 5 月 12 日	保険金 120 支払
	2001 年 3 月 31 日	支払備金 100 に修正
	2001 年 7 月 14 日	保険金 150 支払．支払完了
事故番号 2	1999 年 12 月 3 日	クレーム発生．支払備金 300
	2000 年 3 月 31 日	支払備金 320 に修正
	2001 年 3 月 31 日	支払備金 330 に修正
	2002 年 3 月 31 日	支払備金 340 に修正

事故番号3	2001年3月3日	クレーム発生．支払備金50
	2001年3月31日	支払備金70に修正
	2001年4月8日	契約者の請求放棄によってノークレーム
事故番号4	2001年8月1日	クレーム発生．支払備金60
	2002年3月31日	支払備金40に修正

＜解答＞

事故日から各事故の事故年度を振り分けると

事故番号1→1999年度　　事故番号2→1999年度　　事故番号3→2000年度

事故番号4→2001年度

となり，事故年度別に発生保険金を以下のとおり集約し，ロスディヴェロップメント・トライアングルを作成する．

事故年度・1999年度

1年目末発生保険金 ＝ 保険金累計（0）＋年度末備金（200＋320）＝520

2年目末発生保険金 ＝ 保険金累計（120）＋年度末備金（100＋330）＝550

3年目末発生保険金 ＝ 保険金累計（120＋150）＋年度末備金（340）＝610

事故年度・2000年度

1年目末発生保険金 ＝ 保険金累計（0）＋年度末備金(70)

2年目末発生保険金 ＝ 0（ノークレーム）

事故年度・2001年度

1年目末発生保険金＝保険金累計（0）＋年度末備金(40)

以上より

表2　ロスディヴェロップメント・トライアングル
（発生保険金の推移）

事故年度	経過年数		
	1	2	3
1999	520	550	610
2000	70	0	
2001	40		

＜補足＞

・ノークレーム

クレーム発生後の損害調査の過程において，何らかの理由（契約者側の請求放棄・約款（カン）上の免責であることが判明など）により保険会社の支払責任がなくなることを「ノークレーム」という.

【例題 68】 チェイン・ラダー法①

過去 4 年間の事故年度別 × 経過年度別のロスデータ, および経過台数データを表 1 のとおり得た. 事故年度別に支払備金を推定せよ. なお, インフレの影響は考慮しなくてよい.

表 1　経過年数別　支払保険金の推移

事故年度	経過年数			
	1	2	3	4
2010	530	240	100	30
2011	480	210	80	
2012	600	320		
2013	500			

＜解答＞

事故年度別の支払保険金推移を累計額ベースに集計し直すと, 次のようになり, 備金を計算するには表 2 の右下の空欄部分を予測しなければならない.

表 2　経過年数別　支払保険金累計の推移

事故年度	経過年数			
	1	2	3	4
2010	530	770	870	900
2011	480	690	770	
2012	600	920	予測が必要	
2013	500			

そこで, 予測のための基礎統計量として支払保険金累計の推移の率から将来部分を予測する.

表 3　経過年数別　支払保険金累計の推移率

事故年度	経過年数		
	1 → 2	2 → 3	3 → 4
2010	1.453	1.130	1.034
2011	1.438	1.116	
2012	1.533		
2013			

（計算例） $770 \div 530 = 1.453$

経過年数別の支払累計を足し合わせると，次の表になる．

表4　経過年数別　支払保険金累計

経過年数	1	2	3	4
合計	2,110	2,380	1,640	900
最新値を除く合計	1,610	1,460	870	900

（計算例）$2,110 = 530 + 480 + 600 + 500$

この表から，過去の平均的な推移パターンを予測すると，次のようになる．

表5　予測ロスディヴェロップメント・ファクター

経過年数	1 → 2	2 → 3	3 → 4
a	2,380	1,640	900
b	1,610	1,460	870
a/b	1.478	1.123	1.03448

表5の結果を表3に当てはめて，かつ，今後の発生保険金の伸び率（最終的な保険金に対する比率）を計算すると，次のようになる．

表6　予測ロスディヴェロップメント・ファクター

事故年度	経過年数			最終化係数
	1 → 2	2 → 3	3 → 4	
2010	1.453	1.130	1.034	1.000
2011	1.438	1.116	1.034	1.034
2012	1.533	1.123	1.034	1.161
2013	1.478	1.123	1.034	1.716

（計算例）$1.716 = 1.478 \times 1.123 \times 1.034$

表7　事故年度別　支払保険金累計の推移予測

事故年度	直近支払保険金累計	最終化係数	最終保険金	事故年度別支払備金
	c	d	$e = c * d$	$e - c$
2010	900	1.000	900	0
2011	770	1.034	796	26
2012	920	1.161	1,068	148
2013	500	1.716	858	358
計	3,090		3,622	532

【例題 69】 チェイン・ラダー法②（インフレ反映）

過去 4 年間の事故年度別 × 経過年度別のロスデータ，および経過台数データを表 1.1 のとおり得た．

表 1.1　経過年数別　支払保険金の推移　単位：千円

事故年度	経過年数				直近支払保険金累計
	1	2	3	4	
2010	530	240	100	30	900
2011	480	210	80		770
2012	600	320			920
2013	500				500

さらに過去のインフレ率が表 1.2 のとおり判明している．

表 1.2　インフレ率の推移

年度	2010–2011	2011–2012	2012–2013
インフレ率	10.0%	5.0%	2.0%

このとき，インフレの影響を考慮して事故年度別の支払備金を推定せよ．なお，将来のインフレ率は 2%とせよ．

＜解答＞

支払累計額別に集計する前にインフレ調整を行い，保険金の水準を 2013 年度ベースにする．

表 2　経過年数別　支払保険金の推移（インフレ調整後）

事故年度	経過年数			
	1	2	3	4
2010	624	257	102	30
2011	514	214	80	
2012	612	320		
2013	500			

〈計算例〉 2010 → 2013 の場合

$(1+0.1)\times(1+0.05)\times(1+0.02)=1.1781$

$530\times 1.1781=624$

表 3　経過年数別　支払保険金累計の推移（インフレ調整後）

事故年度	経過年数			
	1	2	3	4
2010	624	881	983	1,013
2011	514	728	808	
2012	612	932	予測が必要	
2013	500			

以下のロスディヴェロップメント・ファクターの計算は，【例題 68】同様の流れとなる．

表 4　経過年数別　支払保険金累計の推移率

事故年度	経過年数		
	1 → 2	2 → 3	3 → 4
2010	1.412	1.116	1.031
2011	1.416	1.110	
2012	1.523		
2013			

（計算例）$881 \div 624 = 1.412$

表 5　経過年数別　支払保険金累計

経過年数	1	2	3	4
合計	2,250	2,541	1,791	1,013
最新値を除く合計	1,750	1,609	983	1,013

（計算例）$2,250 = 624 + 514 + 612 + 500$

この表 5 から，過去の平均的な推移パターンを予測すると，表 6 のようになる．

表 6　予測ロスディヴェロップメント・ファクター

経過年数	1 → 2	2 → 3	3 → 4
a	2,541	1,791	1,013
b	1,750	1,609	983
a/b	1.452	1.113	1.031

表 6 の結果を表 4 に当てはめて，かつ，今後の発生保険金の伸び率（最終的な保険金に対する比率）を計算すると，表 7 のようになる．

表 7　予測ロスディヴェロップメント・ファクター

	経過年数			最終化係数
	1 → 2	2 → 3	3 → 4	
2010	1.412	1.116	1.031	1.000
2011	1.416	1.110	1.031	1.031
2012	1.523	1.113	1.031	1.148
2013	1.452	1.113	1.031	1.666

表 7 の結果を用いて表 3 を最終化させると表 8 のとおり.

表 8　事故年度別　支払保険金累計の推移予測

事故年度	経過年数			
	1	2	3	4
2010	624	881	983	1,013
2011	514	728	808	833
2012	612	932	1,037	1,069
2013	500	726	808	833

仮に将来のインフレを考慮しなければ，2013 年度の支払備金は

$$333 = 833 - 500$$

となる.

本問では，過去のインフレを反映したことから，将来部分についてもインフレ影響を当てはめてみることとする．題意より，将来のインフレを 2%とすると，

表 9　事故年度別　支払保険金の推移予測（表 8 の差分）

事故年度	経過年数			
	1	2	3	4
2010				
2011				25
2012			105	32
2013		226	82	25

表 10　将来のインフレ率

事故年度	経過年数			
	1	2	3	4
2010				
2011				1.0200
2012			1.0200	1.0404
2013		1.0200	1.0404	1.0612

表 11　事故年度別　支払保険金の推移予測（インフレ調整後）= 表 9 × 表 10

事故年度	経過年数			
	1	2	3	4
2010				
2011				26
2012			107	33
2013		231	85	27

表 12

事故年度	直近支払保険金累計（報告時）	事故年度別支払備金（将来インフレ調整後）	最終保険金	最終化係数
	a	b	$c = a + b$	$d = c/a$
2010	900	0	900	1.000
2011	770	26	796	1.034
2012	920	140	1,060	1.152
2013	500	343	843	1.686
計	3,090	509	3,599	

<補足>

【例題 68】と比較して，支払備金が縮小している要因としては，【例題 68】では過去のインフレ影響をロスディベロップに取り込み，すなわち，将来においても過去と同水準のインフレが進む前提である一方，本問ではインフレが縮小傾向であることを織り込んでいる，その差によるものである．

【例題 70】分離法

表 1，表 2 は，ある保険会社の過去 3 年間の支払保険金の推移および支払件数の推移である．このとき，分離法により事故年度別に支払備金を推定せよ．

なお，将来の推定にあたっては

・3年間でロスディヴェロップメントが終了する．

・直近のクレーム単価変化率が継続する．

ものとする．

表1　経過年数別　支払保険金 C_{ij} の推移

事故年度	i	経過年数 (j)		
		1	2	3
2011	1	480	210	80
2012	2	600	320	
2013	3	500		

表2　経過年数別　支払件数

事故年度	i	経過年数 (j)		
		1	2	3
2011	1	19	11	2
2012	2	20	15	
2013	3	16		

<解答>

分離法では，事故年度 i，経過年数 j の支払額 C_{ij} を，次のようなモデルで推定している．

$$C_{ij} = S_i r_j \lambda_{i+j-1} + \varepsilon_{ij}$$

S_i　事故年度 i 固有の要素

r_j　経過年数による支払割合

λ_{i+j-1}　カレンダー・イヤー特有の要素（インフレ等）

このモデルを利用して，各パラメータを推定することとする．なお，パラメータを推定する前には，C_{ij} を各事業年度のボリュームを表す指標 L_i,（たとえば，経過台数や最終クレーム件数）で除して「標準化」することが必要となる．

$$\frac{C_{ij}}{L_i} = \frac{S_i}{L_i} r_j \lambda_{i+j-1} + \frac{\varepsilon_{ij}}{L_i}$$

$$\frac{C_{ij}}{L_i} = p_i \lambda_{i+j-1} + \frac{\varepsilon_{ij}}{L_i} \qquad \left(\sum p_i = 1\right)$$

本問では，経過年数1年目の支払件数で各 C_{ij} を除することとする．

表 3　1 年目報告の支払件数で標準化した，事故年度別支払保険金の推移

事故年度	経過年数		
	1	2	3
2011	25.26	11.05	4.21
2012	30.00	16.00	
2013	31.25		
合計	86.51	27.05	4.21

（計算例）$4.21 = 80 \div 19$

ここで，網掛の対角要素の和（すなわりカレンダー・イヤーが 2013 年度の要素）は

$$(p_1 + p_2 + p_3)\lambda_3$$

となる．

3 年間でロスディヴェロップメントが終了すると，

$$\sum_{i=1}^{3} p_i = 1$$

なので

$$\lambda_3 = 31.25 + 16 + 4.21 = 51.46$$

と計算される．

さらに，$p_3\lambda_3 = 4.21$ なので

$$p_3 = 4.21 \div 51.46 = 0.082$$

以下，同様の計算を繰返して λ_2，p_2，λ_1，p_1 を算出していく．

$$(p_1 + p_2)\lambda_2 = 30.00 + 11.05 = 41.05$$
$$p_1 + p_2 = 1 - p_3$$
$$p_1 + p_2 = 1 - 0.082 = 0.918$$
$$\lambda_2 = 41.05 \div 0.918 = 44.72$$
$$p_2 \times (\lambda_2 + \lambda_3) = 27.05$$
$$p_2 = 27.05 \div (44.72 + 51.46) = 0.281$$
$$\lambda_1 p_1 = \lambda_1(1 - p_2 - p_3) = 25.26$$
$$\lambda_1 = 25.26 \div (1 - 0.281 - 0.082) = 39.65$$
$$p_1 = 1 - 0.281 - 0.082 = 0.637$$

以上の推定されたパラメータから，事業年度別のクレーム単価変化率（表 4）を求める．

表 4　クレーム単価変化率

i	$\frac{\lambda_{i+1}}{\lambda_i}$	クレーム単価変化率
1	1.1279	12.79%
2	1.1507	15.07%

となる．

将来も直近のクレーム単価変化率（丸めて 15%）が続くものと予測して，

$$\lambda_4 = 59.18 = 51.46 \times 1.15$$

$$\lambda_5 = 68.06 = 59.18 \times 1.15$$

これらに推定した p_i で配分すると，表 5 のとおり将来部分の $p_i\lambda_j$ が推定される．

表 5　将来部分の $p_i\lambda_j$ の推定

事故年度	経過年数		
	1	2	3
2011			
2012			4.85
2013		16.63	5.58

（計算例）$p_2\lambda_4 = 0.281 \times 59.18 = 16.63$

表 5 の将来部分の $p_i\lambda_j$ に，標準化に用いた 1 年目の事故件数を事故年度別に乗じることで，事故年度別の支払備金が表 6 のとおり推定される．

表 6　将来部分の C_{ij} および事故年度別の支払備金の推定

事故年度	1 年目支払件数	経過年数			事故年度別支払備金
		1	2	3	
2011	19				0
2012	20			97.00	97.00
2013	16		266.08	89.28	355.36

（計算例）$266.08 = 16.63 \times 16$

【例題 71】ボーンヒュッター－ファーガソン法

以下は，事故年度の経過保険料（表 1.1）事故年度別 × 経過年数別の発生保険金の推移データ（表 1.2）である．このとき，このデータに基づいてボーンヒュッター－ファーガソン法によって，事故年度別に IBNR を推定せよ．なお，将来のロスディヴェロップメント・ファクターを推定するには，過去の係数の単純平均を用いてよい．また，予定損害率は60%とする．

表 1.1

単位：千円

事故年度	経過保険料
2010	1,800
2011	1,600
2012	1,700
2013	1,500

表 1.2

単位：千円

事故年度	経過年数			
	1	2	3	4
2010	530	770	870	900
2011	480	690	770	
2012	600	920		
2013	500			

<解答>

推移データより，発生保険金ベースのロスディヴェロップメント・ファクター（実績）は表2となる．

表 2

事故年度	経過年数		
	1 → 2	2 → 3	3 → 4
2010	1.453	1.130	1.034
2011	1.438	1.116	
2012	1.533		
2013			
単純平均	1.475	1.123	1.034

題意より，過去実績の単純平均を将来予測に使うと，表3のとおりになる．

表 3

事故年度	経過年数		
	1 → 2	2 → 3	3 → 4
2010	1.453	1.130	1.034
2011	1.438	1.116	1.034
2012	1.533	1.123	1.034
2013	1.475	1.123	1.034

将来部分のファクターを連乗し，進展率とする．

（例）2013年度の進展率　$1.475 \times 1.123 \times 1.034 = 1.713$

ボーンヒュッター－ファーガソン法では，進展率 (a) から算出した未報告割合 (b)

$$b = 1 - \frac{1}{a}$$

を予定損害額に乗じて，IBNR を推定している（表4）．

表 4

事故年度	進展率	未報告割合	経過保険料（千円）	予定損害率	予定損害額（千円）	IBNR	既報告損害（千円）	最終保険金（千円）
	a	$b=1-1/a$	c	d	$e=c*d$	$f=b*e$	g	$h=f+g$
2010	1.000	0.000	1,800	60.0%	1,080	0	900	900
2011	1.034	0.033	1,600	60.0%	960	32	770	802
2012	1.161	0.139	1,700	60.0%	1,020	142	920	1,062
2013	1.713	0.416	1,500	60.0%	900	374	500	874

【例題 72】 マックモデル

過去 4 年間の事故年度別×経過年度別の支払保険金累計データを表 1 の通り得た（【例題 68】と同じデータ）．マックモデルを用いて，以下の問に答えよ．なお，4 年間でロスディヴェロップメントは終了することとする．

(1) 2013 年度発生事故の最終保険金の 95%信頼区間を推定せよ．

(2) 2010 年度〜2013 年度の事故年度計の最終保険金の平均二乗誤差を求めよ．

表 1　経過年数別 支払保険金累計 $C_{i,k}$ の推移（単位：千円）

事故年度	i	経過年数 (k)			
		1	2	3	4
2010	1	530	770	870	900
2011	2	480	690	770	
2012	3	600	920		
2013	4	500			

<解答>

(1) マックモデルの期待値ベースの最終保険金の不偏推定はチェインラダー法に一致するため，【例題 68】の結果を適宜活用する．

経過年数別の支払保険金累計の推移率実績 $\dfrac{C_{i,k+1}}{C_{i,k}}$ は【例題 68】の数値のとおり（表 2）．

表 2　経過年数別 支払保険金累計の推移率実績 $\dfrac{C_{i,k+1}}{C_{i,k}}$

事故年度	経過年数の推移		
	1→2	2→3	3→4
2010	1.453	1.130	1.034
2011	1.438	1.116	
2012	1.533		
2013			

マックモデルの経過年数別の支払保険金累計の推移率の不偏推定量 $\hat{b}_k$ は，チェインラダーの推定推定値に一致するので，【例題68】の推定値を準用する（表3）．

表3　経過年数別の支払保険金累計の推移率の推定値 $\hat{b}_k$

k	1	2	3
$\hat{b}_k$	1.478	1.123	1.034

【例題68】と同様，表3の推移率から将来部分の保険金 $\hat{C}_{i,k}$ を推定する（表4）．

表4　事故年度別×経過年数別の支払保険金累計実績 $C_{i,k}$，推定値 $\hat{C}_{i,k}$

事故年度	i	経過年数 (k)			
		1	2	3	4
2010	1	530	770	870	900
2011	2	480	690	770	796
2012	3	600	920	1,033	1,068
2013	4	500	739	830	858

表2と表4の結果を次の計算式に当てはめて，経過年数別の分散係数の推定量 $\hat{\sigma}_k^2$ を求める（表5）．

$$\hat{\sigma}_k^2 = \frac{1}{4-k-1}\left\{\sum_{i=1}^{4-k} C_{i,k}\left(\frac{C_{i,k+1}}{C_{i,k}} - \hat{b}_k\right)^2\right\} \quad (k=1,2)$$

$$\hat{\sigma}_3^2 = \min[\hat{\sigma}_2^4/\hat{\sigma}_1^2, \min(\hat{\sigma}_2^2, \hat{\sigma}_1^2)]$$

表5　分散係数 $\hat{\sigma}_k^2$ の推定値

k	1	2	3
$\hat{\sigma}_k^2$	1.4801	0.0707	0.0034

$$\hat{\sigma}_3^2 = \min[0.0707^2/1.4801, \min(1.4801, 0.0707)] = \min(0.0034, 0.0707) = 0.0034$$

表3から表5の結果を次の計算式に当てはめて，事故年度別の最終保険金の平均二乗誤差 $mse(\hat{C}_{i,4})$ を推定する（表6）．

$$mse(\hat{C}_{i,4}) = \hat{C}_{i,4}^2 \times \sum_{k=4-i+1}^{3} \frac{\hat{\sigma}_k^2}{\hat{b}_k^2}\left(\frac{1}{\hat{C}_{i,k}} + \frac{1}{\sum_{j=1}^{4-k} C_{j,k}}\right)$$

表 6　事故年度別の平均二乗誤差

事故年度	i	$\hat{C}_{i,4}$	$\sum_{k=4-i+1}^{3} \frac{\hat{\sigma}_k^2}{\hat{b}_k^2}\left(\frac{1}{\hat{C}_{i,k}} + \frac{1}{\sum_{j=1}^{4-k} C_{j,k}}\right)$	$mse(\hat{C}_{i,4})$
		a	b	$c = a^2 \times b$
2011	2	796	0.0000077	4.9
2012	3	1,068	0.0001060	120.9
2013	4	858	0.0018976	1,396.9

表 6 の平均二乗誤差 $mse(\hat{C}_{i,4})$ と最終保険金の推定値 $\hat{C}_{i,4}$ から，2013 年度の最終保険金の 95%信頼区間は

$$
\begin{aligned}
\hat{C}_{4,4} - u(0.025) \times \sqrt{mse(\hat{C}_{4,4})} &\leq C_{4,4} \leq \hat{C}_{4,4} + u(0.025) \times \sqrt{mse(\hat{C}_{4,4})} \\
858 - 1.960 \times \sqrt{1,396.9} &\leq C_{4,4} \leq 858 + 1.960 \times \sqrt{1,396.9} \\
785 &\leq C_{4,4} \leq 931
\end{aligned}
$$

となる．

(2) 事故年度合計の平均二乗誤差 $mse(\hat{C}_4)$ は

$$
mse(\hat{C}_4) = \sum_{i=2}^{4} \left\{ mse(\hat{C}_{i,4}) + \hat{C}_{i,4} \times \left(\sum_{k=i+1}^{4} \hat{C}_{k,4} \right) \sum_{j=4-i+1}^{3} \frac{2\hat{\sigma}_j^2}{\hat{b}_j^2} \left(\frac{1}{\sum_{k=1}^{4-j} C_{k,j}} \right) \right\}
$$

を計算すればよい．

(1) の表 6 の結果も用いて，事故年度合計の平均二乗誤差 $mse(\hat{C}_4)$ は 1,611.0 となる（表 7）．

表 7　事故年度合計の平均二乗誤差 $mse(\hat{C}_4)$ の算出

i		2	3	4
$mse(\hat{C}_{i,4})$	a	4.9	120.9	1,396.9
$\hat{C}_{i,4} \times \left(\sum_{k=i+1}^{4} \hat{C}_{k,4} \right)$	b	1,533,096	916,344	0
$\sum_{j=4-i+1}^{3} \frac{2\hat{\sigma}_j^2}{\hat{b}_j^2} \left(\frac{1}{\sum_{k=1}^{4-j} C_{k,j}} \right)$	c	0.0000073	0.0000841	0.0009258
	$a + b \times c$	16.1	198.0	1,396.9

$mse(\hat{C}_4) = 16.1 + 198.0 + 1,396.9 = 1,611.0$

<補足>

・マックモデルにおける推定量

①事故年度 (i) の最終保険金（経過年数 N）の平均二乗誤差 $mse(\hat{C}_{i,N})$

$$mse(\hat{C}_{i,N}) = \hat{C}_{i,N}^2 \times \sum_{k=N-i+1}^{N-1} \frac{\hat{\sigma}_k^2}{\hat{b}_k^2} \left(\frac{1}{\hat{C}_{i,k}} + \frac{1}{\sum_{j=1}^{N-k} C_{j,k}} \right)$$

②事故年度合計の最終保険金（経過年数 N）の平均二乗誤差 $mse(\hat{C}_N)$

$$mse(\hat{C}_N) = \sum_{i=2}^{N} \left\{ mse(\hat{C}_{i,N}) + \hat{C}_{i,N} \times \left(\sum_{k=i+1}^{N} \hat{C}_{k,N} \right) \sum_{j=N-i+1}^{N-1} \frac{2\hat{\sigma}_j^2}{\hat{b}_j^2} \left(\frac{1}{\sum_{k=1}^{N-j} C_{k,j}} \right) \right\}$$

・分散係数 $\hat{\sigma}_{n-1}^2$ の推定

$$\hat{\sigma}_{n-1}^2 = \min[\hat{\sigma}_{n-2}^4 / \hat{\sigma}_{n-3}^2, \min(\hat{\sigma}_{n-2}^2, \hat{\sigma}_{n-3}^2)]$$

については，参考文献7）“Modern Actuarial Risk Theory” 参照.

【例題 73】 トレンドの推定

過去4年間の事故年度別 × 経過年数別のロスデータ，および契約件数データを表1.1〜1.3のとおり得た（支払額はインフレ調整済の値である【例題69】に同じ）．このとき，ロスディヴェロップメント分析により，事故件数，損害額の最終値を推定し，その上で過去のトレンドから2014年度の最終保険金ベースの保険金単価，クレーム頻度，純保険料を予測せよ．

表 1.1　経過年数別クレーム件数累計の推移

事故年度	経過年数			
	1	2	3	4
2010	208	249	260	280
2011	180	220	238	
2012	243	303		
2013	238			

表 1.2　契約件数の推移

年度	契約件数
2010	4,200
2011	3,700
2012	4,600
2013	4,350

表 1.3　経過年数別支払保険金累計の推移

事故年度	経過年数			
	1	2	3	4
2010	624	257	102	30
2011	514	214	80	
2012	612	320		
2013	500			

<解答>

前問と同様の手法に従って，事故件数の最終値を推定してみる．

表 2　経過年数別クレーム件数累計の推移率

事故年度	経過年数		
	1 → 2	2 → 3	3 → 4
2010	1.197	1.044	1.077
2011	1.222	1.082	
2012	1.247		
2013			

表 3　経過年別支払件数　合計

経過年数	1	2	3	4
合計	869	772	498	280
最新値を除く合計	631	469	260	0

表 4　クレーム件数累計の予測ロスディヴェロップメント・ファクター

経過年数	1 → 2	2 → 3	3 → 4
a	772	498	280
b	631	469	260
a/b	1.223	1.062	1.077

表5　クレーム件数累計の予測ロスディヴェロップメント・ファクター

事故年度	経過年数		
	1 → 2	2 → 3	3 → 4
2010	1.197	1.044	1.077
2011	1.222	1.082	1.077
2012	1.247	1.062	1.077
2013	1.223	1.062	1.077

以上より，求められる最終化係数から最終件数は求められる．

表6

事故年度	クレーム件数累計に対する最終化係数	クレーム件数直近実績	最終クレーム件数累計	最終保険金
	f	g	$h = f \times g$	i
2010	1.000	280	280	1,013
2011	1.077 = 1.077	238	256	833
2012	1.144 = 1.062 × 1.077	303	347	1,069
2013	1.399 = 1.223 × 1.062 × 1.077	238	333	833

（「最終保険金」は【例題69】の結果より）

以上より

表7

事故年度	契約件数	クレーム頻度	保険金単価
	j	$k = h/j$	$l = i/h$
2010	4,200	6.67%	3.62
2011	3,700	6.93%	3.25
2012	4,600	7.53%	3.08
2013	4,350	7.65%	2.50

以上の推移結果に対して回帰分析を用いることで，翌年度のクレーム頻度，保険金単価，純保険料は以下のとおり予測することができる．

表 8　事故年度別クレーム頻度推移（予測）

事故年度	クレーム頻度	x	$\log(x)$	クレーム頻度（回帰予測）
	y	x = 年度 − 2009	$\log(x)$	$y = a \times log(x) + b$
2010	6.67%	1	0.000	6.59%
2011	6.93%	2	0.693	7.12%
2012	7.53%	3	1.099	7.43%
2013	7.65%	4	1.386	7.64%
2014		5	1.609	7.81%

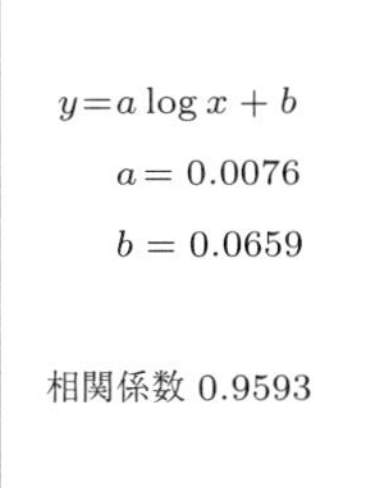

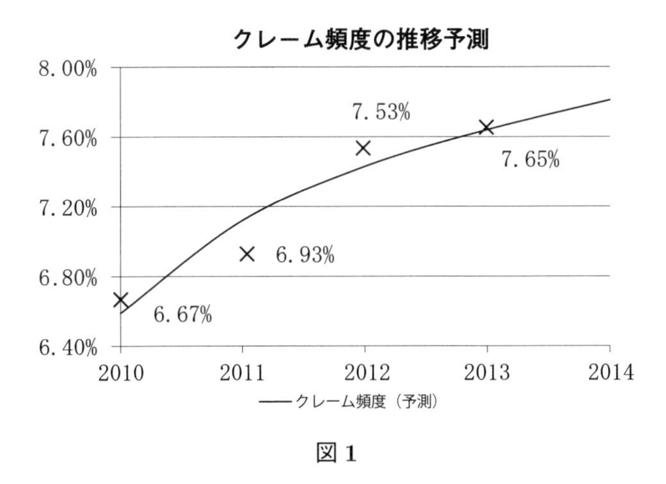

図 1

表 9　事故年度別保険金単価推移（予測）

事故年度	保険金単価	x	保険金単価（予測）
	w	x = 年度 − 2009	$w = c \times x + d$
2010	3.62	1	3.64
2011	3.25	2	3.29
2012	3.08	3	2.94
2013	2.50	4	2.58
2014		5	2.23

$w = cx + d$
$c = -3.530$
$d = 3.9950$

相関係数 0.9783

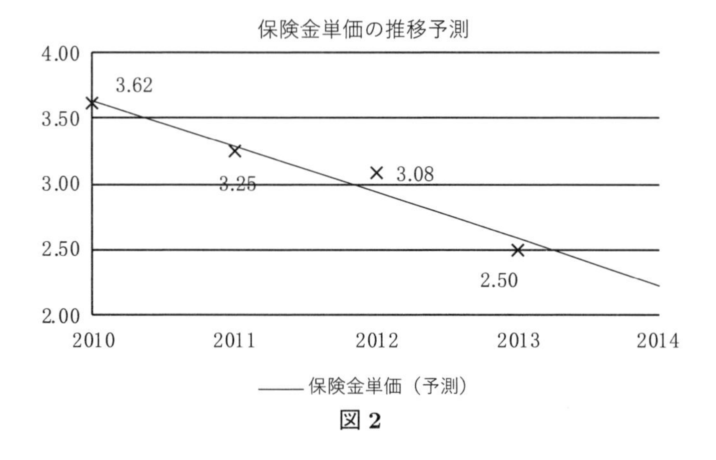

図 2

以上より，2014 年度の最終保険金ベースのクレーム頻度と保険金単価を乗じて，純保険料を予測する．

2014 年度予測純保険料 $= 7.81\% \times 2.23$ 千円 $= 174$ 円

【例題 74】 経過保険料

2001 年度，2002 年度の月別の計上保険料のデータとして，表 1 を得ている．

表 1

計上月	収入保険料		計上月	収入保険料	
	2001 年度	2002 年度		2001 年度	2002 年度
4	430	480	10	400	360
5	320	390	11	420	530
6	440	450	12	410	420
7	540	580	1	360	370
8	320	330	2	400	450
9	390	460	3	470	490
			合計	4,900	5,310

(1) $\dfrac{1}{12}$ 法により，2002 年度の経過保険料を計算せよ．

(2) $\dfrac{1}{24}$ 法により，2002 年度の経過保険料を計算せよ．

(3) $\dfrac{1}{2}$ 法により，2002 年度の経過保険料を計算せよ．

＜解答＞

(1) $\frac{1}{12}$ 法では，始期日がすべて月末にあると想定することから，年度別の未経過保険料は，表 2 のように計算される．

表 2

計上月	収入保険料		未経過期間	未経過保険料	
	2001 年度	2002 年度		2001 年度	2002 年度
	a	b	c	$d = a * c$	$d = b * c$
4	430	480	1/12	35.8	40.0
5	320	390	2/12	53.3	65.0
6	440	450	3/12	110.0	112.5
7	540	580	4/12	180.0	193.3
8	320	330	5/12	133.3	137.5
9	390	460	6/12	195.0	230.0
10	400	360	7/12	233.3	210.0
11	420	530	8/12	280.0	353.3
12	410	420	9/12	307.5	315.0
1	360	370	10/12	300.0	308.3
2	400	450	11/12	366.7	412.5
3	470	490	12/12	470.0	490.0
合計	4,900	5,310		2,664.9	2,867.4

よって，2002 年度の経過保険料は

$$
\begin{aligned}
&\text{2002 年度の経過保険料}\\
&\quad = \text{2002 年度収入保険料} - (\text{未経過保険料増加額})\\
&\quad = \text{2002 年度収入保険料}\\
&\qquad - \{(\text{2002 年度未経過保険料}) - (\text{2001 年度未経過保険料})\}\\
&\quad = 5,310 - (2,867.4 - 2,664.9)\\
&\quad = 5,107.5
\end{aligned}
$$

(2) $\frac{1}{24}$ 法では，始期日がすべて月央にあると想定することから，年度別の未経過保険料は表 3 のように計算される．

表 3

計上月	収入保険料		未経過期間	未経過保険料	
	2001 年度	2002 年度		2001 年度	2002 年度
	a	b	c	$d = a * c$	$d = b * c$
4	430	480	1/24	17.9	20.0
5	320	390	3/24	40.0	48.8
6	440	450	5/24	91.7	93.8
7	540	580	7/24	157.5	169.2
8	320	330	9/24	120.0	123.8
9	390	460	11/24	178.8	210.8
10	400	360	13/24	216.7	195.0
11	420	530	15/24	262.5	331.3
12	410	420	17/24	290.4	297.5
1	360	370	19/24	285.0	292.9
2	400	450	21/24	350.0	393.8
3	470	490	23/24	450.4	469.6
合計	4,900	5,310		2,460.9	2,646.5

よって，2002 年度の経過保険料は

$$
\begin{aligned}
&\text{2002 年度の経過保険料} \\
&\quad = \text{2002 年度収入保険料} - (\text{未経過保険料増加額}) \\
&\quad = \text{2002 年度収入保険料} \\
&\qquad - \{(\text{2002 年度未経過保険料}) - (\text{2001 年度未経過保険料})\} \\
&\quad = 5,310 - (2,646.5 - 2,460.9) \\
&\quad = 5,124.4
\end{aligned}
$$

(3) $\frac{1}{2}$ 法では,始期日が年央にあると想定することから，2002 年度の経過保険料は

$$
\begin{aligned}
&\text{2002 年度の経過保険料} \\
&\quad = \frac{\text{2001 年度収入保険料} + \text{2002 年度収入保険料}}{2} \\
&\quad = \frac{4,900 + 5,310}{2} = 5,105
\end{aligned}
$$

【例題 75】 発生保険金

表 1 にあげる事故報告から，2014 年度の発生保険金を会計年度方式，事故年度方式のそれぞれで計算せよ．

表 1

事故番号	対応日	損害調査対応内容
1	2013 年 8 月 1 日	事故発生．支払備金 100.
	2014 年 3 月31日	支払備金 110 に修正.
	2014 年 5 月21日	保険金 30 支払．支払備金 90 に修正.
	2015 年 3 月31日	支払備金 80 に修正
2	2014 年10月 2 日	事故発生．支払備金 40.
	2015 年 3 月31日	支払備金 50 に修正.
3	2014 年 1 月10日	事故発生．支払備金 60.
	2014 年 3 月31日	支払備金 50 に修正.
	2014 年 6 月26日	保険金 80 支払．支払完了.
4	2014 年 7 月 3 日	事故発生．支払備金 50.
	2014 年 9 月21日	支払保険金 60．支払完了.
5	2014 年 8 月11日	事故発生．支払備金 10.
	2014 年 8 月30日	免責事由に該当し，ノークレーム.

<解答>

①会計年度方式

データを表 2 のとおり整理した.

表 2

事故番号	対応日	損害調査対応内容	事故年度	2013 年度末支払備金	2014 年度支払保険金	2014 年度末支払備金
1	2013 年 8 月 1 日	事故発生．支払備金 100.	2013 年度			
	2014 年 3 月31日	支払備金 110 に修正.		110		
	2014 年 5 月21日	保険金 30 支払．支払備金 90 に修正.			30	
	2015 年 3 月31日	支払備金 80 に修正				80
2	2014 年10月 2 日	事故発生．支払備金 40.	2014 年度	—		
	2015 年 3 月31日	支払備金 50 に修正.		—		50
3	2014 年 1 月10日	事故発生．支払備金 60.	2013 年度			
	2014 年 3 月31日	支払備金 50 に修正.		50		
	2014 年 6 月26日	保険金 80 支払．支払完了.			80	
4	2014 年 7 月 3 日	事故発生．支払備金 50.	2014 年度	—		
	2014 年 9 月21日	支払保険金 60．支払完了.		—	60	
5	2014 年 8 月11日	事故発生．支払備金 10.	2014 年度	—		
	2014 年 8 月30日	免責事由に該当し，ノークレーム.		—		
			合計	160	170	130

表 2 の集計結果から

2014 年度発生保険金 ＝ 2014 年度支払保険金 (170) ＋ 2014 年度末支払備金 (130)

－ 2013 年度末支払備金 (160) ＝ <u>140</u>

②事故年度方式

2014年度発生事故は事故番号2，4，5であることから，当該事故の2014年度支払保険金および2014年度末支払備金を集計すればよい．

2014年度発生事故＝2014年度支払保険金(60)＋2014年度末支払備金(50)＝110

【例題76】I/E損害率

ある保険商品に関して，表1，表2のような実績データを得ている．

このとき，会計年度方式，事故年度方式のそれぞれの方法で2000年度発生保険金を計算した上で，2000年度I/E損害率を算出せよ．なお，IBNR備金は考慮しなくてよい．

表1

	事故番号	クレーム発生年月	1999年度末支払備金	2000年度中の支払保険金	2000年度末支払備金
1999年度以前に発生のクレーム	1	1997.4	30	45	0
	2	1998.1	40	10	30
	3	1999.1	10	0	20
2000年度に発生のクレーム	4	2000.5	-	10	0
	5	2000.10	-	0	40
	6	2000.12	-	25	10
	7	2001.3	-	0	70
合計			80	90	170

表2

年度	リトン保険料
1999	240
2000	260

<解答>

会計年度方式：2000年度発生保険金=2000年度支払保険金90+2000年度支払備金増加額（170－80）=180

事故年度方式では2000年度発生のクレーム（事故番号4，5，6，7）のみを対象とするので，

$$\text{事故年度方式：2000年度発生保険金} = 10 + 40 + (25 + 10) + 70 = \underline{155}$$

経過保険料は$\frac{1}{2}$法（【例題74】参照）で$(240 + 260) \div 2 = 250$

以上より，2000 年度の I/E 損害率は

$$会計年度方式：\text{I/E 損害率} = 180 \div 250 = \underline{72.0\%}$$
$$事故年度方式：\text{I/E 損害率} = 155 \div 250 = \underline{62.0\%}$$

<補足>

会計年度方式には，過去の支払備金の見直しの影響をうけるため，直近の事故のクレームコストの測定という観点では不正確であるが，IBNR を含めた全体収支を簡便に補足できるという点では事故年度方式より優れている．

【例題 77】料率改定を考慮した損害率の分析

ある保険商品（保険期間 1 年）において，過去 3 年間に次の 2 回の料率改定が実施された．

2010 年 10 月 1 日+5%一律引上げ

2012 年 1 月 1 日+2%一律引上げ

この保険商品の過去 3 年の成績は，表 1 のとおりとなっている（事業年度は 4 月～3 月とする）．

表 1

事業年度	経過保険料	発生保険金	I/E 損害率
2010 年度	1,200	800	66.7%
2011 年度	1,250	760	60.8%
2012 年度	1,300	680	52.3%

(1) 保険料を直近の料率水準に読み替えた場合の，過去 3 年度の I/E 損害率を計算せよ．なお，保険契約は均等に締結されるとし，また，経過計算は月単位で行うこと．

(2) 過年度の損害率の推移傾向を踏まえて，2013 年度の I/E 損害率を対数回帰分析（回帰式:$y = s \times \log(x) + t$）を用いて推定せよ．なお，2013 年度まで料率改定を実施しない前提とする．

<解答>

(1) 料率改定と事業年度の関係は，図 1 のように整理できる．

適用係数の異なる料率の経過期間ウエイト，および各事業年度の平均適用係数は，表 2 のように計算される．

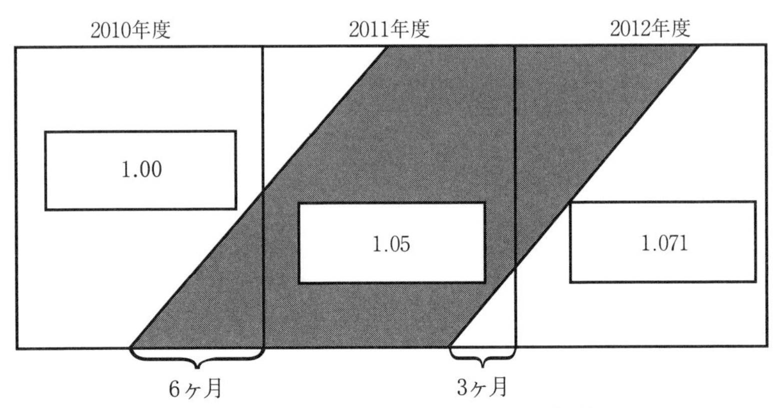

図内の係数は，3 年前の保険料水準を 1 とした指数である．
(補足：1.071=1.00×1.05×1.02)

図 1

表 2　適用係数別　経過期間ウエイト

事業年度	適用係数			事業年度別平均係数
	1.000	1.050	1.071	
2010	87.5%	12.5%	0.0%	1.0063
2011	12.5%	84.4%	3.1%	1.0444
2012	0.0%	28.1%	71.9%	1.0651

（2010 年度の計算）

$$\text{係数 1.00 が適用されるウエイト} = \frac{12 \times 12 - 6 \times 6 \div 2}{12 \times 12} = 87.5\%$$

$$\text{係数 1.05 が適用されるウエイト} = \frac{6 \times 6 \div 2}{12 \times 12} = 12.5\%$$

$$\text{2010 年度平均} = 1.00 \times 87.5\% + 1.05 \times 12.5\% = 1.0633$$

直近の保険料水準は 1.071 なので各年度の経過保険料との格差を計算し，各年度の保険料を直近の水準に戻し損害率を計算すると，表 3 のとおりとなる．

表 3

事業年度	平均係数	直近料率水準	直近料率＝1とした場合の料率水準	経過保険料	直近料率に戻した経過保険料	発生保険金	修正したI/E 損害率
	a	b	$c=a/b$	d	$e=d/c$	f	$g=f/e$
2010	1.0063	1.071	0.940	1,200	1,277	800	62.6%
2011	1.0444	1.071	0.975	1,250	1,282	760	59.3%
2012	1.0651	1.071	0.994	1,300	1,308	680	52.0%
計				3,750	3,867	2,240	57.9%

(2) 直近の料率水準で修正した，過年度の損害率の推移から対数回帰分析を用いて 2013 年度の損害率を予測すると，(表 4) のとおり 2013 年度の I/E 損害率は 50.8 %と推定される．

表 4

事業年度	x	$\log(x)$	I/E 損害率（回帰予測）
	事業年度 − 2009		$y=s\times\log(x)+t$
2010	1	0.000	63.4%
2011	2	0.693	57.1%
2012	3	1.099	53.4%
2013（予測）	4	1.386	50.8%

（回帰係数）$s=-0.091 \quad t=0.634$

<補足>

(2) では損害率の下降トレンドを踏まえて，回帰分析で 2013 年度の損害率を 50.8 %と予測した．ただし，定性的な観点から損害率の下降トレンドが今後見込まれないと判断される場合には，2013 年度の予測を直近年度の予測値（53.4%）や実績値（52.0%）に据え置く考え方もある．

【例題 78】損害率の分布

ある保険商品の 1 年間の実績損害率 L_R は，1 年間のクレーム総額 S（個々のクレーム額は確率変数 X．クレーム件数は確率変数 N（パラメータ k のポアソン分布に従う））と 1 年間の総収入保険料（営業保険料）P の比率で

$$L_R=\frac{S}{P}=\frac{X_1+X_2+\cdots\cdots+X_N}{P}$$

と表される．

(1) 実績損害率 L_R の期待値および分散を算出せよ．なお，営業保険料は純保険料（クレーム総額の期待値）を予定損害率 λ（定数）で割り戻したものとする（営業保険料 = 純保険料 $\div \lambda$）．

(2) クレーム件数のパラメータが $k = 1000$ のポアソン分布（確率関数 $P(N = n) = e^{-k}\dfrac{k^n}{n!}$）に，個々のクレーム額 X（万円）の分布が期待値 12（万円）の指数分布に従うことが判明している．また，上記 (1) の予定損害率 λ が $\lambda = 60\%$ とする．このとき，実績損害率 L_R の分布が正規近似できるとして，実績損害率 L_R の 95%信頼区間を推定せよ．

<解答>

(1) 年間合計ベースでの純保険料 p は，クレーム総額の期待値に等しいことから

$$p = E(S) = E(X)E(N)$$

ゆえに，年間保険料 $P = \dfrac{p}{\lambda} = \dfrac{E(X)E(N)}{\lambda}$ となり実績損害率は $L_R = \dfrac{S}{P} = \dfrac{S}{(\frac{E(X)E(N)}{\lambda})}$ となる．

このとき，L_R の期待値，分散は

$$E(L_R) = E\left\{\frac{S}{(\frac{E(X)E(N)}{\lambda})}\right\} = \frac{E(X)E(N)}{(\frac{E(X)E(N)}{\lambda})} = \lambda$$

$$\begin{aligned} V(L_R) &= V\left\{\frac{S}{(\frac{E(X)E(N)}{\lambda})}\right\} = \frac{V(E(S|N)) + E(V(S|N))}{\{\frac{E(X)E(N)}{\lambda}\}^2} \\ &= \frac{V(E(X)\cdot N) + E(V(X)\cdot N)}{\{\frac{E(X)E(N)}{\lambda}\}^2} = \frac{E(X)^2\cdot V(N) + V(X)\cdot E(N)}{\{\frac{E(X)E(N)}{\lambda}\}^2} \\ &= \frac{k(E(X)^2 + V(X))}{\{\frac{E(X)k}{\lambda}\}^2} \quad (\because E(N) = V(N) = k) \\ &= \frac{E(X^2)}{\{\frac{E(X)}{\lambda}\}^2 k} \end{aligned}$$

(2) 題意より

$$E(X) = 12 \qquad k = 1,000$$

$$E(X^2) = \int_0^\infty x^2 \cdot \frac{1}{12} e^{-\frac{1}{12}x} dx = \frac{1}{12} \times \frac{\Gamma(3)}{\left(\frac{1}{12}\right)^3} = 288$$

であることが求められる．これらの値を (1) の結果の実績損害率の標準偏差に当てはめると

$$\sqrt{V(L_R)} = \sqrt{\frac{E(X^2)}{\{\frac{E(X)}{\lambda}\}^2 k}} = \sqrt{\frac{288}{(\frac{12}{0.60})^2 \times 1,000}} = 0.027$$

と計算される．以上より，実績損害率 L_R の 95%信頼区間は

$$\lambda - u(0.025) \times \sqrt{V(L_R)} \leq L_R \leq \lambda + u(0.025) \times \sqrt{V(L_R)}$$
$$0.60 - 1.96 \times 0.027 \leq L_R \leq 0.60 + 1.96 \times 0.027$$
$$0.547 \leq L_R \leq 0.653$$

と 54.7%〜65.3%となる．

<補足>

・$\displaystyle\int_0^\infty x^t e^{-ax} dx = \frac{\Gamma(t+1)}{a^{t+1}}$ （第 III 部の付録 II「数学公式集」参照）

・t が整数のとき，$\Gamma(t+1) = t! = t \times (t-1) \times \cdots \times 1$

・今回求めた実績損害率の信頼区間を見ると，上下で約 10%の幅がある．クレーム件数の期待値が 1,000 件という量感でも保険収支の実績には，ある程度の変動（ブレ）の可能性があることが推測される．なお，この変動の可能性は次の 5 章の「リスク量」の考え方の基礎となっている．

第5章　保険料算出の基礎

要　項

損害保険料の算出は，第1章〜第4章にかけて紹介した統計的方法や経験則的な方法，時には本章では取り扱っていないような金融工学的手法などの多様な技術を組み合わせて実行されています．そのため，損害保険料の算出方法は，完成されたクローズドシステムというよりも，その時代の技術，外的事情を常に取り込んで変化していくオープンシステムといえるでしょう．

ただし，オープンでかつ流動的なシステムといえども，一定の「規律」や「方向性」がなければシステム自体が発散してしまい，正常に運営されませんので，その底流には基礎となる考え方・技術が存在します．

第5章では，保険会社どうしの保険契約である再保険（reinsurance）も含めた損害保険料算出に関して，そうした基礎的な考え方・技術を紹介します．

5.1　損害保険料の算出方法

■損害保険料の構成

損害保険料の算出方法の説明に進む前に，まず簡単に損害保険料の構成を紹介します．

通常，契約者が保険会社に支払う保険料は**営業保険料** P（office premium）と呼ばれており，営業保険料は支払保険金の源泉となる純保険料 p（pure premium）と，保険事業の運営に必要な支出に当てる付加保険料との2つで構成されています．付加保険料は，保険会社の事業費用（社費 e），販売者に支払う手数料 Θ（代理店募集形態の場合は，代理店が販売者であり，Θ は代理店手数料[†]），利潤 Δ で構成されています．

以上の関係を式で表すと，図 5.1 のとおりです．

$$P = p + e + \Theta + \Delta$$

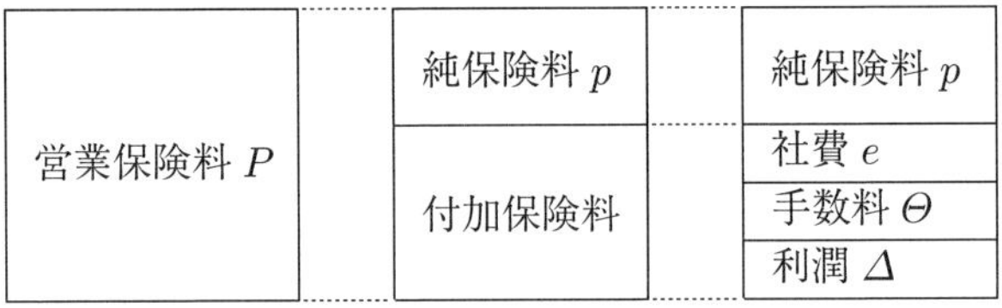

営業保険料 P	純保険料 p	純保険料 p
	付加保険料	社費 e
		手数料 Θ
		利潤 Δ

図 5.1

純保険料 p，**社費** e，**手数料** Θ，**利潤** Δ が営業保険料の中で占める割合は，それぞれ予定損害率（純保険料割合）λ，予定社費率 ε，予定手数料率 θ，予定利潤率 δ と呼ばれています．

$$\text{予定損害率}\quad \lambda = \frac{p}{P}$$
$$\text{予定社費率}\quad \varepsilon = \frac{e}{P}$$
$$\text{予定手数料率}\quad \theta = \frac{\Theta}{P}$$
$$\text{予定利潤率}\quad \delta = \frac{\Delta}{P}$$

なお，次の式のとおり，1 から予定損害率 λ を引いた値は，予定社費率 ε，予定手数料率 θ，予定利潤率 δ を加算した値，すなわち付加保険料の割合となります．

$$P = p + e + \Theta + \Delta$$
$$\frac{P}{P} = \frac{p + e + \Theta + \Delta}{P}$$

† 日本の多くの損害保険会社では，代理店に販売を委託する「間接営業」の体制を敷いています．代理店販売方式の下では，代理店と保険会社との間で「販売委託契約」が締結され，代理店が販売した営業保険料の一定比率（代理店手数料率）が代理店手数料として，保険会社から代理店に支払われます．

$$1 = \lambda + \varepsilon + \theta + \delta$$

$$1 - \lambda = \varepsilon + \theta + \delta (\text{付加保険料割合})$$

■保険料の算出

保険料を数理的[†1]に算出する方法には，実績データから推定したクレームコストを純保険料に当てはめる「純保険料法」と，既存の保険料体系を前提として同体系を調整することで新保険料を求める「損害率法」との 2 法があります.

■純保険料法

(1) 純保険料の算出

純保険料法では，まず次の式によってクレームコストを計算し，それを純保険料として取り扱います.

《純保険料法[†2]・純保険料の算出》

純保険料（クレームコスト）$p =$ クレーム頻度 $f \times$ 平均クレーム単価 d

（証明）契約者数 N，保険金支払件数 n，総支払保険金 L とする．総支払保険金と純保険料の合計は一致する必要（これを「収支相等の原則」[†3]という）があるので

$$\text{純保険料の合計}\ (p \times N) = \text{総支払保険金}\ (L)$$

$$p = \frac{L}{N} = \frac{n}{N} \times \frac{L}{n} = f \times d$$

$$(\because f = \frac{n}{N} \qquad d = \frac{L}{n})$$

通常は，クレーム頻度，平均クレーム単価に，実績データから計算した実績値をそのまま適用しますが，免責金額，保険金額などの制約条件を設定し

†1 個別性の高い保険ではデータが十分揃わず，数理的な手法を適用することができないことから，同様のリスクに対する他の保険料水準，マーケットの状況を勘案して，定性的に保険料水準を決定することがあります.

†2 純保険料法は，クレーム頻度 (frequency)F，平均クレーム単価 (damageability)D を乗じることから「FD 法」とも呼ばれます.

†3 保険料を設計する上では，収入と支出とが相等することが必要であることを述べた原則.

た純保険料を設計する場合には，第1章で紹介したように実績データからクレーム件数，クレーム額の確率分布を推定し，確率分布をベースに制約条件下のクレーム頻度，平均クレーム単価を算出することによって，クレームコストを算出することが必要となります．

《免責金額 d を設定した場合の純保険料 p'》

クレーム額 X（免責を適用しない），クレーム頻度 q のとき

$$\text{平均クレーム単価}：d' = E(X-d|X>d) = \frac{1}{1-F(d)}\int_d^\infty xf(x)dx - d$$

$$\text{クレーム頻度}：f' = q\cdot P(X>d) = q\cdot(1-F(d))$$

免責金額 d を設定した場合の純保険料 p'：

$$p' = f'\times d' = q\left\{\int_d^\infty xf(x)dx - d(1-F(d))\right\}$$

(2) **付加保険料**の織込み

純保険料を営業保険料にするには，付加保険料を織り込む必要があります．付加保険料の織込み方はその目的によって，次のように分けることができます．

a.　**社費ファンド**を固定費とする場合

1契約当たりの社費ファンド（保険会社のコストに当てるファンド）を固定費として取り扱う必要がある場合，すなわち，契約1件当たりの保険料の額の大小に関係なく，契約に要する保険会社のコストは一定である場合には，

《付加保険料の織込み（社費ファンド・固定費）》

$$P = \frac{p+e}{1-(\theta+\delta)}$$

p：純保険料

e：予定社費額（契約1件当たり）

θ：予定手数料率（対営業保険料 P に対する比率）

δ：予定利潤率（対営業保険料 P に対する比率）

として営業保険料 P を求めます．

（証明）1 契約当たりの収入と支出は，次のとおり

$$\text{収入：} P \qquad \text{支出：} p + e + P\theta + P\delta$$

なので収支相等の原則により

$$P = p + e + P\theta + P\delta \qquad \therefore P = \frac{p + e}{1 - (\theta + \delta)}$$

b.　社費ファンドを変動費とする場合

1 契約当たりの社費ファンドを変動費として取り扱う必要がある場合，すなわち，契約 1 件当たりの保険料が高額なものほど，保険会社のコストが大きくなる場合には，

《付加保険料の織込み（社費ファンド・変動費）》

$$P = \frac{p}{1 - (\varepsilon + \theta + \delta)} = \frac{p}{\lambda}$$

ε: 予定社費率（対営業保険料 P に対する比率）

として営業保険料 P を求めます．

（証明）

$$\text{収入：} P \qquad \text{支出：} p + P\varepsilon + P\theta + P\delta$$

なので収支相等の原則により

$$P = p + P\varepsilon + P\theta + P\delta \qquad \therefore P = \frac{p}{1 - (\varepsilon + \theta + \delta)} = \frac{p}{\lambda}$$

図 5.2 に純保険料法の流れを示します．

■損害率法

損害率法は，すでに保険商品を販売し，その商品の実績が利用可能な場合に適用できる保険料算出方法です．

損害率法では，実績損害率，実績社費率，実績手数料率を利用して，現行

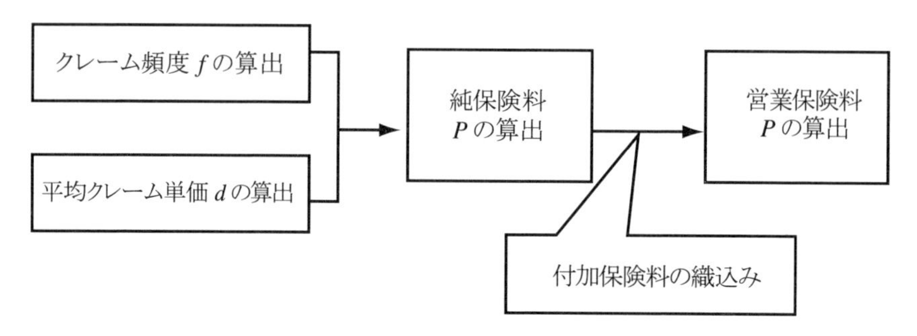

図 5.2　純保険料法の流れ

営業保険料を新営業保険料にするための改定（引上げ，または引下げ）率 α を求めます．

《損害率法・保険料の改定》

現行営業保険料 $P\times$（$1+$料率改定率 α）$=$ 改定後の新営業保険料 P'

純保険料法と同様に損害率法でも，新しく算出される営業保険料の中で社費，手数料をどのように織り込むか（言い換えれば，どのようにファンドを確保するか）によって，算出方法が異なってきます．

a.　社費については当年度実績額を確保し，また手数料率，利潤率については実績率を確保する場合

《料率改定率（社費実績額を確保）》

$$P' = \frac{\lambda' + \varepsilon'}{1-(\theta'+\delta)}P \qquad \text{料率改定率 } \alpha = \frac{\lambda' + \varepsilon'}{1-(\theta'+\delta)} - 1$$

P：現行営業保険料　　P'：改定後の新営業保険料　　λ'：実績損害率
ε'：実績社費率　　θ'：実績代理店手数料率　　δ：予定利潤率

（算式導出の詳細については【例題 82】参照）

いうまでもなく，算出された料率改定率 α が正であれば引上げの改定の必要性を，負であれば引下げの改定の必要性を意味します．

b.　社費，手数料率，利潤率のいずれも実績率を確保する場合

《料率改定率（社費実績率を確保）》

$$P' = \frac{\lambda'}{1-(\varepsilon'+\theta'+\delta)}P \qquad \text{料率改定率 } \alpha = \frac{\lambda'}{1-(\varepsilon'+\theta'+\delta)} - 1$$

図 5.3 に損害率法の流れを示します.

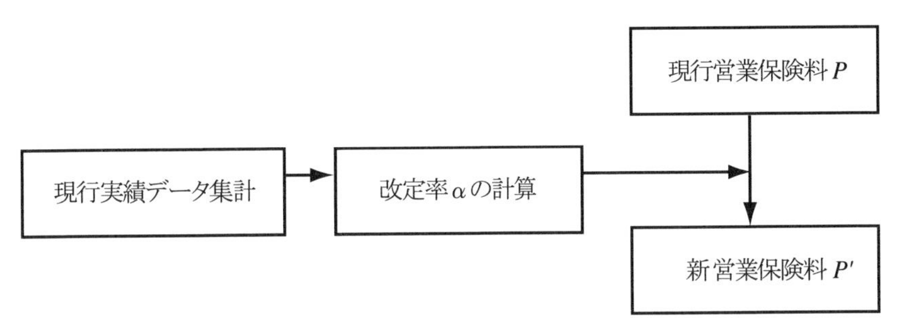

図 5.3　損害率法の流れ

■**長期契約の保険料**

損害保険商品の中心は，保険期間を 1 年とするいわゆる「年建商品」ですが，複数年の保険期間を設定する長期契約もあります．長期契約には**補償保険料**（掛け捨ての保険料）と**積立保険料**（貯蓄のための保険料）とを組み合わせた積立保険などさまざまな形態がありますが，以下では単純な長期契約の例として，長期間の補償を一括で契約する長期一括払契約保険料 P' の算式をあげます.

《長期一括払契約保険料》

$$P' = \frac{\alpha + (\beta+\lambda) \times \frac{1-v^n}{1-v}}{1-(\theta+\delta)} \times P$$

P：年建商品の営業保険料（1 年分）　P'：長期契約保険料（保険期間 n 年）
λ：予定損害率　θ：予定手数料率　δ：予定利潤率

α：新契約費率[†1]（対営業保険料に対する比率）
β：維持費率[†2]（対営業保険料に対する比率）
v：金利による割引　$v = \dfrac{1}{1+i}$　　i：予定利率

（算式導出の詳細については【例題87】参照）

■リスク較差の算出

損害保険では，リスクの大小にかかわらず，すべての契約者に対して保険料が等しいということは原則ありません．契約者間の公平性の観点から保険料は契約者それぞれのリスクの大小に応じるように設定されています（このようにリスクによる保険料の較差（より厳密にいえば，純保険料の較差）を「リスク較差」（relativity）といいます）．

保険会社がリスク較差を算出するためには，対象となる保険契約集団のリスク構成を上手に表現することができるリスク要素を選び，いくつかのリスク要素を組み合わせることによって，網の目のように細分化したデータ（複合分類リスク）を分析する必要があります．

細分化された実績データに対するリスク較差分析方法に関しては，カイ二乗検定を応用したベイリー－サイモン法，保険集団の収支のバランスに配慮したミニマム・バイアス法などさまざまな手法が開発されており，最近ではコンピュータの進歩による演算能力の躍進のお陰で多変量解析を利用した手法も提案されてきています[†3]．

[†1] 保険商品の契約締結に要する費用．たとえば，保険証券の発行費用は新契約費に含まれます．新契約費は初年度にのみ支出されることから，長期契約では2年度以降において同費を領収しないように保険料を設計しなければなりません．

[†2] 保険契約の維持に要する費用．たとえば，当該保険契約を記録するシステム管理コストは維持費に含まれます．

[†3] 第4章のIBNR備金の推定の脚注同様，リスク較差計算の詳細については質，量ともに本書の範囲を越えるため割愛します．興味をもたれた読者は，「*Astin Bulletin*」や，CAS(損害保険アクチュアリー協会)の資料にあたられることをお勧めします．

5.2　再保険料の算出方法

保険会社が，自己の保有する保険責任の一部または全部を他の保険会社に転嫁する保険契約を「再保険」といいます．再保険によって，保険会社は元受けした保険契約のリスクを1社で丸抱え（全保有）することなく，互いにリスクを交換できる（結果的には業界全体として「リスク分散」される）ことから，再保険は保険会社にとって重要なリスクヘッジの手段の1つとなっています．

以下では，再保険契約の純保険料に当たるネット再保険料の算出を中心に，再保険料の基礎的な算出方法について紹介します．

■再保険契約とは

再保険契約下では,保険会社の間で図5.4のような金銭の流れが約定されます.

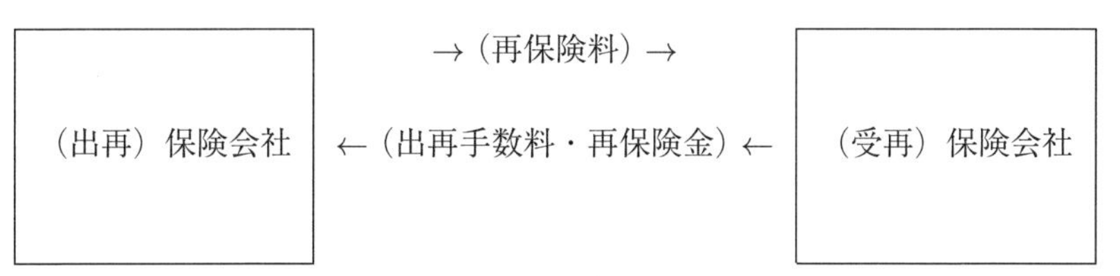

図 5.4　再保険契約の構成

再保険を出す側の出再保険会社（Cedant）は，再保険契約の締結時には，再保険料を支払う一方で，保険の代理募集者という立場でもあることから，出再手数料を受再保険会社（Reinsurer）からもらいます．さらに契約に該当するクレームが発生した場合には，受再保険会社から再保険金の支払を受けることができます．

再保険を受ける側の受再保険会社は，再保険料を受領する代わりに出再保険会社のリスクを引き取ることになりますので，保険契約を締結する前には出再される保険リスクの量を見極めて，再保険料がリスクに見合うかどうか検討しなければなりません．

■再保険契約の形態

再保険契約にはさまざまな形態があります．表5.1には，代表的な形態を簡単に紹介します．

表 5.1

比例再保険 (quota -share reinsurance)	対象となるすべての契約を一定割合（出再割合）で出再（受再）する契約方式.保険料，保険金ともに同じ一定の割合で分担する.
超過損害額再保険：ＥＬＣ再保険 (excess of loss cover reinsurance)	対象とする契約のいずれかに損害額が発生し，その損害額が約定した一定額（エクセスポイント）を超過した場合，その超過分を出再保険会社が再保険金を回収する契約方式. 主として，１リスクの超過損害額を回収する契約.
ストップロス再保険 (stop-loss reinsurance)	対象とする契約集団の一定期間における累計損害額が，約定した一定額（エクセスポイント）を超過した場合，その超過分を出再保険会社が再保険金を回収する契約方式（複数のリスクの累計損害額の超過分を回収する契約）.

実務では，これらの契約方式を組み合わせて再保険スキームを組みます.

■ネット再保険料とグロス再保険料

再保険契約では，受再保険会社は直接アンダーライティング[†]していないリスクを受けますので，出再保険会社から対象リスクに関する情報，過去のクレーム実績を検討し，再保険金ファンドが十分賄える再保険料を算出する必要があります.

通常の保険料では，保険金ファンドは純保険料と呼ばれていますが，再保険料の場合，再保険金のファンドはネット再保険料と呼ばれています.

《ネット再保険料》

ネット再保険料 = 受再保険会社が負担する保険金の期待値
　　　　　　　 = 出再保険会社が回収する保険金の期待値

[†] 保険者（insurer）が引受け対象のリスクの調査を行い，契約引受けの可否，契約条件・料率・保険金額の決定など，契約引受け上の各種判断を行うことを「アンダーライティング」という.

ネット再保険料に，経費，手数料，利潤などの付加保険料を加えたものをグロス再保険料といいます．

《グロス再保険料》

グロス再保険料 ＝ ネット再保険料＋経費＋利潤など
＝ （回収が期待される保険金）×（1＋再保険料付加率 ξ）
＝ ネット再保険料 ×（1＋再保険料付加率 ξ）

■ネット再保険料の算出

先に紹介した再保険契約の方式別のネット再保険料の算式は以下のとおりです（算出方法の詳細については，後記の【例題 91】,【例題 92】,【例題 93】を参照してください）．

《比例再保険のネット再保険料 P_α》

元受け保険料 P，出再割合 α

$$\text{出再保険料 } P_\alpha = \alpha P$$

《ELC 再保険のネット再保険料 P_m》

支払保険金（1件当たり）X の分布関数 $F_X(x)$，エクセスポイント m 対象となる契約ポートフォリオのクレーム件数期待値 λ

$$P_m = \lambda \int_m^\infty (x-m)dF_X(x)$$

《ストップロス再保険のネット再保険料》

契約集団のクレーム総額 S の分布関数 $F_S(x)$，エクセスポイント d

$$\text{回収再保険金 } I_d = \begin{cases} S-d & x>d \\ 0 & elsewhere \end{cases}$$

$$P_d = E(I_d) = \int_d^\infty (x-d)dF_S(x)$$

■ストップロス再保険料のその他の表現

ストップロス再保険料は $P_d = E(I_d) = \int_d^{\infty} (x-d)dF_S(x)$ だけでなく，次のとおり，

《ストップロス再保険料の別表現（連続型）》

$$① \ P_d = E(S) - d + \int_0^d (d-x)f_S(x)dx$$
$$② \ P_d = \int_d^{\infty} (1 - F_S(x))dx$$
$$③ \ P_d = E(S) - \int_0^d (1 - F_S(x))dx$$

という式でも算出することができます．

また，クレームの額が，非負の整数 $(x = 0, 1, 2, \cdots)$ という離散型の確率分布に従うという設定にした場合，ストップロスのネット再保険料は，上の連続型と同様に複数の算式によって算出できます．

《ストップロス再保険料の別表現（離散型）》

$$① \ P_d = \sum_{x=d+1}^{\infty} (x-d)f_S(x)$$
$$② \ P_d = E(S) - d + \sum_{x=0}^{d-1} (d-x)f_S(x)$$
$$③ \ P_d = \sum_{x=d}^{\infty} (1 - F_S(x))$$
$$④ \ P_d = E(S) - \sum_{x=0}^{d-1} (1 - F_S(x))$$

（以上の算式の導出は【例題 93】参照）

5.3　保険料算出原理

■保険料算出原理

これまでの説明では，原則として純保険料＝クレームの期待値としてきました．ただ，実際の純保険料の設定においては，保険会社のリスクに対する許容度やマーケット事情によって契約締結される純保険料がクレームの期待値と異なることがあります．

以下では，様々なルールによって設定される純保険料 P とクレーム額 X の関係（保険料算出原理）を紹介します．

《主な保険料算出原理》

① 期待値原理
クレーム額の期待値 μ_X の h 倍を割増として領収．

$$P = (1+h)\mu_X \qquad (h > 0)$$

② 分散原理
クレーム額の分散 σ_X^2 の h 倍を割増として領収．

$$P = \mu_X + h\sigma_{X^2} \qquad (h > 0)$$

③ 標準偏差原理
クレーム額の標準偏差 σ_X の h 倍を割増として領収．

$$P = \mu_X + h\sigma_X \qquad (h > 0)$$

④ 指数原理
保険会社の効用関数（次項を参照）が指数関数の場合の純保険料．

$$P = \frac{\log M^X(h)}{h} \qquad (h > 0)$$

⑤ パーセンタイル原理
クレーム額の分布において上側 h% 点となる p を純保険料とする．

$$P = p = {F_X}^{-1}(h)$$

■効用関数を利用した保険料の設定

(1) 効用関数

ある人の意思決定の要因となる「効用」(所有する財産の量によって得られる満足度) を数量として表現した関数を「効用関数」といいます．以下では「効用関数」の概念を直感的に理解するため，簡単な例を紹介します．

例　資産を50保有するA氏 (A氏の効用関数は $u(x)$) が，ある事業に対する投資を考えている．

投資額：50　　投資が成功した場合のリターン：X

事象	X	確率
事業が失敗	0	50%
事業が成功	100	50%

このとき，A氏が投資をすることによって得られる「効用」の期待値は

$$\begin{aligned} E(u(50-50+X)) &= u(50-50+0)\times 50\% + u(50-50+100)\times 50\% \\ &= \frac{u(0)+u(100)}{2} \end{aligned}$$

となります．

一方，投資を見送った場合，資産の変動はないことから，その期待効用は $u(50)$ となります．

A氏はこの2つの期待効用を比較し，

① $\dfrac{u(0)+u(100)}{2} < u(50)$ の場合：事業への投資を見送る (事業投資リスクを回避する)．

② $\dfrac{u(0)+u(100)}{2} > u(50)$ の場合：事業へ投資する (事業投資リスクをとる)．

という意思決定を行うことになります．

ここで $u(x)$ が凹関数 $(u''(x) < 0)$ の場合は①，凸関数 $(u''(x) > 0)$ の場合は②となることから，$u(x)$ の形状がリスク選好度 (リスク愛好的 (risk loving) か，リスク回避的 (risk averse) か) を示すことがわかります．

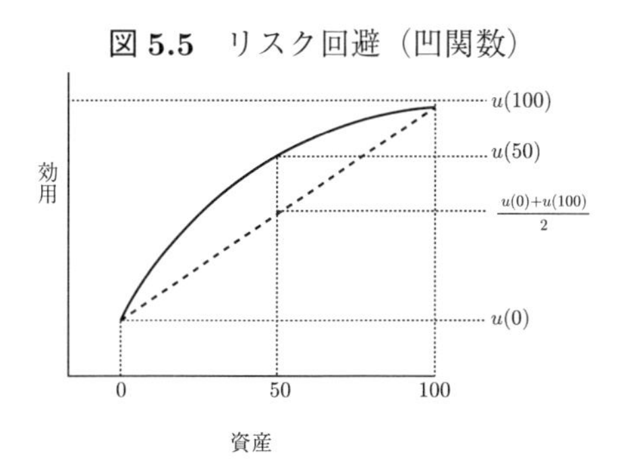

図 5.5 リスク回避（凹関数）

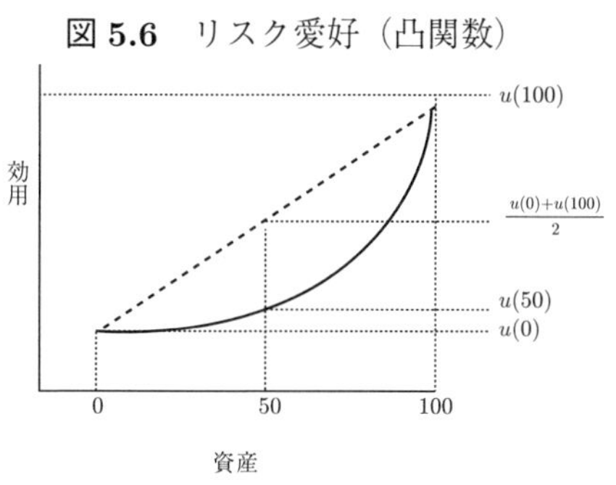

図 5.6 リスク愛好（凸関数）

(2) 保険利用の効用

上記 (1) の考え方を，

①保険会社（効用関数 $u_B(x)$，資産 c）

②保険契約者（効用関数 $u_C(x)$，資産 w）

それぞれの意思決定に当てはめてみます．

	保険契約を締結する場合の効用	保険契約を締結しない場合の効用
①保険会社	$E(u_B(c+P-X))$	$E(u_B(c))=u_B(c)$
②保険契約者	$E(u_C(w-P))=u_C(w-P)$	$E(u_C(w-X))$

保険会社は事業会社として保険契約の締結による効用が，保険契約を締結しない効用以上になることを求めていくため，

$$E(u_B(c+P-X)) \geq u_B(c)$$

ことが保険料を設定する上での条件となり，$E(u_B(c+P_{\min}-X))=u_B(c)$ を満たす純保険料 $P_{\min}$ が保険会社として求める純保険料の下限となります．なお，保険会社の効用関数が指数関数 $u_B(x)=-e^{-hx}$ の場合，この純保険料の下限は前項の保険料算出原理の「指数原理」の純保険料に一致します．

$$\begin{aligned} E(-e^{-h(c+P_{\min}-X)}) &= -e^{-hc} \\ -e^{-h(c+P_{\min})}E(e^{hX}) &= -e^{-hc} \\ e^{-hP_{\min}}M_X(h) &= 1 \end{aligned}$$

$$\therefore P_{\min} = \frac{\log M_X(h)}{h}$$

《効用関数が指数関数 $u_B(x) = -e^{-hx}$ の保険会社における，純保険料の下限値 $P_{\min}$》

$$P_{\min} = \frac{\log M_X(h)}{h}$$

5.4　リスクの評価

■リスク量

近年，リスク管理の領域において,「リスク量」という言葉を聞く機会が増えてきました.

この「リスク量」の「リスク」は一般的に「期待値からのブレ」を,「リスク量」はその大きさを意味しています．例えば，90%確率のリスク量という場合，累計確率が90%となる点（上側10%点）と期待値との差を意味しています.

図 **5.7**　90%確率のリスク量のイメージ

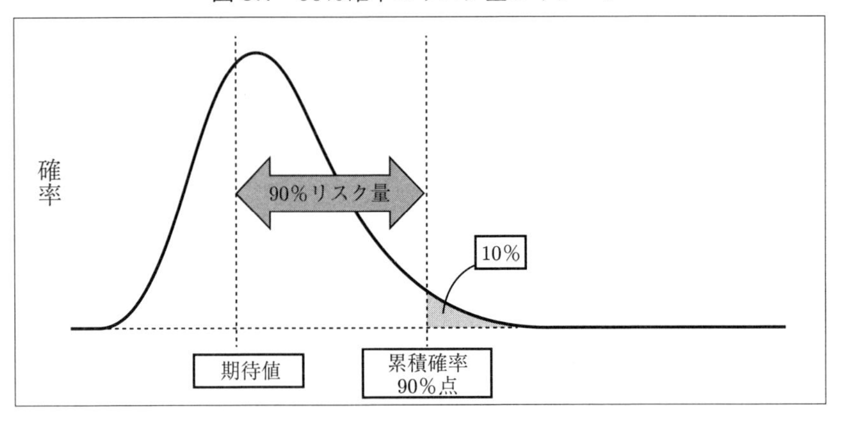

「リスク量」を評価するためには，まず対象となる確率変数（クレーム額，運用収益 等）の確率分布を推定した上で，確率分布を用いて「期待値からのブレ」の大きさ———「リスク量」を計算します．第1章から読まれた方はお

気づきでしょうが，これらの考え方は特別目新しいものではなく，第1章のクレーム・モデルにおけるクレーム頻度，クレーム額，クレーム総額の確率分布の推定，同分布に基づいた信頼区間の推定と同じ考え方となっています．

■リスクの統合

保険会社は一般的に通常複数の個別リスク（火災保険のリスク，自動車保険のリスク，資産運用リスク等々）を抱えています．そのため，保険会社全体のリスク量を評価するためには，複数のリスクをそれぞれ計測し，個別リスク同士の関係（相関関係）を考慮しながら，リスク量を統合していく（統合リスク量の算出）必要があります．

リスク量の統合には様々な手法が存在しますが，ここでは最も簡便な「相関行列」を用いたリスク量の統合を紹介します．

《相関行列を用いたリスク量の統合》

個別リスクのリスク量：$R_i (i = 1, 2, \cdots, k)$

統合リスク量（個別リスクを統合した，保険会社全体のリスク量）：R

個別リスク同士の相関係数：ρ_{ij}

$$R = \sqrt{(R_1 \cdots R_k) \begin{pmatrix} 1 & \rho_{12} & \cdots & \rho_{1k} \\ \rho_{21} & 1 & \cdots & \rho_{2k} \\ \vdots & \vdots & \ddots & \vdots \\ \rho_{k1} & \rho_{k2} & \cdots & 1 \end{pmatrix} \begin{pmatrix} R_1 \\ \vdots \\ R_k \end{pmatrix}}$$

上記の計算式を用いて，個別リスク同士が互いに独立な場合 $(\rho_{ij} = 1)$ の統合リスク量は

《個別リスク同士が互いに独立な場合 $(\rho_{ij} = 1)$ の統合リスク量》

$$R = \sqrt{R_1^2 + R_2^2 + \cdots + R_k^2}$$

となります．

■リスク量を考慮した保険料の設定

5.3 の冒頭でも触れましたが，これまで紹介した純保険料はクレームの期待値としてきました．これは，言い換えますと，通常想定している平均的なクレームの発生の保険金の支払には，平均値である純保険料を割り当てるということになります．そのため，通常想定していない，巨大なクレームの保険金に対しては，当座の通常の期待値ベースの純保険料収入だけでは足りなくなり，過去に蓄積した余剰資本からファンドを取り崩す，あるいは外部からの調達（社債，借入金等）で資金手当することが必要になります．

保険会社は契約者に対して安定的に保険金を支払い，事業を健全に運営するために，想定外のクレーム（リスク）に備えた手当（再保険の準備，余剰資本の確保，外部からの資金調達等）を打つ必要があります．その一つの手段として，引き受けたリスクの特性（例：クレーム頻度が低い一方，リスク量が極めて大きいリスク）によっては，リスク量を踏まえて，リスクに備えた手当コスト（例：余剰資本の積立，社債発行コスト 等）を一定考慮した保険料設定を検討する必要があります．

例　　題

【例題 79】純保険料法

クレーム額 X は確率密度関数 $f(x) = \dfrac{1}{100}e^{-\frac{x}{100}}\quad (x \geq 0)$ の分布に従い，クレーム頻度は5%であることが判明している．

(1) 純保険料（小数点第2位まで）を求めよ．

(2) 支払限度を保険金額150とした場合の純保険料（小数点第2位まで）を求めよ（$e \fallingdotseq 2.7$ で計算せよ）．

(3) (2)の純保険料に対して，1契約当たりの社費ファンド1.2，代理店手数料率12%，利潤率を5%と設定した場合の営業保険料（小数点第2位まで）を求めよ．

<解答>

(1) 確率密度関数の式から，クレーム額は指数分布とわかるのでクレームの平均値は100．したがって，純保険料は

$$p = f \times d = 5\% \times 100 = 5.00$$

(2) 保険金額150とした場合，クレームの平均値 d' は

$$\begin{aligned}
d' &= E(\min(150, X)) \\
&= \int_0^{150} x\frac{1}{100}e^{-\frac{x}{100}}dx + \int_{150}^{\infty} 150 \cdot \frac{1}{100}e^{-\frac{x}{100}}dx \\
&= [x \cdot (-e^{-\frac{x}{100}})]_0^{150} + \int_0^{150} e^{-\frac{x}{100}}dx + 150[-e^{-\frac{x}{100}}]_{150}^{\infty} \\
&= 100(1 - e^{-\frac{150}{100}}) = 100 \times \left(1 - \frac{1}{2.7^{\frac{3}{2}}}\right) \\
&= 77.459\cdots\cdots \to \underline{77.46}
\end{aligned}$$

一方，保険金額の設定により免責となるクレームはないことから，クレーム頻度はそのまま5%となる．以上より，純保険料は

$$p = f \times d' = 5\% \times 77.46 = 3.873 \to \underline{3.87}$$

(3) 営業保険料は

$$P = \frac{p + e}{1 - (\theta + \delta)} = \frac{3.87 + 1.2}{1 - (0.12 + 0.05)} = 6.108\cdots\cdots \to \underline{6.11}$$

<補足>

・指数分布（第III部の付録I「確率分布」参照）

確率密度関数：$f(x) = \dfrac{1}{\sigma}e^{-\frac{x}{\sigma}}\qquad (x \geq 0,\ \sigma > 0)$

期待値：$E(X) = \sigma$　　分散：$V(X) = \sigma^2$

【例題 80】免責金額①

ある保険において，クレーム額 X（万円）が平均 50 万円の指数分布 $f(x) = \frac{1}{50}\exp\left(-\frac{1}{50}x\right)$ $(x \geq 0)$ に従い，この保険に免責金額 5 万円を導入したとき，次の空白欄に記号か数値を入れよ．ただし $\exp\left(-\frac{1}{10}\right) \fallingdotseq 0.905$.

損害額（クレーム額）X の確率密度関数 $f(x) = \frac{1}{50}\exp\left(-\frac{1}{50}x\right)$ だから，その分布関数 $F(x) =$ ［①］で，免責金額 5 万円であるので，

・被保険者の自己負担額は［②］（記号）

・保険会社の支払対象となる割合は［③］（小数点第 3 位まで記せ）

・保険会社の支払額は［④］（記号）

・被保険者の平均自己負担額は［⑤］（万円）（小数点第 2 位まで記せ）

・保険金支払いとならない事故を含んだすべての契約に対する保険会社の平均支払い額は［⑥］（万円）（小数点第 2 位まで記せ）

・保険会社の平均クレーム単価は［⑦］（万円）で，フランチャイズの場合の保険会社の平均クレーム単価は［⑧］（万円）である．

＜解答＞

① $F(x) = \int_0^x f(x)dx = \left[-\exp\left(-\frac{1}{50}x\right)\right]_0^x = 1 - e^{-\frac{1}{50}x}$

（$F'(x) = \frac{1}{50}e^{-\frac{1}{50}x} = f(x)$ となっていることによって確かめられる）

② $\min(X, 5)$

③ $P(X > 5) = 1 - P(X \leq 5) = 1 - F(5) = 1 - (1 - e^{-\frac{5}{50}}) = e^{-\frac{1}{10}} = 0.905$

④ $X - \min(X, 5)$

⑤ $E\{\min(X,5)\} = \int_0^\infty \min(x,5)f(x)dx = \int_0^5 x \cdot f(x)dx + \int_5^\infty 5 \cdot f(x)dx$

$$= \int_0^5 x \cdot \frac{1}{50}\exp\left(-\frac{1}{50}x\right) \cdot dx + 5\{1 - F(5)\}$$

$$= [-x \cdot e^{-\frac{1}{50}x}]_0^5 + \int_0^5 \exp\left(-\frac{1}{50}x\right)dx + 5 \cdot \exp\left(-\frac{1}{10}\right)$$

$$= -5 \cdot e^{-\frac{1}{10}} - 50\left[\exp\left(-\frac{1}{50}x\right)\right]_0^5 + 5 \cdot e^{-\frac{1}{10}}$$

$$= 50 \times 0.095$$

$$= 4.75$$

⑥ $E\{x - \min(X,5)\} = \int_0^\infty \{x - \min(x,5)\}f(x)dx$

$$= \int_0^5 (x - x) \cdot f(x)dx + \int_5^\infty (x-5) \cdot f(x)dx = \int_5^\infty (x-5) \cdot f(x)dx$$

$$= \int_5^\infty x \cdot f(x)dx - 5\{1 - F(5)\}$$
$$= \left[-x \exp\left(-\frac{1}{50}\right)\right]_5^\infty + \int_5^\infty \exp\left(-\frac{1}{50}x\right)dx - 5 \cdot \exp\left(-\frac{1}{10}\right)$$
$$= \cdots$$
$$= 50 \cdot \exp\left(-\frac{1}{10}\right)$$
$$= 50 \times 0.905$$
$$= 45.25$$

⑦ $E\{X - \min(X, 5)|X > 5\} = E\left\{\dfrac{(X > 5) \cap \{X - \min(X, 5)\}}{P(X > 5)}\right\}$

$$= \frac{1}{P(X > 5)} \int_5^\infty \{x - \min(x, 5)\} f(x)dx$$
$$= \frac{1}{1 - F(5)} \left\{\int_5^\infty x \cdot f(x)dx - 5(1 - F(5))\right\}$$
$$= \frac{45.25}{0.905} = 50 \qquad (\because ③,\ ⑥の結果より)$$

⑧ $E(X|X > 5) = \dfrac{1}{1 - F(5)} \displaystyle\int_5^\infty x \cdot f(x)dx = 55 \qquad (\because ③,\ ⑦の結果より)$

<補足>

・フランチャイズ

損害額が約定した金額を超過した場合に，支払い責任が発生する契約方式（【例題 14】参照）．

【例題 81】免責金額②

ある賠償保険（純保険料 20）は，保険金額無制限，免責金額 50（エクセス方式）の補償を提供している．この保険の実績から，支払ベース（保険金支払が生じる，免責金額超過のクレームのみを件数カウント）の支払保険金の単価は 400，事故発生ベースでのクレーム単価（免責となる事故も支払保険金ゼロの事故 1 件とカウントして計算した平均値）は 200 であると判明している．

さて，既存の補償に加えて，損害額 50 以下のクレーム対しても一律に費用保険金として定額 10 を支払う補償を新たに追加した場合，純保険料を何％引上げる必要があるか求めよ．

<解答>

事故発生ベースでのクレーム単価が 200，純保険料が 20 であることから，本リスクのクレーム頻度 q は

$$q = 20 \div 200 = 10\%$$

と計算される．

一方，事故発生ベースでのクレーム単価を d，支払ベースの支払保険金単価を d' とすると，それぞれは

$$\begin{aligned} d &= E(\max(X-50,\,0)) = \int_{50}^{\infty}(x-50)f(x)dx \\ d' &= E(X-50|X>50) = \int_{50}^{\infty}(x-50)\frac{f(x)}{P(X>50)}dx \\ &= \frac{\int_{50}^{\infty}(x-50)f(x)dx}{P(X>50)} \end{aligned}$$

と表されることから，$d' = \dfrac{d}{P(X>50)}$ という関係が成り立ち

$$\begin{aligned} 400 &= \frac{200}{P(X>50)} \\ P(X>50) &= 0.5 \end{aligned}$$

といえる．

以上より，50 以下のクレームに対して一律に費用保険金（定額 10）を支払う補償の純保険料は

$$q \times P(X \leq 50) \times 10 = 10\% \times (1-0.5) \times 10 = 0.5$$

となることから，純保険料の引上げは，$0.5 \div 20 = +2.5\%$ となる．

【例題 82】損害率法①

現行営業保険料 P，改定後の新営業保険料 P'，当年度実績損害率 λ'，当年度実績社費率 ε'，当年度実績代理店手数料率 θ'，予定利潤率 δ とするとき，料率改定率を求めよ．ただし，純保険料（保険金ファンド），社費ファンドについては当年度実績額を確保し，代理店手数料率，予定利潤率については実績率を確保するようにせよ．

<解答>

来年度の支出は

保険金，社費は当年度実績額を確保するため $P\lambda'$，$P\varepsilon'$

代理店手数料，利潤は実績率を反映するため $P'\theta'$，$P'\delta$

となる．一方，収入は新保険料であるから P' といえる．

以上より，収支相当の関係より，次の方程式を立てることができる．

$$P' = P\lambda' + P\varepsilon' + P'\theta' + P'\delta$$

これを解くと

$$P' = \frac{\lambda' + \varepsilon'}{1 - (\theta' + \delta)} P$$

となり，料率改定率 α は

$$\alpha = \frac{P'}{P} - 1 = \frac{\lambda' + \varepsilon'}{1 - (\theta' + \delta)} - 1$$

と計算される．

【例題 83】損害率法②

昨年度の実績データとして，以下の数値が判明している．

経過保険料 400，発生保険金 250，実績社費率 20%，実績代理店手数料率 18%，予定利潤率 5%．

(1) 保険金，社費については実績額，手数料については実績率を確保し，予定利潤率は昨年同様とするための料率改定率を損害率法で求めよ．

(2) (1) の料率改定後の予定損害率を算出せよ．

＜解答＞

(1) 【例題 82】の結果から，料率改定率 α は

$$\alpha = \frac{\lambda' + \varepsilon'}{1 - (\theta' + \delta)} - 1$$

と判明している．よって

$$\alpha = \frac{\frac{250}{400} + 0.20}{1 - 0.18 - 0.05} - 1 = \underline{+7.1\%}$$

と計算され，＋ 7.1%の料率引上げであることがわかる．

(2) 新保険料率で現行の実績純保料を割れば，新予定損害率は求められる．

$$\lambda'' = \frac{P\lambda'}{P'} = \frac{P\lambda'}{1.071P} = \frac{\frac{250}{400}}{1.071} = \underline{0.584}$$

新予定損害率は 58.4%となる．

【例題 84】損害率法③

ある保険会社で扱っている，ある保険種目において，その保険料率構成割合および直近年度の実績値はそれぞれ表 1，表 2 のとおりであった．この実績に基づいて，損害率法により，料率改定率を求めよ．ただし，信頼度とし

て0.6を用い，また社費率および代理店手数料率については，直近年度の実績を用いることとする．

下記の空欄を埋めよ（①～④はすべて小数点第3位まで求めよ）．

表1　現行の保険料構成割合

料率構成	割合
予定損害率	55%
社費率	20%
代理店手数料率	20%
利潤率	5%
合計	100%

表2　直近年度の実績値

項目	実績値
契約件数	17,500件
収入保険料	125,000万円
経過保険料	100,000万円
支払保険金	45,500万円
発生保険金	48,000万円
社　費	20,000万円
代理店手数料	23,750万円

信頼度 $Z = 0.6$ だから料率改定に用いる損害率は

$$\text{実績損害率} \times Z + \text{予定損害率} \times (1 - Z)$$

なので，［　①　］となる．また，社費率は［　②　］で，代理店手数料率は［　③　］となる．したがって，求める料率改定率は［　④　］となる．

<解答>

①実績損害率は

$$48,000 \div 100,000 = 0.48$$

したがって

$$\begin{aligned}&\text{実績損害率} \times 0.6 + \text{予定損害率} \times (1 - 0.6)\\&= 0.48 \times 0.6 + 0.55 \times (1 - 0.6)\\&= \underline{0.508}\end{aligned}$$

②社費率は

$$20,000 \div 125,000 = \underline{0.16}$$

③代理店手数料率は

$$23,750 \div 125,000 = \underline{0.19}$$

④したがって，求める料率改定率は【例題82】の結果から

$$\frac{0.508 + 0.16}{1 - (0.19 + 0.05)} - 1 \fallingdotseq \underline{-0.121} \qquad \text{(12.1\%の保険料引下げ)}$$

<補足>

・アーンド・ベーシスの損害率が料率算定上適していることから，①では0.48を実績損害率として使用した．

【例題 85】営業保険料の算出

ある保険商品の実績として，表 1 のようなデータを得た．

表 1

リトンベース	契約計上件数	10,000
	収入保険料	70,000,000
	実績社費	15,500,000
	実績代理店手数料	14,000,000
発生ベース	経過台数	9,800
	経過保険料	68,600,000
	発生クレーム件数	835
	発生保険金	42,000,000

この保険商品については，現行料率を表 2 のように設定している．

表 2

営業保険料		7,000
保険料構成	予定損害率	58%
	社費率	17%
	代理店手数料率	20%
	利潤率	5%
	合計	100%

(1) 実績データを用いて，純保険料法により純保険料を算出せよ．ただし，算出にあたっては，信頼度（全信頼の基準として n_F=1,082 を使用する）を勘案するものとする．

(2) (1) で求めた純保険料をベースに，実績社費額を確保する（社費ファンドを固定費とする）営業保険料率を算出せよ．なお，代理店手数料率，利潤率は現行水準を維持するものとする．

(3) (2) において，実績社費額の代わりに実績社費率を確保する（社費ファンドを変動費とする）営業保険料率を算出せよ．

<解答>

(1) 実績データから

$$\text{クレーム頻度 } f = 835 \div 9,800 = 8.52\%$$
$$\text{平均クレーム単価 } d = 42,000,000 \div 835 = 50,299$$

実績の純保険料 p は

$$p = f \times d = 8.52\% \times 50,299 = 4,285$$

一方，クレーム件数は 835 件と全信頼の基準 1,082 件より少ないことから，全信頼は適用できない．したがって，上の実績純保険料の信頼度 $z = \sqrt{\dfrac{835}{1,082}} = 0.878$ を用いて修正した

$$p = 0.878 \times 4,285 + (1 - 0.878) \times 4,060 = 4,258$$

が純保険料と算出される（4,060 は現行の純保険料 7,000×58%=4,060）．

(2) 代理店手数料率（対営業保険料に対する比率）：θ，予定利潤率（対営業保険料に対する比率）：δ，実績社費：e，純保険料：p とした場合，営業保険料は

$$P = \frac{p + e}{1 - (\theta + \delta)}$$

で算出されるので，実績社費額（1 契約当たり）e=15,500,000÷10,000=1,550，代理店手数料率 θ=20%，利潤率 δ=5% を代入して

$$P = \frac{p + e}{1 - (\theta + \delta)} = \frac{4,258 + 1,550}{1 - (0.20 + 0.05)} = 7,744$$

(3) 実績社費率 ε を確保する場合，営業保険料は $P = \dfrac{p}{1 - (\varepsilon + \theta + \delta)}$ で算出される．よって，実績社費率 ε=15,500,000÷70,000,000=22.1%なので

$$P = \frac{p}{1 - (\varepsilon + \theta + \delta)} = \frac{4,258}{1 - (0.221 + 0.20 + 0.05)} = 8,049$$

【例題 86】有限変動信頼性理論を利用したリスク較差の算出

ある自動車保険において表 1 の保険実績データを得た．この自動車保険の現在の保険料体系では，安全装置の有無に関する保険料の割増・割引を導入していない．そこで，この実績データを用いて安全装置割引（「安全装置なし」の区分を基準とする）を検討したい．ただし，実績データの信頼度（「実績のクレーム額の合計が，真の値の上下 5%以内にある確率が 90%である」ことを全信頼の条件とする）を勘案して料率較差を計算すること．なお，クレーム額の期待値，標準偏差は 640，160 であり，クレーム件数はポアソン分布に従うことが知られている．

(1) 全体の保険料水準を維持する前提で,「安全装置あり」,「安全装置なし」のそれぞれの区分の保険料の改定率を求めよ.

(2) 安全装置割引率は何%となるか.

表 1

	契約台数	保険料	保険金	事故件数	損害率
	A	B	C	D	E
安全装置あり	4,500	270,000	140,000	440	51.9%
安全装置なし	22,000	1,100,000	670,000	2,460	60.9%
合計	26,500	1,370,000	810,000	2,900	59.1%

<解答>

表 2

	損害率較差	信頼度	修正損害率較差	リスク較差改定係数	現行料率格差	改定後料率格差	保険料改定率	安全装置割引率
	F	G	H	I	J	K	L	M
安全装置あり	0.878	0.619	0.924	0.916	1.000	0.916	▲8.4%	▲10%
安全装置なし	1.030	1.000	1.030	1.021	1.000	1.021	+2.1%	
合計	1.000		1.009	1.000	1.000	1.000		

F : 損害率の較差から, 現行の保険料に反映されていない安全装置の有無に関する格差を計算する.

$$51.9\% \div 59.1\% = 0.878$$

G : 区分によってはデータ数が少なく, 全信頼が得られないため, ここでは信頼度を算出する.

クレームコスト・ベースで全信頼に必要なクレーム件数は

$$n_F = \left(\frac{y_p}{\alpha}\right)^2 \left(1 + \left(\frac{\sigma_X}{m_X}\right)^2\right)$$

これに $y_{0.90} = u(0.05) = 1.645$　$(\because p = 0.90 \quad \frac{q}{2} = \frac{1-0.90}{2} = 0.05)$

$\alpha = 0.10 \quad \sigma_X = 160 \quad m_X = 640$ を代入して

$$n_F = \left(\frac{1.645}{0.05}\right)^2 \left(1 + \left(\frac{160}{640}\right)^2\right) = 1,150$$

となることから,「安全装置あり」の信頼度 Z は

$$Z = \sqrt{\frac{n}{n_F}} = \sqrt{\frac{440}{1,150}} = 0.619$$

H：修正損害率は，求めた信頼度で実績損害率から推定した値である．

$$\begin{aligned} C &= Z \cdot T + (1 - Z) \cdot M \\ &= 0.619 \times 0.878 + (1 - 0.619) \times 1.000 \\ &= 0.924 \end{aligned}$$

I：本問では較差だけの改定であり，料率水準全体についてはイーブンとするため，平均が 1 となるように較差修正した．この結果は現行の較差を改定する率となっている．

$$0.924 \div 1.009 = 0.916$$

J：現行料率体系では，安全装置の有無に関する料率較差はないことから，すべて 1.000 となっている．

K：K = I × J．現行の料率較差を改定している．

$$1.000 \times 0.916 = 0.916$$

L：保険料改定率……(1) の解答

安全装置あり $= 0.916 - 1 =$ ▲8.4%引下げ

安全装置なし $= 1.021 - 1 =$ +2.1%引上げ

M：安全装置割引率……(2) の解答

「安全装置なし」の区分を基準とするために,「安全装置なし」の料率係数で割り戻した．

$0.916 \div 1.021 - 1 =$ ▲10%割引

<補足>

・有限変動信頼性理論において，クレーム総額（クレーム件数はポアソン分布に従う）の全信頼に必要な件数

$$n_F = \left(\frac{y_p}{\alpha}\right)^2 \left(1 + \left(\frac{\sigma_X}{m_X}\right)^2\right)$$

（詳細は，第 2 章の信頼性理論参照）

【例題 87】長期契約の保険料

1 年契約の営業保険料 P=120，予定損害率 λ=60%，代理店手数料率 θ=15 %，予定利潤率 δ=5%，新契約費率（対営業保険料）α=5%，維持費率（対営業保険料）β=2%，予定利率 i=3%，で 5 年契約の長期一括払契約（期初払）の営業保険料 P' を求めよ．なお，各コストは期初に発生するとする．

<解答>

収支相当の原則より

$$P' = P\alpha + P(\beta+\lambda)\times(1+v+\cdots+v^4) + P'(\theta+\delta)$$

$$\left(\text{割引率 } v = \frac{1}{1+i}\right)$$

$$P'\{1-(\theta+\delta)\} = P\left\{\alpha + (\beta+\lambda)\times\frac{1-v^5}{1-v}\right\}$$

$$P' = \frac{\alpha+(\beta+\lambda)\times\frac{1-v^5}{1-v}}{1-(\theta+\delta)}\times P$$

ここで $v = 1\div 1.03 = 0.97087 \quad \dfrac{1-v^5}{1-v} = 4.71706$ より

$$\begin{aligned} P' &= \frac{0.05+(0.02+0.6)\times 4.71706}{1-(0.15+0.05)}\times P \\ &= 3.71822\times 120 = 446 \end{aligned}$$

<補足>

5 年後の期初の 1 は，複利を勘案すると現在価値では $1\div(1+i)^4 = v^4$ となる．よって，5 年間の毎期初に発生するコスト 1 の現在価値は

$$1+v+\cdots+v^4 = \frac{1-v^5}{1-v}$$

となる．

【例題 88】推移確率

ある保険商品（保険期間 1 年間）では 1 年間クレームがないと翌年の保険料を 10%割引くこととしている．逆にクレームが発生すると翌年の保険料に対する割引は適用されない．この保険商品のクレーム頻度は 6%，平均クレーム単価は 2,000 であることがわかっている．この保険の契約集団が閉じられている（契約の流入，流出がない）とした場合，純保険料ベースの基準保険

料（割引不適用の保険料）を算出せよ．なお，クレーム発生の確率はポアソン分布に従うものとする．

＜解答＞

この保険の契約集団が閉じられていることから，t 年度初の契約者分布を $\boldsymbol{y}_t = \begin{pmatrix} y_{t,\ 0\%} \\ y_{t,\ 10\%} \end{pmatrix}$ と表現すると，翌年度の $(t+1)$ 年度初の契約者分布は

$$\boldsymbol{y}_{t+1} = \begin{pmatrix} 1-p & 1-p \\ p & p \end{pmatrix} \boldsymbol{y}_t \quad (p\text{ はクレームがない確率})$$

と表現できる．

このとき，$t \to \infty$ とすると契約分布の均衡状態 $\boldsymbol{y}_\infty = \begin{pmatrix} y_{\infty,\ 0\%} \\ y_{\infty,\ 10\%} \end{pmatrix}$ が表現され

$$\boldsymbol{y}_\infty = \begin{pmatrix} 1-p & 1-p \\ p & p \end{pmatrix} \boldsymbol{y}_\infty$$

$$\begin{pmatrix} y_{\infty,\ 0\%} \\ y_{\infty,\ 10\%} \end{pmatrix} = \begin{pmatrix} 1-p & 1-p \\ p & p \end{pmatrix} \begin{pmatrix} y_{\infty,\ 0\%} \\ y_{\infty,\ 10\%} \end{pmatrix}$$

$$\begin{pmatrix} -p & 1-p \\ p & p-1 \end{pmatrix} \begin{pmatrix} y_{\infty,\ 0\%} \\ y_{\infty,\ 10\%} \end{pmatrix} = \begin{pmatrix} 0 \\ 0 \end{pmatrix}$$

$$\therefore p \cdot y_{\infty,\ 0\%} + (p-1) \cdot y_{\infty,\ 10\%} = 0$$

ここで，$y_{\infty,\ 0\%} + y_{\infty,\ 10\%} = 1$ を代入し解くと

$$y_{\infty,\ 0\%} = 1-p \qquad y_{\infty,\ 10\%} = p$$

さて，クレーム頻度は6%であることからクレームが0の確率 p は

$$p = e^{-0.06} \frac{0.06^0}{0!} = 0.942$$

となるので

$$y_{\infty,\ 0\%} = 0.058 \qquad y_{\infty,\ 10\%} = 0.942$$

ゆえに，均衡状態での平均割引率 d は

$$d = 0\% \times 0.058 + 10\% \times 0.942 = 9.42\%$$

一方，平均純保険料は，クレーム頻度 6% × 平均クレーム単価 2,000=120 なので，純保険料ベースの基準保険料は

$$P = \frac{120}{1-d} = \frac{120}{1-0.0942} \fallingdotseq 132.5$$

<補足>

本問では，2 つのクラスの推移を取り上げたが，このように契約ごとのクレーム実績によって割引クラスの上げ下げを行うことにより翌年度の保険料を調整する制度を「無事故割引 (no claim discount) 制度」という．

無事故割引制度では，契約者のリスクに応じた保険料をとる目的の他にも，契約者の割引率の進行・維持への志向による安全意識の向上，自己の成績に応じた保険料を適用することで契約者の納得感を得る，などの効果が期待される．

また，無事故割引制度では，いくらクレームを請求しても上限は割引率 0%であるが，さらに割増率のクラスも加えた制度は「ボーナス・マラス（bonus-malus）制度」といわれている．日本の自動車保険（2015 年 4 月時点の参考純率）のノンフリート等級制度（1 等級《割増率 64%》から 20 等級《割引率 63%》）はボーナス・マラス制度の 1 つといえる（等級制度の詳細については，損害保険料率算出機構の HP を参照して下さい）．

【例題 89】ミニマム・バイアス法①

ウィンタースポーツに関して，表 1，表 2 のようなロスデータを得た．このとき，以下の設問に従ってウィンタースポーツ傷害保険の料率較差を求めよ．

表 1　99 年度競技人口

	男	女	合計
スキー	100	100	200
スノー・ボード	1,000	10	1,010
合計	1,100	110	1,210

表 2　99 年度競技中の傷害を原因とした治療費計

	男	女	合計
スキー	10	20	30
スノー・ボード	300	6	306
合計	310	26	336

(1) 実績の相対クレームコスト指数 (r_{ij}) を求めよ．

表 3

	男	女	合計
スキー			
スノー・ボード			
合計			1.000

(2) ウィンタースポーツ傷害保険の料率較差（純保険料較差）を，性別と種別（スキー，スノー・ボード）との「加算型」で求めたい．このとき，ミニマム・バイアス法によって，料率係数（x_i, y_j）および，料率較差を求めよ（なお，男性の料率係数は実績の指数と同値とする）．

<解答>

(1)

表 4　実績クレームコスト

	男（y_1）	女（y_2）	合計
（x_1）	0.100	0.200	0.150
（x_2）	0.300	0.600	0.303
合計	0.282	0.236	0.278

表 5　実績相対クレームコスト指数

	男（y_1）	女（y_2）	合計
（x_1）	0.360	0.719	0.540
（x_2）	1.079	2.158	1.090
合計	1.014	0.849	1.000

(2) ミニマム・バイアス法により

$$
\begin{aligned}
100 \times (0.360 - (x_1 + y_1)) + 100 \times (0.719 - (x_1 + y_2)) = 0 \\
1,000 \times (1.079 - (x_2 + y_1)) + 10 \times (2.158 - (x_2 + y_2)) = 0 \\
100 \times (0.360 - (x_1 + y_1)) + 1,000 \times (1.079 - (x_2 + y_1)) = 0 \\
100 \times (0.719 - (x_1 + y_2)) + 10 \times (2.158 - (x_2 + y_2)) = 0
\end{aligned}
$$

これは結局

$$
\begin{aligned}
100 \times (0.360 - (x_1 + y_1)) = 10 \times (2.158 - (x_2 + y_2)) = C \\
1,000 \times (1.079 - (x_2 + y_1)) = 100 \times (0.719 - (x_1 + y_2)) = -C
\end{aligned}
$$

と集約されるため，整理すると

$$
x_1 + y_1 = 0.36 - \frac{C}{100} \qquad x_2 + y_2 = 2.158 - \frac{C}{10}
$$

$$
x_2 + y_1 = 1.079 + \frac{C}{1,000} \qquad x_1 + y_2 = 0.719 + \frac{C}{100}
$$

となる．これを解くと

$$
0.36 + 2.158 - 1.079 - 0.719 = C\left(\frac{1}{100} + \frac{1}{10} + \frac{1}{1,000} + \frac{1}{100}\right)
$$

$$
\therefore C = 5.950
$$

さらに，題意より，$y_1 = 1.014$ なので，加算型のクレームコスト較差（すなわち，純保険料較差）は表 6 のとおり．

表 6

	男（y_1）	女（y_2）	合計
（x_1）	0.300	0.778	−0.714
（x_2）	1.085	1.563	0.071
合計	1.014	1.492	-

<補足>

・加算型料率と乗算型料率

料率の計算方法には「加算型料率」,「乗算型料率」があり，簡単な式で表現すると，次のようになる（以下の例では使用するリスク要素は a_i, b_j の 2 つ，各要素で使用されるリスク較差はそれぞれ x_i, y_j とする）．

BP：基準保険料（計算の基準となる保険料．自動車保険の車両保険であれば通常 100 万円の車両に対する保険料を基準保険料としてる）

P：適用保険料（契約者ごとに適用される営業保険料）

$$P = BP \times r_{ij}$$

乗算型料率の場合 (a_i, b_j) の料率係数 $r_{ij} = x_i \times y_j$

加算型料率の場合 (a_i, b_j) の料率係数 $r_{ij} = x_i + y_j$

・ミニマム・バイアス法

2 変数の場合は，次の連立方程式を $\hat{r}_{ij}$ について解くことによって，理論リスク較差を計算することができる．

$$\sum_{j=1}^{l} n_{ij}(r_{ij} - \hat{r}_{ij}) = 0 \qquad (i = 1, 2, \cdots, k)$$

$$\sum_{i=1}^{k} n_{ij}(r_{ij} - \hat{r}_{ij}) = 0 \qquad (j = 1, 2, \cdots, l)$$

（r_{ij}：リスク実績のリスク較差　　n_{ij}：エクスポージャ数）

【例題 90】ミニマム・バイアス法②

ある保険会社の自家用自動車に対する自動車保険の料率は，単純に車種（ファミリーカーかスポーツカー）と運転者の年齢（25 歳未満か 25 歳以上か）の 2 つの危険要素のみによって複合的に区分されている．この保険にかかるある年度の実績統計は表 1，表 2 のとおりであり，この統計に基づいてクレームコスト（ここでは純保険料の意味）の分析を行うことにする．このとき，以下の各問いに答えよ．

表 1　経過台数 (E_{ij})

	25 歳未満	25 歳以上	合計
ファミリーカー	$E_{11}(2,900)$	$E_{12}(5,100)$	$E_{1\cdot}$ $(8,000)$
スポーツーカー	$E_{21}(1,100)$	E_{22} (900)	$E_{2\cdot}$ $(2,000)$
合計	$E_{\cdot 1}$ $(4,000)$	$E_{\cdot 2}$ $(6,000)$	$E_{\cdot\cdot}(10,000)$

表 2　クレーム総額 (C_{ij})

	25 歳未満	25 歳以上	合計
ファミリーカー	$C_{11}(196)$	$C_{12}(240)$	$C_{1\cdot}(436)$
スポーツーカー	$C_{21}(124)$	C_{22} (91)	$C_{2\cdot}(215)$
合計	$C_{\cdot 1}(320)$	$C_{\cdot 2}(331)$	$C_{\cdot\cdot}(651)$

(1) 各リスク区分ごとの相対クレームコスト指数 (r_{ij}) を計算し，表 3 を埋めよ（小数点以下第 4 位を四捨五入して第 3 位まで）．

表 3　相対クレームコスト指数 (r_{ij})

	25 歳未満	25 歳以上	合計
ファミリーカー	r_{11}(　　)	r_{12}(　　)	$r_{1\cdot}$(　　)
スポーツーカー	r_{21}(　　)	r_{22}(　　)	$r_{2\cdot}$(　　)
合計	$r_{\cdot 1}$(　　)	$r_{\cdot 2}$(　　)	$r_{\cdot\cdot}$(　　)

(2) (1) の各相対クレームコスト指数の推定値 ($\hat{r}_{ij}$) をミニマム・バイアス法を用いて求めるとしたとき，各指数の推定値が満たすべき基準式を示せ．

(3) この複合分類リスクの構造が乗法型であるものと仮定して，2 つの危険要素それぞれについての料率係数 (x_i, y_j) をミニマム・バイアス法により求めよ．なお，車種区分のうち「ファミリーカー」に対応する料率係数 x_1 は，それに対応する実績の相対クレーム $r_{1\cdot}$ に等しいものと仮定することにする．また，併せて相対クレームコスト指数の推定値 ($\hat{r}_{ij}$) を計算せよ（ただし，小数点以下第 4 位を四捨五入して第 3 位まで）．

<解答>

(1) まず，各リスト区分ごとのクレームコスト (R_{ij}) を計算する（表 4）．

$$R_{ij} = \frac{C_{ij}}{E_{ij}} \qquad (i, j = 1, 2)$$

表 4　クレームコスト (R_{ij})

	25 歳未満	25 歳以上	合計
ファミリーカー	$R_{11}(0.06759)$	$R_{12}(0.04706)$	$R_{1\cdot}(0.05450)$
スポーツーカー	$R_{21}(0.11273)$	$R_{22}(0.10111)$	$R_{2\cdot}(0.10750)$
合計	$R_{\cdot 1}(0.08000)$	$R_{\cdot 2}(0.05517)$	$R_{\cdot\cdot}(0.06510)$

求める [相対クレームコスト指数 (r_{ij})] は

$$r_{ij} = \frac{R_{ij}}{R_{\cdot\cdot}} \qquad (i, j = 1, 2)$$

だから，表 5 のとおりとなる．

表 5

	25 歳未満	25 歳以上	合計
ファミリーカー	$r_{11}(1.038)$	$r_{12}(0.723)$	$r_{1\cdot}(0.837)$
スポーツーカー	$r_{21}(1.732)$	$r_{22}(1.553)$	$r_{2\cdot}(1.651)$
合計	$r_{\cdot 1}(1.229)$	$r_{\cdot 2}(0.847)$	$r_{\cdot\cdot}(1.000)$

(2) ミニマム・バイアス法における満たすべき基準は

$$\begin{cases} E_{11}(r_{11} - \hat{r}_{11}) + E_{12}(r_{12} - \hat{r}_{12}) = 0 \\ E_{21}(r_{21} - \hat{r}_{21}) + E_{22}(r_{22} - \hat{r}_{22}) = 0 \\ E_{11}(r_{11} - \hat{r}_{11}) + E_{21}(r_{21} - \hat{r}_{21}) = 0 \\ E_{12}(r_{12} - \hat{r}_{12}) + E_{22}(r_{22} - \hat{r}_{22}) = 0 \end{cases}$$

(3) (2) の連立方程式において，$E_{ij}(r_{ij} - \hat{r}_{ij})$ をそれぞれ変数と見なして求めると

$$\left\{ \begin{aligned} E_{11}(r_{11} - \hat{r}_{11}) = E_{22}(r_{22} - \hat{r}_{22}) = C \\ E_{12}(r_{12} - \hat{r}_{12}) = E_{21}(r_{21} - \hat{r}_{21}) = -C \end{aligned} \right\} \quad \cdots\cdots ①$$

となる（ここで C は定数）．

さて，この複合分類リスクの構造が乗法型であるので，各相対クレームコスト指数の推定値は料率係数を用いて

$$\hat{r}_{ij} = x_i \times y_j \qquad (i, j = 1, 2)$$

と表されるので，これを①の連立方程式に代入し整理すると

$$\begin{cases} x_1 \cdot y_1 = r_{11} - \dfrac{C}{E_{11}} & \cdots\cdots(\mathrm{a}) \\ x_2 \cdot y_2 = r_{22} - \dfrac{C}{E_{22}} & \cdots\cdots(\mathrm{b}) \\ x_1 \cdot y_2 = r_{12} + \dfrac{C}{E_{12}} & \cdots\cdots(\mathrm{c}) \\ x_2 \cdot y_1 = r_{21} + \dfrac{C}{E_{21}} & \cdots\cdots(\mathrm{d}) \end{cases}$$

(a)×(b)=(c)×(d) の右辺をおのおの等しく置くと

$$\left(r_{11} - \frac{C}{E_{11}}\right)\left(r_{22} - \frac{C}{E_{22}}\right) = \left(r_{12} + \frac{C}{E_{12}}\right)\left(r_{21} + \frac{C}{E_{21}}\right)$$

上式に数値を代入すると

$204.9C^2 - 2,685,731C + 359,779,800 = 0$
$\therefore C = 135.356$ or $12,972.216$（これは y_1 など負となり不適）
$C = 135,356$ を (a) に代入して $y_1 = 1,184$（$x_1 = 0.837$ を代入…条件より）

以下，$y_2 = 0.896$，$x_2 = 1.565$ より

$$\begin{aligned} \hat{r}_{11} &= x_1 \times y_1 \fallingdotseq 0.991 \\ \hat{r}_{12} &= x_1 \times y_2 \fallingdotseq 0.750 \\ \hat{r}_{21} &= x_2 \times y_1 \fallingdotseq 1.853 \\ \hat{r}_{22} &= x_2 \times y_2 \fallingdotseq 1.402 \end{aligned}$$

【例題 91】比例再保険のネット再保険料

ある保険会社では，年間クレーム件数 N が確率関数 $p(N=n) = \binom{39+n}{n} 0.2^{40} \times 0.8^n$ の負の二項分布に従い，クレーム額の分布の確率密度関数が $f(x) = 2e^{-2x}$ $(x \geq 0)$ の元受契約を保有している．この保険会社が，出再割合 $\alpha = 20$ %で比例再保険を締結した場合，支払うべきネット再保険料を求めよ．

<解答>

この再保険の平均クレーム単価 $E(X')$ は

$$\begin{aligned} E(X') &= E(\alpha X) = \alpha E(X) \\ &= \alpha \int_0^\infty x f(x) dx = 0.4 \int_0^\infty x 2e^{-2x} dx \\ &= 0.2 \times \frac{1}{2} = 0.1 \end{aligned}$$

年間のクレーム件数の期待値は $E(N) = 40 \times \dfrac{0.8}{0.2} = 160$. よって，ネット再保険料 p は

$$p = \lambda E(X') = 160 \times 0.1 = \underline{16}$$

となる．

<補足>

・負の二項分布（第 III 部の付録 I「確率分布」参照）

$$\text{確率関数}: f(x) = \binom{\alpha + x - 1}{x} p^{\alpha} q^{x} \qquad \text{期待値}: E(x) = \frac{\alpha \cdot q}{p}$$

【例題 92】ELC 再保険のネット再保険料

ある保険会社では，クレーム額 X の分布の分布関数が $F(x) = 1 - e^{-x} \quad (x \geq 0)$ の元受契約を 2,000 件保有している（クレーム頻度は 5% とする）．この保険会社が，1 事故当たりエクセスポイント 1 を超過する損害限度額 1 まで補償する ELC 契約を締結した場合，支払うべきネット再保険料を求めよ（$e \fallingdotseq 2.7$ を用いよ）．

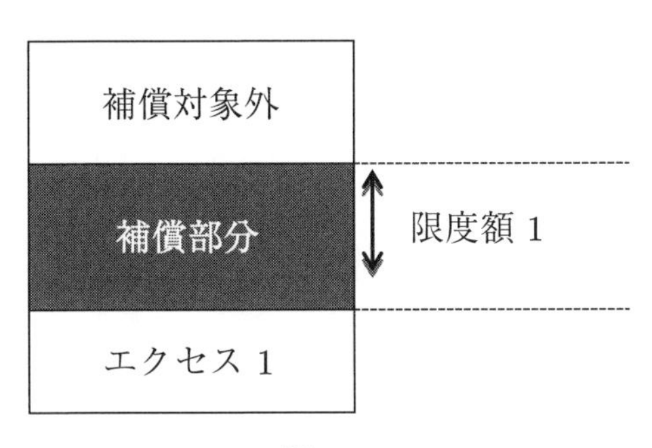

図 1

<解答>

この再保険の支払単価 $E(X')$（エクセス 1 未満のクレームも支払保険金 0 として計算）は

$$\begin{aligned} E(X') &= E[\max(\min(X-1, 1), 0)] \\ &= \int_1^2 (x-1) f(x) dx + \int_2^{\infty} 1 \cdot f(x) dx \\ &= \int_1^2 (x-1) \cdot e^{-x} dx + \int_2^{\infty} 1 \cdot e^{-x} dx \quad \left(\because f(x) = \frac{d}{dx} F(x) = e^{-x} \right) \end{aligned}$$

$$= [(x-1)x(-e^{-x})]_1^2 + \int_1^2 e^{-x}dx + [-e^{-x}]_2^\infty$$
$$= -e^{-2} + [-e^{-x}]_1^2 + e^{-2}$$
$$= e^{-1} - e^{-2} = \frac{1}{2.7} - \frac{1}{2.7^2} = 0.233$$

クレーム頻度が5%であることから，年間の事故件数の期待値は $\lambda = 0.05 \times 2,000 = 100$. よって，ネット再保険料 p は

$$p = \lambda E(X') = 100 \times 0.233 = \underline{23.3}$$

となる.

＜補足＞

$E(X')$ は，エクセスポイント d のストップロス再保険のネット再保険料 P_d を用いて $E(X') = P_1 - P_2$ と表現できる.

ネット再保険料の公式 $P_d = \displaystyle\int_d^\infty (1 - F_S(x))dx$（後記【例題 93】参照）を用いると，$E(X')$ は

$$E(X') = P_1 - P_2 = \int_1^\infty e^{-x}dx - \int_2^\infty e^{-x}dx = e^{-1} - e^{-2}$$

と比較的容易に計算することができる.

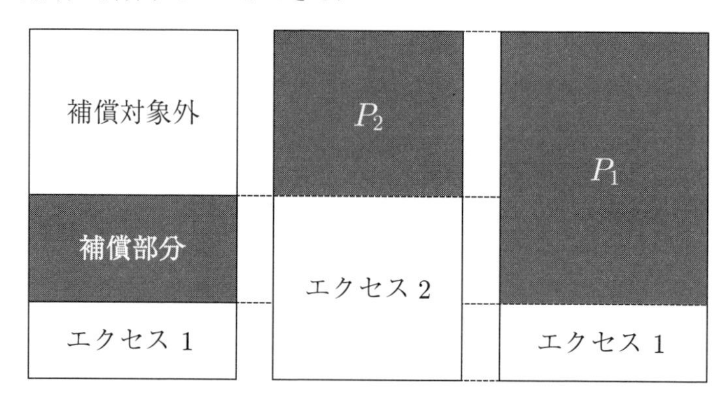

図 2　ネット再保険料との関係

【例題 93】ストップロス再保険のネット再保険料の変形

(1) 契約集団のクレーム総額 S（分布関数 $F_S(x)$）に対して，エクセスポイント d のストップロス再保険料 $P_d = E(I_d) = \displaystyle\int_d^\infty (x-d)dF_S(x)$ が,

① $P_d = E(S) - d + \int_0^d (d - x) f_S(x) dx$

② $P_d = \int_d^\infty (1 - F_S(x)) dx$

③ $P_d = E(S) - \int_0^d (1 - F_S(x)) dx$

と変形できることを示せ.

(2) 契約集団のクレーム総額 S が非負の整数という離散型の確率分布（分布関数 $F_S(x)$）に従う場合, ストップロスのネット再保険料 $P_d = \sum_{x=d+1}^{\infty} (x - d) f_S(x)$ が,

① $P_d = E(S) - d + \sum_{x=0}^{d-1} (d - x) f_S(x)$

② $P_d = \sum_{x=d}^{\infty} (1 - F_S(x))$

③ $P_d = E(S) - \sum_{x=0}^{d-1} (1 - F_S(x))$

で, 3 つの算式でも計算されることを示せ.

<解答>

(1)

《①の証明》

$$\begin{aligned} P_d &= \int_d^\infty (x - d) dF_S(x) \\ &= \int_0^\infty (x - d) dF_S(x) - \int_0^d (x - d) dF_S(x) \\ &= E(S) - d + \int_0^d (d - x) dF_S(x) \end{aligned}$$

《②の証明》

$$\begin{aligned} P_d &= \int_d^\infty (x - d) dF_S(x) \\ &= \int_d^\infty \left(\int_d^x dt \right) f_S(x) dx \end{aligned}$$

積分順序を入れ替えて（図1参照）

$$= \int_d^\infty \int_t^\infty f_S(x)dxdt = \int_d^\infty (1 - F_S(t))dt$$

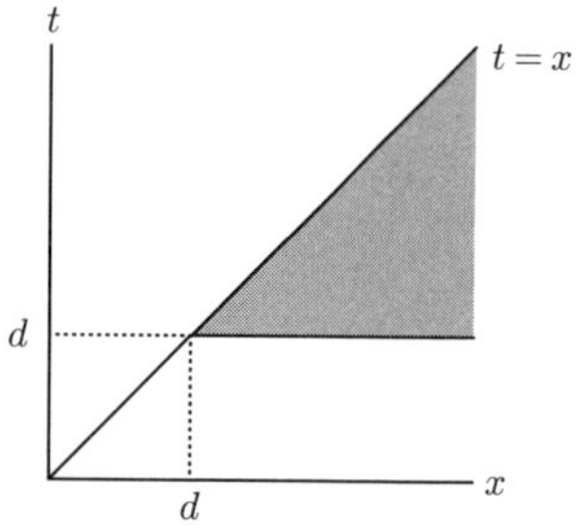

図1　積分領域

《③の証明》

②の結果から

$$\begin{aligned} P_d &= \int_d^\infty (1 - F_S(t))dt \\ &= \int_0^\infty (1 - F_S(t))dt - \int_0^d (1 - F_S(t))dt \\ &= E(S) - \int_0^d (1 - F_S(t))dt \qquad (\because \int_0^\infty (1 - F_S(t))dt = E(I_0) = E(S) \end{aligned}$$

<補足>参照)

(2)

《①の証明》

$$\begin{aligned} P_d &= \sum_{x=d+1}^{\infty} (x-d) f_S(x) \\ &= \sum_{x=d+1}^{\infty} x f_S(x) - d \sum_{x=d+1}^{\infty} f_S(x) \\ &= \left(\sum_{x=0}^{\infty} x f_S(x) - \sum_{x=0}^{d} x f_S(x) \right) - d \left(\sum_{x=0}^{\infty} f_S(x) - \sum_{x=0}^{d} f_S(x) \right) \\ &= E(S) - d + \sum_{x=0}^{d-1} (d-x) f_S(x) \end{aligned}$$

《②の証明》

$$P_d = \sum_{x=d+1}^{\infty} (x-d) f_S(x) = \sum_{x=d+1}^{\infty} \left(\sum_{l=d+1}^{x} 1 \right) f_S(x)$$

計算順序を入れ替えて

$$\begin{aligned} &= \sum_{l=d+1}^{\infty} \sum_{x=l}^{\infty} f_S(x) \\ &= \sum_{l=d+1}^{\infty} (1 - F_S(l-1)) \end{aligned}$$

$$= \sum_{x=d}^{\infty} (1 - F_S(x))$$

《③の証明》

$$\begin{aligned} P_d &= \sum_{x=d}^{\infty} (1 - F_S(x)) \\ &= \underbrace{\sum_{x=0}^{\infty} (1 - F_S(x))}_{E(I_0)} - \sum_{x=0}^{d-1} (1 - F_S(x)) \\ &= E(S) - \sum_{x=0}^{d-1} (1 - F_S(x)) \end{aligned}$$

<補足>

・$E(S)$ の変形（【例題 54】参照）

$$\begin{aligned} E(S) &= \int_0^{\infty} x f(x) dx = \int_0^{\infty} \int_0^{x} 1 \cdot dt f(x) dx = \int_0^{\infty} \int_t^{\infty} f(x) dx dt \\ &= \int_0^{\infty} (1 - F(t)) dt \end{aligned}$$

【例題 94】ストップロス再保険のネット再保険料

クレーム総額 S が以下の (1)，(2) の場合，それぞれのストップロス再保険（エクセスポイント $d = 3$）のネット再保険料を求めよ．

(1) クレーム総額 S の分布関数が $F_S(x) = 1 - e^{-\frac{1}{6}x}$ の場合（$e \fallingdotseq 2.7$ で計算せよ）．

(2) クレーム総額 S（期待値 6）は非負の整数を値にとる確率変数であり，次の確率分布に従う場合．

クレーム総額 S	0	1	2	3 以上
発生確率	10%	20%	20%	50%

<解答>

(1)【例題 93】の結果，連続型のストップロス再保険のネット再保険料の式

$$P_d = \int_d^{\infty} (1 - F_S(x))\, dx$$

を用いて計算する.

$$P_d = \int_d^{\infty} (1 - F_S(x))dx = \int_d^{\infty} e^{-\frac{1}{6}x} dx = [-6e^{-\frac{1}{6}x}]_d^{\infty} = 6e^{-\frac{1}{6}d}$$

$d = 3$ を代入して

$$P_3 = 6e^{-\frac{1}{6}\times 3} = \frac{6}{\sqrt{e}} = \frac{6}{\sqrt{2.7}} = 3.65\cdots \to \underline{3.7}$$

とネット再保険料は約 3.7 となる.

(2)【例題 93】の結果，離散型のストップロス再保険ネット再保険料の式

$$P_d = E(S) - \sum_{x=0}^{d-1} (1 - F_S(x))$$

を用いて計算する.

$$\begin{aligned} P_3 &= E(S) - \sum_{x=0}^{2} (1 - F_S(x)) \\ &= E(S) - (1 - F_S(0)) - (1 - F_S(1)) - \underbrace{(1 - F_S(2))}_{P(S\geq 3)} \\ &= 6 - (1 - 0.1) - \{1 - (0.1 + 0.2)\} - 0.5 = 3.9 \end{aligned}$$

となり，ネット再保険料は 3.9 となる.

【例題 95】複合分布とストップロス再保険のネット再保険料

ある保険会社では，年間クレーム総額が

・クレーム件数が，確率関数が $P(N = n) = 0.2 \times 0.8^n$ の幾何分布に従う.
・クレーム額 X の分布が下表のとおり.

クレーム額 (X)	1	2	3
発生確率	50%	40%	10%

の複合分布に従うポートフォリオを引き受けている.

このとき，この保険会社がエクセスポイント $d = 2$ のストップロス再保険カバーを購入した場合，そのネット再保険料を算出せよ.

＜解答＞

【例題 93】の結果のクレーム額が離散型のストップロス（年間支払限度額 d）のネット再保険料の算式 $P_d = \sum_{x=d}^{\infty}(1-F_S(x))$ を用いて,

$$\begin{aligned} P_d - P_{d+1} &= \sum_{x-d}^{\infty}(1-F_S(x)) - \sum_{x=d+1}^{\infty}(1-F_S(x)) = 1 - F_S(d) \\ \therefore P_{d+1} &= P_d - (1-F_S(d)) \end{aligned}$$

という漸化式が求められ，この漸化式を用いてネット再保険料を順次計算すればよい.

また，このポートフォリオが，クレーム額 X が非負の整数 $(X=1,2,3)$ をとる複合分布に従うことから，$F_S(x) = \sum^{x} f_S(t)$ の計算には，複合分布の確率関数の漸化式

$$f_S(x) = \sum_{i=1}^{\min(x,3)} (a + \frac{bi}{x}) \cdot p(i) \cdot f_S(x-i)$$

を用いることができる.

ここで $\dfrac{P(N=n)}{P(N=n-1)} = \dfrac{0.2 \times 0.8^n}{0.2 \times 0.8^{n-1}} = 0.8$ なので，$a = 0.8 \quad b = 0$ となる.

よって $f_S(x)$ の漸化式は $f_S(x) = \sum_{i=1}^{\min(x,3)} 0.8 \times p(i) \times f_S(x-i)$.

$$\begin{aligned} f_S(0) &= P(N=0) = 0.2 \times 0.8^0 = 0.2 \text{（事故件数ゼロの確率）} \\ f_S(1) &= 0.8 \times p(1) \times f_S(0) = 0.8 \times 50\% \times 0.2 = 0.08 \end{aligned}$$

一方，$P_0 = E(S) = E(X) \cdot E(N) = (1 \times 50\% + 2 \times 40\% + 3 \times 10\%) \times \dfrac{0.8}{0.2} = 6.4$ なので，以上を組み合わせると

表 1

d	$f_S(d)$	$F_S(d) = \sum^{d} f_S(x)$	P_d
0	0.20	0.20	6.4
1	0.08	0.28	$P_1 = P_0 - (1 - F_S(0))$ $= 6.4 - (1 - 0.20) = 5.6$

$P_2 = P_1 - (1 - F_S(1)) = 5.6 - (1 - 0.28) = 4.88$

以上より，ネット再保険料は 4.88 と得られる.

<補足>

・クレーム額が非負の整数をとる複合分布の確率計算（【例題22】参照）

ークレーム件数の確率関数が $\dfrac{P(N=n)}{P(N=n-1)}=a+\dfrac{b}{n}$

ークレーム額が正の整数 i $(i = 1,2,3,\cdots,m)$ を取り，その確率が $p(i)$ $(i = 1,2,3,\cdots,m)$

の複合分布の確率（確率関数 $f_S(x)$）は，次の漸化式で算出できる．

$$f_S(x)=\sum_{i=1}^{\min(x,m)}(a+\frac{bi}{x})\cdot p(i)\cdot f_S(x-i)$$

【例題96】ストップロス再保険と比例再保険の組合せ

ある保険会社が元受契約で引き受けている契約集団のクレーム総額 X は期待値10の指数分布に従う．この保険会社が60%比例のリスクの内のエクセスポイント＝3を超過する部分を出再した．

ネット再保険料はいくらになるか計算せよ（$e \fallingdotseq 2.7$ を用いよ）．

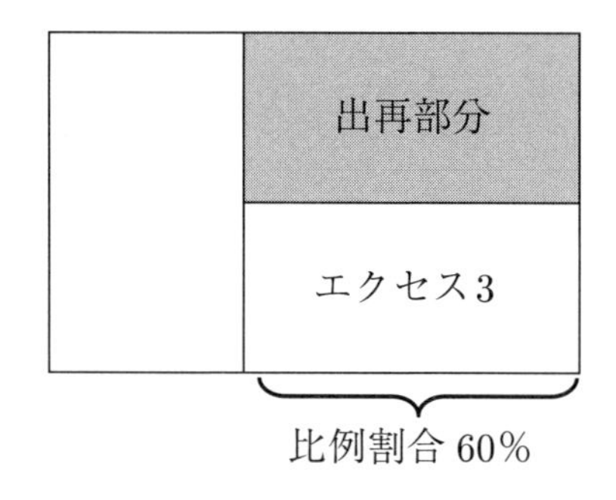

図1　出再部分のイメージ

<解答>

比例割合60%のクレーム額を Y とすると，$Y=0.6X$ なので，Y の分布関数，確率密度関数は

$$\begin{aligned}F_Y(y) &= P(Y\leq y)=P(0.6X\leq y)=P(X\leq \frac{y}{0.6})\\ &= F_X(\frac{y}{0.6})=1-e^{-\frac{1}{10}\times\frac{y}{0.6}}=1-e^{-\frac{y}{6}}\end{aligned}$$

となり，Y は期待値6の指数分布に従う．

ストップロス再保険（エクセスポイント d）のネット再保険料の公式 $P_d=\int_d^{\infty}(1-F_S(x))dx$ を用いて，クレーム額 Y に対するエクセスポイント3のネット再保険料

を計算すると

$$
\begin{aligned}
P_3 &= \int_3^\infty (1 - F_Y(y))dy \\
&= \int_3^\infty (1 - (1 - e^{-\frac{y}{6}}))dy \\
&= \int_3^\infty e^{-\frac{y}{6}}dy = [-6e^{-\frac{y}{6}}]_3^\infty = 6e^{-\frac{1}{2}} = \frac{6}{\sqrt{2.7}} = 3.7
\end{aligned}
$$

となる．

【例題 97】再保険における破産確率①

ある再保険会社（初期サープラス 1）が，年間クレーム総額 S が指数分布（分布関数：$F_S(x) = 1 - e^{-\frac{1}{6}x}$）に従う元受保険契約をエクセスポイント $d = 3$ のストップロス再保険（【例題 94】の（1）に同じ）で引き受けることを検討している．この再保険契約に関して 1 年後の破産確率を 10％以内に抑えるためには，再保険付加率 ξ を何％以上設定する必要があるか求めよ（$e \fallingdotseq 2.7$, $\log(0.10) \fallingdotseq -2.30$ で計算せよ）．なお，安全割増 θ は織り込まないこととする．

<解答>

このストップロス再保険のネット再保険料は，【例題 94】の（1）の結果から，期待値ベースで $P_3 = 3.7$ と判明している．

再保険付加率を $\xi(\xi > 0)$ とした場合，この再保険会社の 1 年後のサープラス U_1 は

$$U_1 = U_0 + P_3 \times (1 + \xi) - \max(X - 3, 0)$$

となる．

1 年後の破産確率を 10％以内に抑えるためには，

$$P(U_1 < 0) \leq 0.10$$

$$P\{U_0 + P_3 \times (1 + \xi) - \max(X - 3, 0) < 0\} \leq 0.10$$

とすればよい．この不等式に $U_0 = 1$，$P_3 = 3.7$ をあてはめ

$$P\{1 + 3.7 \times (1 + \xi) - \max(X - 3, 0) < 0\} \leq 0.10$$

$$P\{1 + 3.7 \times (1 + \xi) < 0, X \leq 3\} + P\{1 + 3.7 \times (1 + \xi) - (X - 3) < 0, X > 3\} \leq 0.10$$

左辺の第 1 項については，$\xi > 0$ であることから常に $1 + 3.7 \times (1 + \xi) > 4.7$ であり，

$P\{1+3.7\times(1+\xi)<0, X\leq 3\}=0$ であることが自明なので，左辺の第2項について ξ を解けばよい．

$$
\begin{aligned}
P\{1+3.7\times(1+\xi)-(X-3)<0, X>3\} &\leq 0.10 \\
P(X>7.7+3.7\xi) &\leq 0.10 \\
1-F_S(7.7+3.7\xi) &\leq 0.10 \\
1-\left\{1-\exp\left(-\frac{7.7+3.7\xi}{6}\right)\right\} &\leq 0.10 \\
-\frac{7.7+3.7\xi}{6} &\leq \log(0.10)=-2.30 \\
\xi &\geq 1.6486\cdots
\end{aligned}
$$

以上より，再保険付加率 ξ を 165%以上設定すればよい．

<補足>

・$P(A)=P(A\cap B)+P(A\cap B^c)$

（B^c は B の余事象（事象 B が発生しない））

【例題 98】再保険における破産確率②

ある保険会社（初期サープラス $u_0=1$）では，クレーム額の分布が指数分布（確率密度関数が $f(x)=4e^{-4x}\quad(x\geq 0)$），クレーム件数がポアソン分布（クレーム頻度は10%）に従う元受保険契約（予定損害率50%）を1,000件保有している．この保険会社は比例再保険（出再割合 α．再保険付加率 $\xi=100$%）を締結することを予定している．このとき，ルンドベリの不等式の上限値を用いて，出再割合 α が0.2，0.5，0.8の場合の，この保険会社の破産確率を求めよ．

<解答>

この保険会社の元受保険契約の営業保険料を P とすると，

クレーム額の期待値 $E(X)=\dfrac{1}{4}$

クレーム件数の期待値 $\lambda=0.1\times 1{,}000=100$ を用いて

$$P=\lambda E(X)\div 50\%=100\times\frac{1}{4}\div 50\%=50$$

となる．

一方，再保険の保険料 P_α は

$$P_\alpha=\lambda E(X')\times(1+\xi)=\lambda\times\alpha\times E(X)\times(1+\xi)=100\times\alpha\times\frac{1}{4}\times(1+1)=50\alpha$$

ゆえに，正味保険料 P' は

$$P' = P - P_\alpha = 50(1-\alpha)$$

また，正味保険金 $Y = X - \alpha X = (1-\alpha)X$ の積率母関数は

$$M_Y(r) = \int_0^\infty e^{ry} f(x)dx = \int_0^\infty e^{r(1-\alpha)x} \times 4e^{-4x}dx = 4\int_0^\infty e^{r(1-\alpha)-4x}dx$$
$$= \frac{4}{4-(1-\alpha)r}$$

以上より，調整係数 R を求めるための方程式は

$$\lambda + P' \times r = \lambda M_Y(r)$$
$$100 + 50(1-\alpha)r = 100 \times \frac{4}{4-(1-\alpha)r}$$
$$2 + (1-\alpha)r = \frac{8}{4-(1-\alpha)r}$$

$x = (1-\alpha)r$ とおいて

$$2 + x = \frac{8}{4-x}$$
$$x = 0, 2$$

$1-\alpha > 0$，調整係数は非負の値であることから $x > 0$ で $x = 2$

$$(1-\alpha)r = 2$$
$$r = \frac{2}{1-\alpha}$$

となる．

この方程式から，出再割合が 0.2，0.5，0.8 の場合の調整係数 R を求め，その上でハンドベリの不等式 ($\varepsilon \leqq e^{-Ruo}$) の上限値から破産確率を求めると，

表 1

出再割合 α	調整係数 R	破産確率 (e^{-R})
0.2	2.5	8.3%
0.5	4	1.9%
0.8	10	0.005%

となる．

<補足>

・比例再保険において出再割合 α を大きくすることによって，調整係数 R が大きくなる，すなわち破産確率が低減することがわかる（第 3 章の要項「調整係数 R と他のパラメータとの関係」参照）．

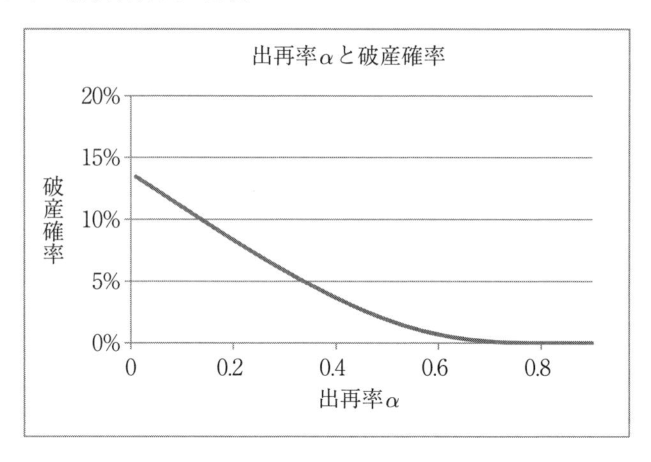

図1

・指数分布（第III部の付録I「確率分布」参照）

$$f(x)=\frac{1}{\sigma}e^{-\frac{1}{\sigma}x}\quad(x\geq 0)\quad E(X)=\sigma\quad M_X(t)=\frac{1}{1-\sigma\cdot t}\quad\left(t<\frac{1}{\sigma}\right)$$

【例題99】保険料算出原理①（指数原理）

効用関数が $u(x)=-e^{-hx}$ である保険会社（資本 c を有する）が，クレーム額が指数分布（確率密度関数）$f(x)=\frac{1}{\sigma}e^{-\frac{1}{\sigma}x}$ $(x\geq 0)$ に従うリスクを引き受けるとき，以下の問に答えよ．

(1) 期待効用を踏まえて，この保険会社が下限と考える純保険料を求めよ．

(2) $h=\frac{1}{3}$，$\sigma=2$ のとき，上記(1)の純保険料を求めよ．なお，算出上，表1の対数を用いよ．

表1

n	2	3	5
$\log(n)$	0.693	1.099	1.609

(3) 上記(2)の純保険料は，期待値の何倍の割増を領収しているか求めよ．

<解答>

(1) 保険会社からみた，保険を引き受ける（純保険料 P）期待効用は

$$E(u(c-X+P))\;=\;E(-e^{-h(c-X+P)})$$

$$= -e^{-hc} \times e^{-hP} \times E(e^{hX})$$
$$= -e^{-hc} \times e^{-hP} \times M_X(h)$$

一方，保険を引き受けなかった場合の期待効用は $E(u(c)) = E(-e^{-hc}) = -e^{-hc}$

以上より，期待効用を踏まえて，この保険会社が下限と考える純保険料は

$$-e^{-hc} \times e^{-hP} \times M_X(h) = -e^{-hc}$$
$$e^{-hP} \times M_X(h) = 1$$
$$-hP + \log M_X(h) = 0$$
$$P = \frac{\log M_X(h)}{h}$$

指数分布の積率母関数は $M_X(h) = \dfrac{1}{1-\sigma\cdot h} \quad \left(h < \dfrac{1}{\sigma}\right)$ なので，代入すると

$$P = \frac{1}{h}\log(\frac{1}{1-\sigma\cdot h})$$

(2) $h = \dfrac{1}{3}$，$\sigma = 2$ を (1) の結果に代入すると

$$P = \frac{1}{h}\log(\frac{1}{1-\sigma\cdot h}) = \frac{1}{\frac{1}{3}} \times \log(\frac{1}{1-2\times\frac{1}{3}}) = 3 \times \log 3 = 3 \times 1.099 = \underline{3.297}$$

(3) 指数分布の期待値は $E(X) = \sigma = 2$ なので，$(3.297-2) \div 2 = +0.6485$ と期待値の約 0.65 倍相当の割増を領収していることがわかる．

（期待値原理にあてはめると,$P = (1+h) \times \mu_X = (1+0.6485) \times \mu_X$）

<補足>

・積率母関数 $M_X(t) = E(e^{tX})$

・指数分布 （第 III 部の付録 I「確率分布」 参照）

$$f(x) = \frac{1}{\sigma}e^{-\frac{1}{\sigma}x} \quad (x \geq 0) \quad E(X) = \sigma \quad M_X(t) = \frac{1}{1-\sigma\cdot t} \quad (t < \frac{1}{\sigma})$$

【例題 100】保険料算出原理②（効用関数）

効用関数が共に $u(x) = -e^{-x}$ の保険会社と保険契約者が，$U(0,1)$ の一様分布（確率密度関数：$f(x) = 1$）に従うクレーム額 X を補償する保険契約の締結の交渉をすることになった．また，保険会社，保険契約者ともに初期資本として 1 を有している．

(1) 保険会社から見て，保険契約を結んだ場合と，結ばない場合の期待効用が一致する純保険料 P を求めよ．

(2) 保険契約者から見て，保険契約を結んだ場合と，結ばない場合の期待効用が一致する純保険料 P を求めよ．

<解答>

(1) 保険会社から見た，保険契約を結んだ場合の期待効用は

$$
\begin{aligned}
E(u(1-X+P)) &= \int_0^1 \{u(1-x+P)\cdot f(x)\}dx \\
&= \int_0^1 (-\exp\{-(1-x+P)\}\cdot 1)dx = -e^{-1}\cdot e^{-P}\int_0^1 e^x dx \\
&= -e^{-1}\cdot e^{-P}[e^x]_0^1 = -e^{-1}\cdot e^{-P}(e-1)
\end{aligned}
$$

となり，一方，保険契約を結ばない場合の期待効用は $E(u(1)) = u(1) = -e^{-1}$ となる．これらが一致する純保険料 P を求めると，

$$
\begin{aligned}
E(u(1-X+P)) &= u(1) \\
-e^{-1}\cdot e^{-P}(e-1) &= -e^{-1} \\
P &= \log(e-1) = 0.5413\cdots
\end{aligned}
$$

と約 0.54 となる．

(2) 保険契約から見た，保険契約を結んだ場合の期待効用は

$$
E(u(1-P)) = u(1-P) = -e^{-(1-P)} = -e^{-1}\cdot e^P
$$

となり，一方，保険契約を結ばない場合の期待効用は

$$
\begin{aligned}
E(u(1-X)) &= \int_0^1 \{u(1-x)\cdot f(x)\}dx \\
&= \int_0^1 (-\exp\{-(1-x)\}\cdot 1)dx = -e^{-1}\int_0^1 e^x dx \\
&= -e^{-1}\cdot [e^x]_0^1 = -e^{-1}\cdot (e-1)
\end{aligned}
$$

これらが一致する純保険料 P を求めると，

$$
\begin{aligned}
u(1-P) &= E(u(1-X)) \\
-e^{-1}\cdot e^P &= -e^{-1}\cdot (e-1) \\
P &= \log(e-1) = 0.5413\cdots
\end{aligned}
$$

と保険会社と同様，約 0.54 となった．

<補足>

・本問の設定では，保険料を抑えたい (言い換えると，保険契約を締結する期待効用 $E(u(1-P))$ を大きくしたい) 保険契約者にとって，期待効用の観点で上限と

なる保険料が 0.54 となり，一方，保険料をできるだけ確保したい (保険契約を締結する期待効用 $E(u(1-X+P))$ を大きくしたい) 保険会社にとって期待効用の観点で下限となる保険料も同じく 0.54 となった．この結果から，保険契約は円滑に締結されるものと推測される．

【例題 101】保険料算出原理③（リスク回避とリスク愛好）

$U(0,1)$ の一様分布に従うクレーム額 X のリスクについて，以下の問いに答えよ．

(1) 効用関数の異なる 3 人（いずれも初期資本 1 を有する）

A 氏：$u_A(x) = x^2$
B 氏：$u_B(x) = \sqrt{x}$
C 氏：$u_C(x) = x$

がこのリスクに対する保険の補償を求め，保険契約の締結を検討している．このとき，三者が期待効用の観点から上限となる純保険料 P をそれぞれ求めよ．

(2) 上記 (1) の結果から，最も リスク回避的な人物は誰か．

<解答>

(1) 効用関数が $u(x) = x^k$ のとき，保険契約を結んだ場合の期待効用は

$$E(u(1-P)) = (1-P)^k$$

となり，一方，保険契約を結ばない場合の期待効用は

$$\begin{aligned} E(u(1-X)) &= \int_0^1 \{u(1-x)\cdot 1\}dx \\ &= \int_0^1 (1-x)^k dx \\ &= [-\frac{(1-x)^{k+1}}{k+1}]_0^1 = \frac{1}{k+1} \end{aligned}$$

となる．これらが一致する純保険料 P を求めると，

$$\begin{aligned} u(1-P) &= E(u(1-X)) \\ (1-P)^k &= \frac{1}{k+1} \\ P &= 1-(\frac{1}{k+1})^{\frac{1}{k}} \end{aligned}$$

3者の純保険料は

A氏：$k=2$ を代入し，$P_A = 1-(\frac{1}{2+1})^{\frac{1}{2}} = 0.423\cdots$ と純保険料は約 0.42

B氏：$k=\frac{1}{2}$ を代入し，$P_B = 1-(\frac{1}{1/2+1})^{\frac{1}{1/2}} = 0.555\cdots$ と純保険料は約 0.56

C氏：$k=1$ を代入し，$P_C = 1-(\frac{1}{1+1})^{\frac{1}{1}} = 0.5$ と純保険料は 0.5

(2) 3者の中で最も高い純保険料となるB氏がリスク回避的といえる．

<補足>

・効用関数の凹関数（二回微分が負）の場合，リスク回避的であることが知られており（要項参照），3者の効用関数で確認すると，

$$\text{A氏}：\frac{d^2}{dx^2}u_A(x) = 2 \quad \text{B氏}：\frac{d^2}{dx^2}u_B(x) = -\frac{1}{4}x^{-\frac{3}{2}} < 0 \quad \text{C氏}：\frac{d^2}{dx^2}u_C(x) = 0$$

と，やはりB氏がリスク回避的であることがわかる．

・純保険料 P と効用関数の次数 k の関係 $P = 1-(\frac{1}{k+1})^{\frac{1}{k}}$ を見ると，k が1超（＝効用関数が凸関数）となる「リスク愛好者」の純保険料はクレーム額 X の期待値 (0.5) を下回り，逆に，k が1未満（＝効用関数が凹関数）となる「リスク回避者」の純保険料はクレーム額 X の期待値 (0.5) を上回ることがわかる．

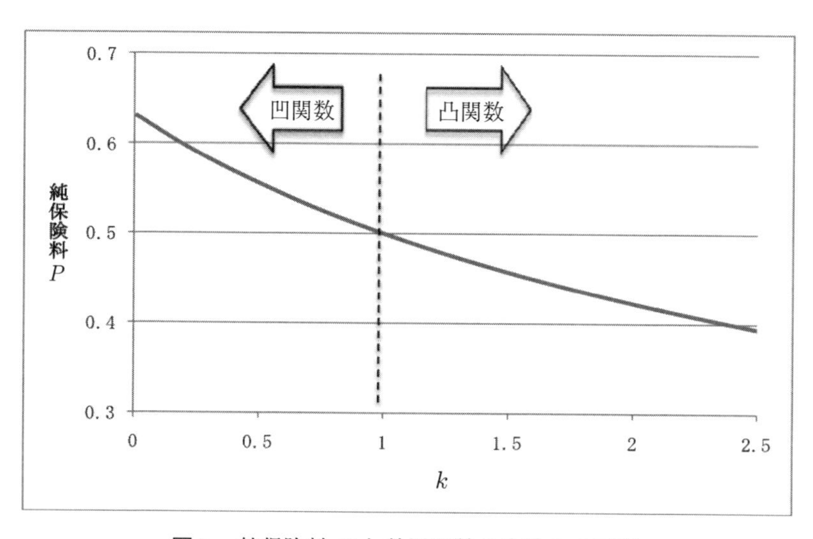

図1　純保険料 P と効用関数の次数 k の関係

【例題 102】 リスクの評価①（バリュー・アット・リスク）

表1は，ある保険のクレーム額 X の実績値（クレーム件数10件）である．

表1

クレーム番号	1	2	3	4	5	6	7	8	9	10
クレーム額	50	62	68	41	42	34	54	48	32	29

(1) クレーム額が指数分布に従うと仮定し，

① 99% VaR（バリュー・アット・リスク）

② 99% TVaR

を求めよ．

(2) 100年に1度，あるいはそれ以上の規模の巨大のクレームに備えてファンドを10年間かけて蓄積したいと考えている．このとき，1年間の純保険料に期待値の何%のリスク・プレミアムを確保すればよいか．

<解答>

(1) 指数分布（分布関数 $F(x) = 1 - e^{-\frac{1}{\sigma}x}\ (x \geq 0)$）のパラメータ σ の推定量は（最尤法，モーメント法ともに）$\hat{\sigma} = \bar{X}$ なので，実績データから標本平均を求める．

$$\hat{\sigma} = \bar{x} = \frac{50 + 62 + \cdots + 29}{10} = 46$$

① 99% VaR

$t = VaR_{99\%}(X)$ として計算する．

$$\begin{aligned} P(X \leq t) &= 0.99 \\ F(t) &= 0.99 \\ 1 - e^{-\frac{1}{46}t} &= 0.99 \\ t = -\log(0.01) \times 46 &= 211.837\cdots \to VaR_{99\%}(X) = \underline{211.8} \end{aligned}$$

② 99% TVaR

$TVaR_{99\%}(X)$ は，$t = VaR_{99\%}(X)$ 以上の条件付きの期待値なので，以下のとおり計算する．

$$\begin{aligned} TVaR_{99\%}(X) &= E(X|X > VaR_{99\%}(X)) \\ &= \frac{1}{1-0.99}\int_t^{\infty} xf(x)dx \end{aligned}$$

$$= \frac{1}{0.01}\int_t^{\infty} x \times \frac{1}{46}e^{-\frac{1}{46}x}dx = \frac{1}{0.01} \times \{[-xe^{-\frac{1}{46}x}]_t^{\infty}$$

$$-\int_t^{\infty}(-e^{-\frac{1}{46}x})dx\}$$

$$= \frac{1}{0.01} \times \{te^{-\frac{t}{46}} + [-46e^{-\frac{1}{46}x}]_t^{\infty}\} = \frac{1}{0.01} \times (t+46) \times e^{-\frac{t}{46}}$$

上記①の結果 $t = 211.8$ を代入すると

$$TVaR_{99\%}(X) = \frac{1}{0.01} \times (211.8+46) \times e^{-\frac{211.8}{46}} = 258.012\cdots \to \underline{258.0}$$

(2)100 年に 1 度，あるいはそれ以上の規模の巨大のクレームに備えるには，$TVaR_{99\%}(X)$ を想定すればよい．そのため，必要な追加ファンド（純保険料（＝期待値）を超えて確保すべきファンド）は

$$TVaR_{99\%}(X) - \mu = 258 - 46 = 212$$

となる．これを 10 年間かけて蓄積するには，

$$(212 \div 10) \div 46 = 0.4608\cdots$$

と期待値の約 46%のリスク・プレミアムを毎年確保する必要がある．

【例題 103】リスクの評価②（リスクの統合）

ある契約ポートフォリオは 3 つのリスクを保有しており，それぞれのリスクの各 6 年間の年間クレーム総額 (リスク i の j 年目の年間クレーム総額 x_{ij} $(i = A, B, C\ j = 1, 2, \cdots 6)$) の実績データを，表 1 のとおり得ている．

表 1

	$\overline{x_i}$	$\overline{x_i^2}$
リスク A	16	272.3
リスク B	5	28.3
リスク C	30	1,048.0

各リスクのリスク量の尺度を「標準偏差」とした場合，以下の問に答えよ．

(1) 各リスクのリスク量を求めよ（標本標準偏差で推定せよ）．

(2) 各リスクの相関が次の①〜③の場合の，契約ポートフォリオ全体のリスク量を求めよ．

① リスク A〜C が互いに独立である場合
② リスク A〜C が互いに正の相関（相関係数 1）の場合
③ リスク A と B，A と C，B と C の相関の相関係数がそれぞれ 0.8，0.6，−0.3 である場合

(3) 上記 (2)③の場合，100 年に 1 回に備えて，期待値を超えてどれだけのファンド（支払い余力となる資本）を確保しておく必要があるか，正規近似を用いて求めよ．

＜解答＞

(1) それぞれの標本標準偏差を求めて各リスクのリスク量 $R_i(i = A, B, C)$ を求める．

(2) 契約ポートフォリオ全体のリスク量を R とする．

① リスク A〜C が互いに独立である場合

互い独立の場合のリスク量の統合は，$R = \sqrt{R_A^2 + R_B^2 + R_c^2}$ なので

$$R = \sqrt{4.4^2 + 2.0^2 + 13.3^2} = 14.2$$

となる．

② リスク A〜C が互いに正の相関（相関係数 1）の場合

リスク量を加算すればよく

$$R = 4.4 + 2.0 + 13.3 = 19.7$$

表 2

	平均値	二乗の平均値	不偏分散	標本標準偏差（リスク量 R_i）
	$\bar{x}_i$	$\overline{x_i^2}$	${s'_X}^2 = \dfrac{(\overline{x_i^2} - \bar{x}_i^2) \times 6}{5}$	s'_X
リスク A	16	272.3	19.6	4.4
リスク B	5	28.3	4.0	2.0
リスク C	30	1,048.0	177.6	13.3

③ リスクAとB，AとC，BとCの相関の相関係数がそれぞれ0.8，0.6，−0.3である場合

全体のリスク量と，各リスク量および相関係数（リスクAとリスクBの相関係数を ρ_{AB} とする）との関係は

$$R = \sqrt{(R_A \quad R_B \quad R_C)\begin{pmatrix} 1 & \rho_{AB} & \rho_{AC} \\ \rho_{AB} & 1 & \rho_{BC} \\ \rho_{AC} & \rho_{BC} & 1 \end{pmatrix}\begin{pmatrix} R_A \\ R_B \\ R_C \end{pmatrix}}$$

であるので，これを計算すると

$$R = \sqrt{(4.4 \quad 2.0 \quad 13.3)\begin{pmatrix} 1 & 0.8 & 0.6 \\ 0.8 & 1 & -0.3 \\ 0.6 & -0.3 & 1 \end{pmatrix}\begin{pmatrix} 4.4 \\ 2.0 \\ 13.3 \end{pmatrix}} = 16.4$$

(3) 100年に1度のリスク量は上側1%点と期待値の差に相当するので，当該差異をファンドとして確保しておけばよい．契約全体のリスク量は標準偏差に相当するので，正規近似を用いて，必要なファンドは

$$R \times u(0.01) = 16.4 \times 2.326 = 38.1464$$

と約38と計算される．

第III部

「損害保険数理」活用のための素養

1　積率母関数および期待値，分散の算出

＜定義＞

確率変数 X に対して，t の関数 $M_X(t) = E(e^{tx})$ を X の積率母関数という (X の関数ということが明らかにわかるときは $M(t)$ と記す).

① X：離散型

$$M_X(t) = \sum e^{tx} \cdot p(x) \qquad (p(x)\text{：}X\text{ の確率関数})$$

② X：連続型

$$M_X(t) = \int_{-\infty}^{\infty} e^{t \cdot x} \cdot f(x) \cdot dx \qquad (f(x)\text{：}X\text{ の確率密度関数})$$

期待値 $E(X)$ は

$$E(X) = M_X'(0) \qquad (M_X(t)\text{ を }t\text{ で 1 回微分して, }t=0\text{ を代入})$$

分散 $V(X)$ は

$$V(X) = E(X^2) - \{E(X)\}^2 = M_X''(0) - \{M_X'(0)\}^2$$
$$(M_X''(0)\text{ を }t\text{ で 2 回微分して, }t=0\text{ を代入})$$

(1) 二項分布

二項分布の確率関数は (x を確率変数とすれば)

$$f(x) = {}_nC_x p^x \cdot q^{n-x} \qquad (x = 0, 1, 2, \cdots, n)$$

したがって，積率母関数 $M(t)$ (この場合，$M_X(t)$ と表すことが多い) とすると

$$\begin{aligned} M(t) &= \sum_{x=0}^{n} e^{tx} \cdot ({}_nC_x p^x \cdot q^{n-x}) \\ &= \sum_{x=o}^{n} {}_nC_x \cdot (p \cdot e^t)^x \cdot q^{n-x} \end{aligned}$$

$$
\begin{aligned}
\therefore M(t) &= \underline{\underline{(p \cdot e^t + q)^n}} \\
M'(t) &= n(p \cdot e^t + q)^{n-1} \cdot p \cdot e^t \\
E(X) = M'(0) &= n(p+q)^{n-1} \cdot p = n \cdot p \qquad (\because p + q = 1) \\
M''(t) &= n(n-1)p^2(pe^t + q)^{n-2} \cdot (e^t)^2 + n \cdot e^t (p \cdot e^t + q)^{n-1} \cdot p \\
M''(0) &= n(n-1)p^2 + np \\
\therefore V(X) &= M''(0) - \{M'(0)\}^2 = n(n-1)p^2 + np - (np)^2 \\
&\qquad\qquad\qquad\qquad = np(1-p) \\
&\qquad\qquad\qquad\qquad = npq
\end{aligned}
$$

$\therefore$ <u>期待値 np,　分散 npq</u>

(2) **ポアソン分布**

ポアソン分布の確率関数は (x を確率変数とすれば)

$$
f(x) = e^{-\lambda} \cdot \frac{\lambda^x}{x!} \qquad (x = 0, 1, 2, \cdots) \quad (\lambda > 0)
$$

したがって

$$
M(t) = \sum_{x=0}^{\infty} e^{tx} \left(e^{-\lambda} \cdot \frac{\lambda^x}{x!} \right) = e^{-\lambda} \sum_{x=0}^{\infty} \frac{(\lambda \cdot e^t)^x}{x!} = e^{-\lambda} \cdot e^{\lambda e^t} = e^{\lambda(e^t - 1)}
$$

$(\because e^x = 1 + \frac{x}{1!} + \frac{x^2}{2!} + \cdots = \sum_{k=0}^{\infty} \frac{x^k}{k!})$

$\therefore M'(t) = \lambda \cdot e^t \cdot e^{\lambda(e^t - 1)}$

$(\because \lambda(e^t - 1) = z$ とすると

$$
M'(t) = \frac{dM(t)}{dt} = \frac{dM(t)}{dz} \cdot \frac{dz}{dt} = e^z \cdot \lambda e^t = e^{\lambda(e^t-1)} \cdot \lambda e^t)
$$

$\therefore M'(0) = \lambda \quad (= E(X))$

$M''(t) = (\lambda \cdot e^t)^2 \cdot e^{\lambda(e^t - 1)} + \lambda \cdot e^t \cdot e^{\lambda(e^t - 1)}$

$\therefore M''(0) = \lambda^2 + \lambda$

$$
\begin{aligned}
\therefore V(X) &= M''(0) - \{M'(0)\}^2 \\
&= (\lambda^2 + \lambda) - \lambda^2 = \lambda
\end{aligned}
$$

$\therefore$ <u>期待値，分散ともλ</u>

(3) 正規分布

正規分布の確率密度関数は

$$f(x) = \frac{1}{\sqrt{2\pi}\sigma} \exp\left\{-\frac{1}{2\sigma^2}(x-\mu)^2\right\} \qquad (-\infty < x < \infty)$$

したがって

$$\begin{aligned} M(t) &= \int_{-\infty}^{\infty} e^{tx} \cdot \frac{1}{\sqrt{2\pi}\sigma} \exp\left\{-\frac{1}{2\sigma^2}(x-\mu)^2\right\} dx \\ &= \frac{1}{\sqrt{2\pi}\sigma} \int_{-\infty}^{\infty} \exp\left\{-\frac{1}{2\sigma^2}(x-\mu)^2 + t \cdot x\right\} dx \end{aligned}$$

ここで{ }内は

$$\begin{aligned} &-\frac{1}{2\sigma^2}(x-\mu)^2 + t \cdot x = -\frac{1}{2\sigma^2}(x^2 - 2\mu x + \mu^2 - 2\sigma^2 tx) \\ &= -\frac{1}{2\sigma^2}[\{x^2 - 2(\mu+\sigma^2 t)x + (\mu+\sigma^2 t)^2\} - (\mu+\sigma^2 t)^2 + \mu^2] \\ &= -\frac{1}{2\sigma^2}[\{x - (\mu+\sigma^2 t)\}^2 - 2\mu\sigma^2 t - \sigma^4 t^2] \end{aligned}$$

$$\begin{aligned} \therefore M(t) &= \int_{-\infty}^{\infty} \frac{1}{\sqrt{2\pi}\sigma} \exp\left\{-\frac{1}{2\sigma^2}(x-\mu-\sigma^2 t)^2\right\} \times \exp\left(\mu t + \frac{\sigma^2}{2}t^2\right) dx \\ &= \exp\left(\mu t + \frac{\sigma^2}{2}t^2\right) \times \boxed{\frac{1}{\sqrt{2\pi}\sigma} \int_{-\infty}^{\infty} \exp\left\{-\frac{1}{2\sigma^2}(x-\mu-\sigma^2 t)^2\right\} dx} \\ &= \exp\left(\mu t + \frac{\sigma^2}{2}t^2\right) \qquad (\because \boxed{} \text{ 内は } N(\mu+\sigma^2 t, \sigma^2) \text{ で } 1) \end{aligned}$$

$$\begin{aligned} \therefore M(t) &= \exp\left(\mu t + \frac{\sigma^2}{2}t^2\right) \\ M'(t) &= (\mu + \sigma^2 t) \cdot \exp\left(\mu t + \frac{\sigma^2}{2}t^2\right) \\ M'(0) &= \mu \quad (= E(X)) \\ M''(t) &= \sigma^2 \cdot \exp\left(\mu t + \frac{\sigma^2}{2}t^2\right) + (\mu + \sigma^2 \cdot t)^2 \cdot \exp\left(\mu t + \frac{\sigma^2}{2}t^2\right) \\ M''(0) &= \sigma^2 + \mu^2 \\ \therefore V(X) &= M''(0) - \{M'(0)\}^2 = \sigma^2 + \mu^2 - \mu^2 = \sigma^2 \end{aligned}$$

$$\therefore \underline{期待値\,\mu,\ 分散\,\sigma^2}$$

(4) 一様分布

一様分布の確率密度関数は

$$f(x) = \frac{1}{b-a} \qquad (a < x < b)$$

$$M(t) = \int_{-\infty}^{\infty} e^{tx} \cdot \frac{1}{b-a} dx = \int_{-\infty}^{a} 0 \cdot dx + \int_{a}^{b} e^{tx} \cdot \frac{1}{b-a} dx + \int_{b}^{\infty} 0 \cdot dx$$

$$= \frac{1}{b-a} \int_{a}^{b} e^{tx} \cdot dx = \frac{1}{b-a} \left[\frac{1}{t} e^{tx} \right]_{a}^{b} = \underline{\underline{\frac{e^{bt} - e^{at}}{(b-a)t}}}$$

$$M'(t) = \frac{b \cdot e^{bt} \cdot t - e^{bt} + e^{at} - a \cdot e^{at} \cdot t}{(b-a)t^2} \qquad \cdots\cdots \text{(a)}$$

ところで (a) に $t = 0$ を代入すると $M'(0) = \dfrac{0}{0}$ となり，「ロピタルの定理」(*) より (a) の分母，分子をおのおの t で微分して

$$\frac{b^2 \cdot e^{bt} \cdot t + b \cdot e^{bt} - b \cdot e^{bt} + a \cdot e^{at} - a^2 \cdot e^{at} \cdot t - a \cdot e^{at}}{2(b-a)t}$$

$$= \frac{b^2 \cdot e^{bt} \cdot t - a^2 \cdot e^{at} \cdot t}{2(b-a)t} = \frac{b^2 \cdot e^{bt} - a^2 \cdot e^{at}}{2(b-a)} \qquad \cdots\cdots \text{(b)}$$

(b) に $t = 0$ を代入すると

$$\frac{b^2 - a^2}{2(b-a)} = \frac{a+b}{2} \qquad (= E(X))$$

$$M''(t) = \frac{1}{(b-a)t^3} \{(b^2 \cdot e^{bt} - a^2 \cdot e^{at})t^2 - 2(b \cdot e^{bt} - a \cdot e^{at})t + 2(e^{bt} - e^{at})\}$$

$M''(0) = \dfrac{0}{0}$ となるので，再び「ロピタルの定理」より $M''(t)$ の分母，分子をおのおの微分すると

$$\frac{(b^3 \cdot e^{bt} - a^3 \cdot e^{at})t^2}{3t^2(b-a)} = \frac{b^3 \cdot e^{bt} - a^3 \cdot e^{at}}{3(b-a)}$$

$$\therefore M''(0) = \frac{b^3 - a^3}{3(b-a)} = \frac{(b-a)(b^2 + ab + a^2)}{3(b-a)} = \frac{a^2 + ab + b^2}{3}$$

$$\therefore V(X) = M''(0) - \{M'(0)\}^2 = \frac{a^2 + ab + b^2}{3} - \left(\frac{a+b}{2} \right)^2 = \frac{(b-a)^2}{12}$$

$$\therefore \text{期待値}\ \frac{a+b}{2},\ \text{分散}\ \frac{(b-a)^2}{12}$$

(∗)　**「ロピタルの定理」**は上記のように，その関数の「分母，分子が 0」となるとき，何回か微分して (この場合) $t=0$ を代入してその関数の分母，分子が 0 でなくなるまで微分 (おのおの) して求めた値と同じである．

たとえば，$M(t)=\dfrac{t^3-2t^2}{t^3+5t^2}$ だとすると，$M(0)=\dfrac{0}{0}$ となる．それで分母，分子を t で微分して $\dfrac{3t^2-4t}{3t^2+10t}$ となり，$t=0$ を代入すると $\dfrac{0}{0}$ となるので，さらに分母，分子を t で微分して $\dfrac{6t-4}{6t+10}$ となり，$t=0$ を代入すると $-\dfrac{4}{10}=-\dfrac{2}{5}$ となる．

これは $M(t)=\dfrac{t^3-2t^2}{t^3+5t^2}$ で t をかぎりなく 0 に近づけることと同じで，すなわち

$$\begin{aligned}\lim_{t\to 0}M(t)=\lim_{t\to 0}\frac{t^3-2t^2}{t^3+5t^2}&=\lim_{t\to 0}\frac{t-2}{t+5}\qquad(\text{分母，分子を } t^2 \text{ で割る})\\&=-\frac{2}{5}\end{aligned}$$

しかし，一様分布を積率母関数で計算して期待値や分散を求めることはまずないであろう．期待値は

$$E(X)=\int_a^b x\cdot\frac{1}{b-a}dx=\frac{1}{b-a}\left[\frac{x^2}{2}\right]_a^2=\frac{b+a}{2}$$

で，分散は

$$V(X)=\int_a^b x^2\cdot\frac{1}{b-a}dx-\left(\frac{b+a}{2}\right)^2$$

でやれば速い．

---

(5) 指数分布

指数分布の確率密度関数を $f(x)=\dfrac{1}{\sigma}\cdot e^{-\frac{1}{\sigma}x}$ とすると $(x>0)$

$$\begin{aligned}M(t)&=\int_{-\infty}^{\infty}e^{tx}\cdot\left(\frac{1}{\sigma}e^{-\frac{1}{\sigma}x}\right)dx=\int_0^{\infty}e^{tx}\cdot\frac{1}{\sigma}e^{-\frac{1}{\sigma}x}dx\qquad(\because x>0)\\&=\frac{1}{\sigma}\int_0^{\infty}\exp\left\{-\left(\frac{1}{\sigma}-t\right)x\right\}dx=\frac{\frac{1}{\sigma}}{\frac{1}{\sigma}-t}=\frac{1}{1-\sigma t}=\underline{\underline{(1-\sigma t)^{-1}}}\\&\qquad(\text{ただし}\frac{1}{\sigma}>t)\end{aligned}$$

$$M'(t) = \frac{\sigma}{(1-\sigma t)^2} \quad \longrightarrow \quad E(X) = M'(0) = \sigma$$

$$M''(t) = \frac{2\sigma^2}{(1-\sigma t)^3} \quad \longrightarrow \quad M''(0) = 2\sigma^2$$

$$\therefore V(X) = M''(0) - \{M'(0)\}^2 = 2\sigma^2 - \sigma^2 = \sigma^2$$

$\therefore$ 期待値 σ，分散 σ^2

(6) **負の二項分布**

負の二項分布の確率関数を

$$f(n) = \binom{n+\alpha-1}{n} p^\alpha \cdot q^n = \binom{-\alpha}{n} p^\alpha \cdot (-q)^n \qquad (n = 0, 1, 2, \cdots)$$

$$(\alpha > 0,\ 0 < p < 1,\ p + q = 1)$$

とする．

$$\begin{aligned} M(t) &= \sum_{n=0}^{\infty} e^{tn} \binom{-\alpha}{n} \cdot p^\alpha \cdot (-q)^n \\ &= \sum \binom{-\alpha}{n} \cdot p^\alpha \cdot (-q \cdot e^t)^n \\ &= p^\alpha \sum \binom{-\alpha}{n} (-q \cdot e^t)^n \\ &= \underline{\underline{p^\alpha (1 - q \cdot e^t)^{-\alpha}}} \qquad \left(\because (a+b)^n = \sum \binom{n}{k} a^k \cdot b^{n-k}\right) \end{aligned}$$

さて，$M'(t)$ を求める．$z = 1 - q \cdot e^t$ と置くと $M(t) = p^\alpha \cdot z^{-\alpha}$

$$\begin{aligned} M'(t) = \frac{dM(t)}{dt} = \frac{dM(t)}{dz} \cdot \frac{dz}{dt} &= -\alpha \cdot p^\alpha \cdot z^{-\alpha-1} \times (-q \cdot e^t) \\ &= \alpha \cdot q \cdot p^\alpha (1 - q \cdot e^t)^{-\alpha-1} \cdot e^t \end{aligned}$$

$$\therefore M'(0) = \alpha \cdot q \cdot p^\alpha (1-q)^{-\alpha-1} = \frac{\alpha \cdot q}{p} \quad (= E(X))$$

同様に

$$\begin{aligned} M''(t) = &\ \alpha \cdot q \cdot p^\alpha (-\alpha - 1)(1 - q \cdot e^t)^{-\alpha-2}(-q \cdot e^t) e^t \\ &+ \alpha \cdot q \cdot p^\alpha (1 - q e^t)^{-\alpha-1} \cdot e^t \end{aligned}$$

$$\therefore M''(0) = \alpha \cdot q \cdot p^{\alpha}(-\alpha-1)(1-q)^{-\alpha-2} + \alpha \cdot q \cdot p^{\alpha}(1-q)^{-\alpha-1}$$
$$= \frac{\alpha \cdot q^2(\alpha+1)}{p^2} + \frac{\alpha \cdot q}{p}$$
$$\therefore V(X) = M''(0) - \{M'(0)\}^2 = \frac{\alpha \cdot q}{p^2} \qquad (\because p+q=1)$$
$$\therefore \underline{\text{期待値}\ \frac{\alpha \cdot q}{p},\ \text{分散}\ \frac{\alpha \cdot q}{p^2}}$$

(7) ガンマ分布

ガンマ分布の確率密度関数を

$$f(x) = \frac{\beta}{\Gamma(\alpha)} \cdot e^{-\beta x}(\beta x)^{\alpha-1} \qquad (0 \leq x < \infty) \quad (\text{ただし}\ \alpha, \beta > 0)$$

とする．

$$M(t) = \int_0^{\infty} e^{tx} \cdot \frac{\beta}{\Gamma(\alpha)} \cdot e^{-\beta x} \cdot (\beta x)^{\alpha-1} dx$$
$$= \frac{\beta^{\alpha}}{\Gamma(\alpha)} \int_0^{\infty} e^{-(\beta-t)x} \cdot x^{\alpha-1} dx$$

ここで $\boxed{\int_0^{\infty} x^r \cdot e^{-ax} dx = \frac{\Gamma(r+1)}{a^{r+1}}}^{(*)}$ (ただし r, a は定数) を用いると (また $\Gamma(r+1) = r!$ したがって $\Gamma(r+1) = r \cdot \Gamma(r)$ を知っておき活用するとよい) $\alpha - 1 = r,\ \beta - t = a \quad \longrightarrow \quad r+1 = \alpha,\ a = \beta - t$ を代入して

$$\therefore M(t) = \frac{\beta^{\alpha}}{\Gamma(\alpha)} \cdot \frac{\Gamma(\alpha)}{(\beta-t)^{\alpha}} = \underline{\underline{\left(\frac{\beta}{\beta-t}\right)^{\alpha}}}$$
$$M'(t) = \alpha \cdot \beta^{\alpha} \cdot (\beta-t)^{-\alpha-1}$$
$$M'(0) = \frac{\alpha}{\beta} \quad (= E(X))$$
$$M''(t) = \alpha(\alpha+1) \cdot \beta^{\alpha}(\beta-t)^{-\alpha-2}$$
$$M''(0) = \frac{\alpha(\alpha+1)}{\beta^2}$$
$$\therefore V(X) = M''(0) - \{M'(0)\}^2 = \frac{\alpha}{\beta^2}$$
$$\therefore \underline{\text{期待値}\ \frac{\alpha}{\beta},\ \text{分散}\ \frac{\alpha}{\beta^2}}$$

(*)　これは公式として記憶しておくと便利であるが，部分積分で容易に計算できる．$\int_0^\infty x^r \cdot e^{-ax}dx$ で $\int f \cdot g' = [f \cdot g] - \int f' \cdot g$ の部分積分の公式に $f = x^r$, $g' = e^{-ax}$ とすると $f' = r \cdot x^{r-1}$, $g = -\frac{1}{a}e^{-ax}$ を代入すると

$$\begin{aligned}\int_0^\infty x^r \cdot e^{-ax}dx &= \left[-\frac{1}{a}e^{-ax} \cdot x^r\right]_0^\infty + \int_0^\infty \frac{1}{a}e^{-ax} \cdot r \cdot x^{r-1}dx \\ &= \frac{r}{a}\int_0^\infty x^{r-1} \cdot e^{-ax}dx \quad \cdots\cdots \text{(a)}\end{aligned}$$

(右辺の第一項は 0 となる．$-\frac{1}{a} \cdot e^{-ax} \cdot x^r$ は $-\frac{1}{a} \cdot \frac{x^r}{e^{ax}}$ と変形してみると $-\frac{1}{a} \cdot \frac{x^r}{1 + \frac{ax}{1!} + \frac{(ax)^2}{2!} + \cdots}$ ($e^x = 1 + \frac{x}{1!} + \frac{x^2}{2!} + \cdots$ であるから) となり，r, a が定数であることを考慮すると理解できる ($x = \infty$ を代入すると，分母は分子より高次なので明らかである))．

(a) を同様に部分積分すると $\frac{r(r-1)}{a^2}\int_0^\infty x^{r-2} \cdot e^{-ax}dx$ となるのはすぐわかるであろう．これを順次，繰り返していくと $\frac{r!}{a^r}\int_0^\infty x^0 \cdot e^{-ax}dx$ となり

$$\int_0^\infty x^0 \cdot e^{-ax}dx = \left[-\frac{1}{a}e^{-ax}\right]_0^\infty = \frac{1}{a}$$

だから

$$\therefore \int_0^\infty x^r \cdot e^{-ax}dx = \frac{r!}{a^{r+1}} = \frac{\Gamma(r+1)}{a^{r+1}}$$

(参考) (負の二項分布) の期待値 $E(N)$ と分数 $V(N)$ を積率母関数を用いないで求めよ．

<解答>

$$\begin{aligned}E(N) &= \sum_{n=0}^\infty n \cdot \binom{n+\alpha-1}{n} \cdot p^\alpha(1-p)^n \\ &= \sum_{n=0}^\infty n \cdot \frac{(n+\alpha-1)!}{n!(\alpha-1)!}p^\alpha(1-p)^n \\ &= \frac{(1-p)\alpha}{p}\sum_{n=1}^\infty \frac{(n+\alpha-1)!}{(n-1)!\alpha!}p^{\alpha+1}(1-p)^{n-1}\end{aligned}$$

$$= \frac{(1-p)\alpha}{p}\sum_{n=1}^{\infty}\binom{n+\alpha-1}{n-1}\cdot p^{\alpha+1}(1-p)^{n-1}$$

$$= \underline{\frac{(1-p)\alpha}{p}} \qquad (\because \sum_{n=0}^{\infty}\binom{n+\alpha-1}{n}p^{\alpha}(1-p)^{n} = 1^{(*)})$$

$$V(N) = \sum_{n=0}^{\infty}n^2\binom{n+\alpha-1}{n}p^{\alpha}(1-p)^{n} - \left\{\frac{(1-p)\alpha}{p}\right\}^2$$

である．

右辺，第一項の n^2 を $n^2 = n(n-1)+n$ として

$$\sum_{n=0}^{\infty}\{n(n-1)+n\}\binom{n+\alpha-1}{n}p^{\alpha}(1-p)^{n}$$

$$= \sum_{n+0}^{\infty}n(n-1)\cdot\frac{(n+\alpha-1)!}{n!(\alpha-1)!}p^{\alpha}(1-p)^{n} + \sum_{n=0}^{\infty}n\cdot\frac{(n+\alpha-1)!}{n!(\alpha-1)!}p^{\alpha}(1-p)^{n}$$

$$= \frac{(1-p)^2(\alpha+1)\alpha}{p^2}\sum_{n=2}^{\infty}\frac{(n+\alpha-1)!}{(n-2)!(\alpha+1)!}p^{\alpha+2}(1-p)^{n-2} + \frac{(1-p)\alpha}{p}$$

($\because$ 第二項は $E(N)$)

$$= \frac{(1-p)^2(\alpha+1)\alpha}{p^2} + \frac{(1-p)\alpha}{p} \quad (\because \sum_{n=2}^{\infty}\frac{(n+\alpha-1)!}{(n-2)!(\alpha+1)!}p^{\alpha+2}(1-p)^{n-2} = 1^{(*)})$$

$$\therefore V(X) = \left\{\frac{(1-p)^2(\alpha+1)\alpha}{p^2} + \frac{(1-p)\alpha}{p}\right\} - \left\{\frac{(1-p)\alpha}{p}\right\}^2$$

$$= \frac{\alpha(1-p)}{p^2}\{(1-p)(\alpha+1)+p-\alpha(1-p)\}$$

$$= \underline{\frac{\alpha(1-p)}{p^2}}$$

(*)　<u>負の二項分布は確率分布</u>であることを証明しておこう．

すなわち $\sum_{n=0}^{\infty}\binom{n+\alpha-1}{n}p^{\alpha}(1-p)^{n} = \sum_{n=0}^{\infty}\binom{-\alpha}{n}(p-1)^{n} = 1$ を示す．

まず

$$\sum_{n=0}^{\infty}p^{\alpha}\binom{-\alpha}{n}(p-1)^{n} = \sum_{n=0}^{\infty}p^{\alpha}\times\frac{(-\alpha)(-\alpha-1)\cdots(-\alpha-n+1)}{n!}(p-1)^{n}$$

$$= \sum_{n=0}^{\infty}p^{\alpha}\times\frac{1}{n!}(n+\alpha-1)\cdots(\alpha+1)\cdot\alpha\cdot(-1)^{n}\cdot(p-1)^{n}$$

$$= \sum_{n=0}^{\infty} p^{\alpha} \frac{(n+\alpha-1)!}{n!(\alpha-1)!}(1-p)^n = \sum_{n=0}^{\infty} \binom{n+\alpha-1}{n} p^{\alpha} \cdot (1-p)^n$$

次に $\sum_{n=0}^{\infty} p^{\alpha}\binom{-\alpha}{n}(p-1)^n = 1$ を証明する．これは $\sum_{n=0}^{\infty}\binom{-\alpha}{n}(p-1)^n = \frac{1}{p^{\alpha}}$ が証明されればよい．

$$\begin{aligned}
\text{左辺} &= \binom{-\alpha}{0} + \binom{-\alpha}{1}(p-1) + \binom{-\alpha}{2}(p-1)^2 + \cdots \\
&= \{1+(p-1)\}^{-\alpha} = p^{-\alpha} = \frac{1}{p^{\alpha}} \ (\text{右辺})
\end{aligned}$$

$$(\because \sum p^{\alpha}\binom{-\alpha}{n}(p-1)^n = p^{\alpha}\sum\binom{-\alpha}{n}(p-1)^n = p^{\alpha}\cdot p^{-\alpha} = 1)$$

---

(8) **幾何分布**

確率分布 $p(x) = pq^x \ (x = 0, 1, 2, \cdots)$ の幾何分布の積率母関数 $M(t)$ は

$$M(t) = \sum_{x=0}^{\infty} e^{tx}p(x) = \sum_{x=0}^{\infty} e^{tx}pq^x = p\sum_{x=0}^{\infty}(e^tq)^x = \frac{p}{1-e^tq}$$

($\because e^t$ の t は 0 の近傍であることから，$0 < e^tq < 1$)

となる．積率母関数 $M(t)$ を用いて，キュムラント母関数 $C(t) = \log M(t)$ は

$$C(t) = \log M(t) = \log(\frac{p}{1-e^tq}) = \log p - \log(1-e^tq)$$

となり，t で微分すると

$$\begin{aligned}
C'(t) &= \frac{e^tq}{1-e^tq} \\
C''(t) &= \frac{d}{dt}\left(\frac{e^tq}{1-e^tq}\right) = \frac{e^tq\times(1-e^tq) - e^tq\times(-e^tq)}{(1-e^tq)^2} = \frac{e^tq}{(1-e^tq)^2}
\end{aligned}$$

となる．ゆえに，幾何分布の期待値と分散は

$$\begin{aligned}
E(X) &= C'(0) = \frac{q}{1-q} = \frac{q}{p} \\
V(X) &= C''(0) = \frac{q}{(1-q)^2} = \frac{q}{p^2}
\end{aligned}$$

となる．

2　正規分布表の使い方

X が $N(\mu,\sigma^2)$ に従うとき $z=\dfrac{X-\mu}{\sigma}$ は $N(0,1)$ に従う.

$N(\mu,\sigma^2)$ の確率密度関数は $f(x)=\dfrac{1}{\sqrt{2\pi}\sigma}\exp\left\{-\dfrac{(x-\mu)^2}{2\sigma^2}\right\}$ $(-\infty<x<\infty)$. $z=\dfrac{x-\mu}{\sigma}$ と置くと, $dz=\dfrac{dx}{\sigma}$ $(dx=\sigma\cdot dz)$ であるので

$$\frac{1}{\sqrt{2\pi}\sigma}\int_{-\infty}^{\infty}\exp\left\{-\frac{(x-\mu)^2}{2\sigma^2}\right\}dx=\frac{1}{\sqrt{2\pi}}\int_{-\infty}^{\infty}\exp\left\{-\frac{z^2}{2}\right\}\cdot dz$$

$N(0,1)$ を標準正規分布という (期待値 0, 分散 1).

巻末の「標準正規確率表②」に, $\dfrac{1}{\sqrt{2\pi}}\displaystyle\int_0^z e^{-\frac{1}{2}x^2}dx=I(z)$ の値が出ている.

■ **(標準) 正規分布の特徴** (図 1).

(1) 平均値 0 を中心にして左右対称.

(2) 曲線は 0 の近くで高く, 両側に行くにつれ低くなる.

(3) 期待値 0 は曲線の位置を定める. 期待値のみの異なる 2 つの曲線 (正規分布) は左右の平行移動により, 重ねることができる.

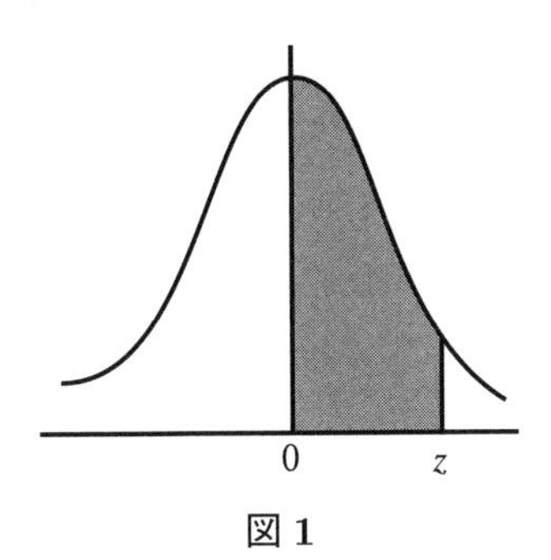

図 1

＜例 1 ＞

確率密度関数 $N(3, 2^2)$ 上にある確率変数 X があるとき，次の値を求めよ．

(1)　$P(4 \leq X < 6)$.

(2)　$P(X \geq a) = 0.01$ となる a の値.

(3)　$P(|X-3| \geq b) = 0.01$ となる b の値.

＜解答＞

$\boxed{z = \dfrac{X-3}{\sqrt{2^2}} = \dfrac{X-3}{2}}$ が $N(0,1)$ に従う (標準化する).

(1)

$$
\begin{aligned}
P(4 \leq X < 6) &= P\left(\frac{4-3}{2} \leq \boxed{\frac{X-3}{2}} < \frac{6-3}{2}\right) \\
&\quad (\because \text{不等式のすべてから 3 を引き，全体を 2 で割って } \frac{X-3}{2} \text{ を作る}) \\
&= P(0.5 \leq z < 1.5) \qquad (\because z = \frac{X-3}{2}) \\
&= I(1.5) - I(0.5) \\
&= 0.4332 - 0.1915 \qquad (\text{巻末の「標準正規確率表②」より}) \\
&= 0.2417 \quad \cdots\cdots(\text{答})
\end{aligned}
$$

(2)

$$
P(X \geq a) = P\left(\frac{X-3}{2} \geq \frac{a-3}{2}\right) = 0.01 \qquad (\text{図 1 参照})
$$

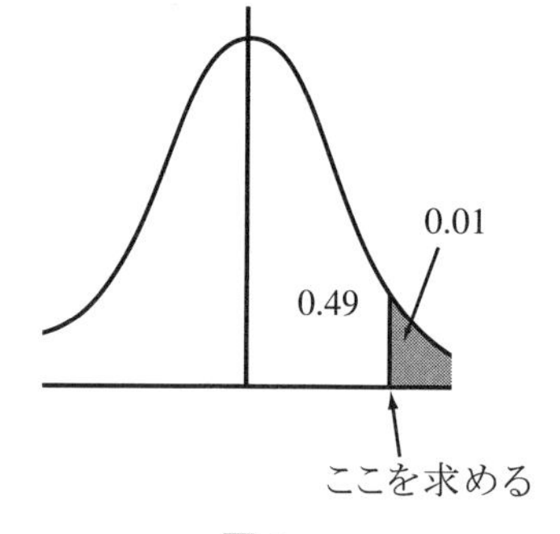

図 2

表 1　$I(Z)$

z	0.00	0.01	0.02	0.03
	≈	≈	≈	≈
2.3			4898	4901

0.49 が（表 1）にないので補間法で求める (図 3).

$$\begin{cases} z_1 = 2.32 \quad \longrightarrow \quad I(z_1) = 0.4898 \\ z_2 = 2.33 \quad \longrightarrow \quad I(z_2) = 0.4901 \end{cases}$$

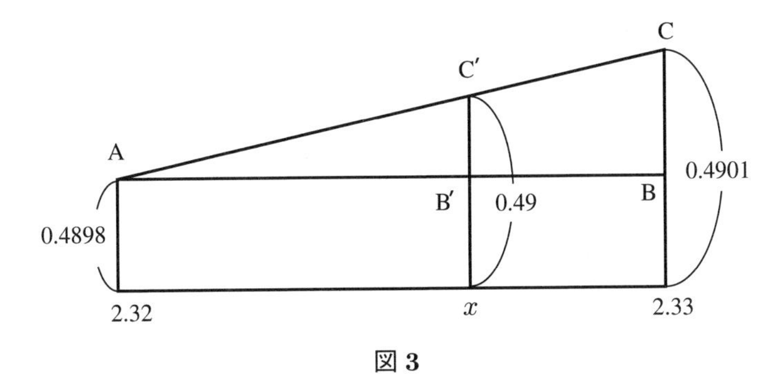

図 3

△ABC と △AB′C′ は相似三角形であることを利用する．求めたいのは x

$$\overline{AB} : \overline{AB'} : \overline{BC} : \overline{B'C'}$$

$$\begin{aligned} \therefore 0.01 : (x - 2.32) &= (0.4901 - 0.4898) : (0.49 - 0.4898) \\ &= 0.0003 : 0.0002 = 3 : 2 \\ \therefore 3(x - 2.32) &= 0.01 \times 2 \end{aligned}$$

これより

$$\begin{aligned} x &\doteqdot 2.3267 \\ \therefore \frac{a-3}{2} &\doteqdot 2.3267 \\ \therefore a &\doteqdot 7.6534 \quad \cdots\cdots(\text{答}) \end{aligned}$$

(3)

$$P(|X-3| \geq b) = P\left(\left|\frac{X-3}{2}\right| \geq \frac{b}{2}\right) = P\left(|z| \geq \frac{b}{2}\right) = 0.01$$

$$\therefore I\left(\frac{b}{2}\right) = 0.005 \quad (\text{図 4 の斜線部分合計で } 0.01 \text{ だから})$$

巻末の「標準正規確率表②」より

$$\begin{aligned} I(2.58) &= 0.4951 \qquad (0.5 - 0.4951 \doteqdot 0.005) \\ \therefore \frac{b}{2} &\doteqdot 2.58 \\ \therefore b &= 5.16 \quad \cdots\cdots(\text{答}) \end{aligned}$$

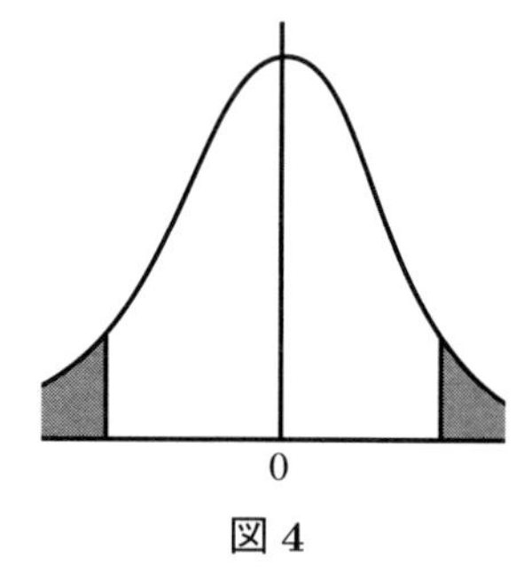

図 4

<例 **2**>

A 社のクレーム額総計によると，クレーム額を C 円とすると，C は期待値 200,000 円，標準偏差 74,000 円の正規分布に従うことが過去の経験からわかっているとすると，あるクレームが次の範囲に入る確率はいくらになるか.

(1) 300,000 円より大きい確率.

(2) 30,000 円未満となる確率.

(3) 100,000 円から 150,000 円までの確率.

<解答>

(1)

$$
\begin{aligned}
0.5 - I\left(\frac{300,000 - 200,000}{74,000}\right) &= 0.5 - I(1.35) \\
&= 0.5 - 0.4115 \\
&= 0.0885 \qquad (\text{図 } 1)
\end{aligned}
$$

(2)

$$
\begin{aligned}
z = \frac{30,000 - 200,000}{74,000} &\fallingdotseq -2.30 \\
I(-2.30) &= 0.4893 \\
\therefore 0.5 - 0.4893 &= 0.0107 \qquad (\text{図 } 2)
\end{aligned}
$$

(3)

$$
z_1 = \frac{150,000 - 200,000}{74,000} \fallingdotseq -0.68 \qquad z_2 = \frac{100,000 - 200,000}{74,000} = -1.35
$$

$$
\therefore I(z_2) - I(z_1) = 0.4115 - 0.2517 = 0.1598 \qquad (\text{図 } 3)
$$

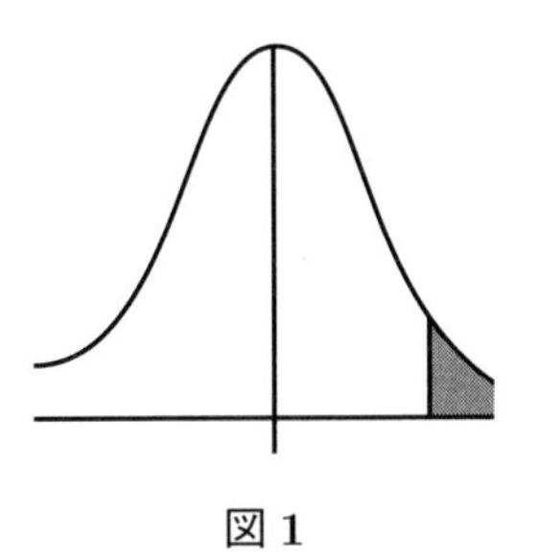
図 1

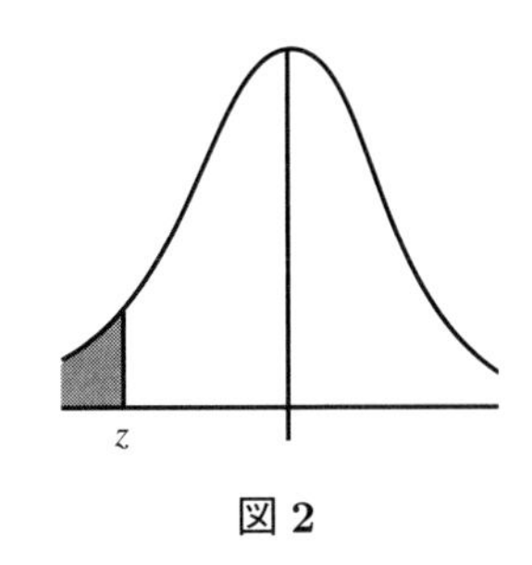

図 2

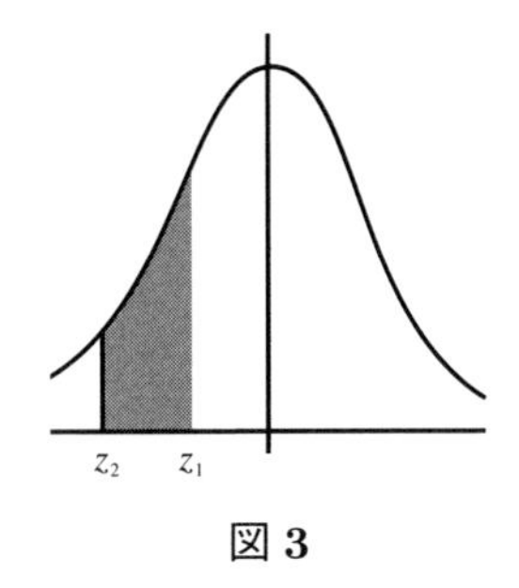

図 3

＜例 3＞

ある保険種類の保険金 (クレーム) 統計によると，クレーム額を X(万円) とする場合，確率変数 $Y = \log_{10} X$ は期待値 6(万円)，分散 1.44(万円)^2 の正規分布に従うことがわかっている．あるクレームが保険金額 1,000 万円 (10^7 円) より大きくなる確率はいくらか．

＜解答＞

$$z = \frac{\log_{10} x - m}{\sigma} = \frac{7-6}{\sqrt{1.44}} = 0.83$$

求める確率は

$$0.5 - I(0.83) = 0.5 - 0.2967 = 0.2033$$

■対数正規分布

＜例 1＞

対数正規分布は，クレーム金額の分布を表す場合に有用な関数である (とりわけ，小損害クレームと大損害クレームの幅がかなり大きいとき)．

確率変数 X は，$Y = \log X$ が期待値 μ，分散 σ^2 の正規分布に従うとき，対数正規分布に従うといい，確率密度関数は，次の式で表される．

$$f(x) = \boxed{\quad ① \quad} \qquad (x > 0)$$

また，期待値 $E(X)$，分散 $V(X)$ はそれぞれ，次の式で表される．

$$\left.\begin{aligned} E(X) &= \boxed{\quad ② \quad} \\ V(X) &= \boxed{\quad ③ \quad} \end{aligned}\right\}$$

さて，$E(X) = 23$，$E(X^2) = 701$ のとき，μ，σ の点推定値は

$$\mu = \boxed{\quad ④ \quad} \qquad \sigma = \boxed{\quad ⑤ \quad} \qquad \text{(小数点第 2 位まで記せ)}$$

ただし，$\log 23 = 3.1355$, $\log 701 = 6.5525$

<解答>

①

$$\frac{1}{\sqrt{2\pi}\sigma x} \cdot \exp\left\{-\frac{(\log x - \mu)^2}{2\sigma^2}\right\}$$

②

$$E(X) = \int_{-\infty}^{\infty} x \cdot f(x)dx = \int_{0}^{\infty} x \cdot \frac{1}{\sqrt{2\pi}\sigma x} \cdot \exp\left\{-\frac{(\log x - \mu)^2}{2\sigma^2}\right\} dx \qquad (\because x > 0)$$

$\dfrac{\log x - \mu}{\sigma} = z$ と置くと

$$\log x = \sigma z + \mu \quad \longrightarrow \quad x = \exp(\sigma z + \mu) \quad \cdots\cdots \text{(a)}$$

また

$$\frac{dz}{dx} = \frac{1}{\sigma} \cdot \frac{1}{x} \qquad (\because y = \log x \quad \longrightarrow \quad y' = \frac{1}{x})$$

$$\therefore dx = \sigma \cdot x dz = \sigma \cdot \exp(\sigma z + \mu) \cdot dz \qquad (\because \text{(a) より})$$

$$\therefore E(X) = \frac{1}{\sqrt{2\pi}\sigma} \int_{-\infty}^{\infty} \exp\left(-\frac{z^2}{2}\right) \cdot \sigma \cdot \exp(\sigma z + \mu) dz$$

$$(\because x > 0 \quad \longrightarrow \quad -\infty < z < \infty)$$

$$= \frac{1}{\sqrt{2\pi}} \int_{-\infty}^{\infty} \exp\left(-\frac{z^2}{2} + \sigma z + \mu\right) dz$$

$$= \frac{1}{\sqrt{2\pi}} \int_{-\infty}^{\infty} \exp\left\{-\frac{1}{2}(z-\sigma)^2 + \frac{1}{2}\sigma^2 + \mu\right\} dz$$

$$= \frac{1}{\sqrt{2\pi}} \int_{-\infty}^{\infty} \exp\left\{-\frac{1}{2}(z-\sigma)^2\right\} \cdot dz \cdot \exp\left(\mu + \frac{1}{2}\sigma^2\right)$$

ところで $\dfrac{1}{\sqrt{2\pi}} \displaystyle\int_{-\infty}^{\infty} \exp\left\{-\frac{1}{2}(z-\sigma)^2\right\} dz$ は $N(\sigma, 1)$ だから面積 1

$$\therefore E(X) = \exp\left(\mu + \frac{1}{2}\sigma^2\right) \quad \cdots\cdots \text{(答)}$$

③ 分散 $V(X) = E(X^2) - \{E(X)\}^2$ だから

$$E(X^2) = \int_{-\infty}^{\infty} x^2 \cdot f(x)dx = \frac{1}{\sqrt{2\pi}\sigma} \int_{0}^{\infty} \frac{1}{x} \cdot x^2 \cdot \exp\left\{-\frac{(\log x - \mu)^2}{2\sigma^2}\right\} dx$$

$$= \frac{1}{\sqrt{2\pi}\sigma} \int_{-\infty}^{\infty} \exp(\sigma z + \mu) \cdot \exp\left(-\frac{z^2}{2}\right) \cdot \sigma \cdot \exp(\sigma z + \mu) \cdot dz$$

$$(\because \text{(a) より})$$

$$
\begin{aligned}
&= \frac{1}{\sqrt{2\pi}} \int_{-\infty}^{\infty} \exp\left(-\frac{1}{2}z^2 + 2\sigma z + 2\mu\right) \cdot dz \\
&= \frac{1}{\sqrt{2\pi}} \int_{-\infty}^{\infty} \exp\left\{-\frac{1}{2}(z - 2\sigma)^2 + 2\sigma^2 + 2\mu\right\} \cdot dz \\
&= \underbrace{\frac{1}{\sqrt{2\pi}} \int_{-\infty}^{\infty} \exp\left\{-\frac{1}{2}(z - 2\sigma)^2\right\} dz}_{\text{ここは } N(2\sigma, 1) \text{ の面積だから } 1} \times \exp(2\sigma^2 + 2\mu)
\end{aligned}
$$

$$
\begin{aligned}
\therefore E(X^2) &= \exp(2\sigma^2 + 2\mu) \\
\therefore V(X) &= E(X^2) - \{E(X)\}^2 \\
&= \exp(2\sigma^2 + 2\mu) - \left\{\exp\left(\mu + \frac{1}{2}\sigma^2\right)\right\}^2 \\
&= \exp(2\sigma^2 + 2\mu) - \exp(2\mu + \sigma^2) \\
&= \exp(2\mu + \sigma^2)\{\exp(\sigma^2) - 1\} \quad \cdots\cdots (\text{答})
\end{aligned}
$$

④，⑤

$$
\begin{cases}
E(X) = \exp\left(\mu + \dfrac{1}{2}\sigma^2\right) = 23 \\
E(X^2) = \exp(2\sigma^2 + 2\mu) = 701
\end{cases}
$$

から

$$
\begin{cases}
\mu + \dfrac{1}{2}\sigma^2 = \log 23 = 3.1355 \\
2\sigma^2 + 2\mu = \log 701 = 6.5525
\end{cases}
$$

これを解くと

$$
\begin{aligned}
\sigma^2 &= 0.28115 \\
\sigma &\doteqdot 0.53 \quad \cdots\cdots ⑤ \\
\mu &\doteqdot 2.99 \quad \cdots\cdots ④
\end{aligned}
$$

＜例 2＞

表 1 は B 社の 100 件のクレームについて，そのクレーム額分布を示している．対数正規分布に適合すると仮定して，期待値 (μ)，標準偏差 (σ) を求めよ．

＜解答＞

クレーム額に幅があるので <u>その中央値</u> をとって，期待値，分散を求める．期待値 (μ) は

$$
\mu = 100 \times \frac{1}{100} + 300 \times \frac{23}{100} + 500 \times \frac{34}{100} + 700 \times \frac{20}{100} + 900 \times \frac{11}{100}
$$

表 1

クレーム額 (万円)	クレーム件数 (件)
0～	1
200～	23
400～	34
600～	20
800～	11
1,000～	5
1,200～	4
1,400～	1
1,600～	1
1,800～2,000	0
合計	100

$$+1,100 \times \frac{5}{100} + 1,300 \times \frac{4}{100} + 1,500 \times \frac{1}{100} + 1,700 \times \frac{1}{100} + 1,900 \times \frac{0}{100}$$
$$= 618$$

分散 (σ^2) は

$$\begin{aligned}\sigma^2 \ = \ & 100^2 \times \frac{1}{100} + 300^2 \times \frac{23}{100} + 500^2 \times \frac{34}{100} + 700^2 \times \frac{20}{100} + 900^2 \times \frac{11}{100} \\ & +1,100^2 \times \frac{5}{100} + 1,300^2 \times \frac{4}{100} + 1,500^2 \times \frac{1}{100} + 1,700^2 \times \frac{1}{100} \\ & +1,900^2 \times \frac{0}{100} - 618^2 = 90.476\end{aligned}$$

したがって

$$\begin{cases} \exp\left(\mu + \dfrac{1}{2}\sigma^2\right) = 618 & \cdots\cdots \text{(a)} \\ \exp(2\mu + \sigma^2)\{\exp(\sigma^2) - 1\} = 90.476 & \cdots\cdots \text{(b)} \end{cases}$$

(a) の両辺を二乗し，この関係を (b) に代入すると

$$\begin{aligned} 618^2(e^{\sigma^2} - 1) \ &= \ 90.476 \\ \therefore e^{\sigma^2} - 1 \ &\fallingdotseq \ 0.2369 \\ \therefore e^{\sigma^2} \ &= \ 1.2369 \end{aligned}$$

両辺に底 e とする対数をとると

$$\begin{aligned} \sigma^2 \ &= \ \log e 1.2369 \fallingdotseq 0.21261 \\ \therefore \ &= \ 0.4611 \quad \cdots\cdots \text{(c)} \end{aligned}$$

(c) を (a) に代入して

$$\mu \fallingdotseq 6.3202$$

(答) 期待値 6.3202 (556 万円)，標準偏差 0.4611 (1.59 万円)

＜例 3 ＞

例 2 のクレーム分布に従っているとき，あるクレーム K が 2,000 万円を越える確率はどれほどか (ただし $\log e2,000 = 7.6009$，$\log e1,000 = 6.9078$，$\log e600 = 6.3969$)．また，

(1)　クレームが 1,000 万円以上．

(2)　クレームが 600 万円未満．

となる件数と，対数正規分布の標準化によって求めた件数と比較せよ．

＜解答＞

$$z = \frac{\log eK - \mu}{\sigma} = \frac{7.6009 - 6.3202}{0.4611} \fallingdotseq 2.78$$

したがって，求める確率は，巻末の「標準正規確率表②」より

$$0.5 - 0.4973 = 0.0027 \fallingdotseq 0.003 \text{ (約 } 0.3\%)$$

(1)

$$z_1 = \frac{\log e1{,}000 - \mu}{\sigma} = \frac{6.9078 - 6.3207}{0.4611} \fallingdotseq 1.27$$

求める確率は

$$0.5 - 0.3980 = 0.102 \quad \Rightarrow \quad 10.2 \text{ 件 (実績 11 件)}$$

(2)

$$z_2 = \frac{\log e600 - \mu}{\sigma} = \frac{6.3969 - 6.3207}{0.4611} \fallingdotseq 0.17$$

求める確率は

$$0.5 + 0.0675 = 0.5675 \quad \Rightarrow \quad 56.8\% \text{ (実績 57 件)}$$

(1)，(2) とも例 2 の実績によく適合していることがわかった．

■パレート分布

＜例 1 ＞

ある保険種目の 1 件ごとのクレーム額 X(万円) が確率密度関数 $f(x)$ =

$\dfrac{4}{3}\left(\dfrac{3}{x}\right)^5$ $(x > 3)$ のパレート分布に従うとき，クレーム額が5万円を超える確率を求めよ．また，5万円を超えるクレームの平均クレーム額を求めよ．

<解答>

$$F(x) = 1 - \left(\frac{3}{x}\right)^4 \qquad (\because F(x) = P(X \leqq x) = \int_3^x f(x)dx \qquad (x > 3))$$

$$(\because F'(x) = \frac{4}{3}\left(\frac{3}{x}\right)^5 = f(x))$$

クレーム額が5万円を超える確率は $1 - F(5) = \left(\dfrac{3}{5}\right)^4 = 0.1296$．また，5万円を超えるクレームの平均クレーム額は，クレーム額が5万円を超えるという条件付きの確率での平均クレーム額の期待値なので

$$\begin{aligned}\frac{1}{1-F(5)}\int_5^\infty x \cdot f(x)dx &= \frac{1}{0.1296}\int_5^\infty x \cdot \frac{4}{3}\left(\frac{3}{x}\right)^5 dx \\ &= \frac{4 \times 3^5}{0.1296 \times 3}\left[-\frac{x^{-3}}{3}\right]_5^\infty \fallingdotseq 6.7(\text{万円})\end{aligned}$$

3　チェビシェフの不等式 (Chebyshev's inequality)

確率変数 X が $E(X)=m$, $V(X)=\sigma^2$ を持つとき，任意の $k>0$ に対して

$$P(|X-m|>k\cdot\sigma)\leq\frac{1}{k^2}$$

あるいは

$$P(|X-m|>k)\leq\frac{\sigma^2}{k^2}$$

が成立する．これを**チェビシェフの不等式**という．

この不等式から，次の法則が導かれる．

X_1, $X_2,\cdots,X_n$ を，互いに独立で期待値が μ の同じ分布に従う確率変数とする．

$$S_n=X_1+X_2+\cdots+X_n$$

とすると，任意の正数 k に対して

$$\lim_{n\to\infty}P\left\{\left|\frac{S_n}{n}-\mu\right|\geq k\right\}=0$$

が成り立つ(「**大数の弱法則**」という)．

＜例 1 ＞

年間事故率 $\frac{1}{6}$ の独立の契約集団の中から n 件の契約を取り出し，事故を起こした契約 x 件の割合 $\frac{x}{n}$ が $\left|\frac{x}{n}-\frac{1}{6}\right|\geq 0.05$ となる確率を 5%以下にするには，何件以上の契約を取り出したらよいか．チェビシェフの不等式を用いて求めよ．

＜解答＞

契約件数 n 件中，事故を起こした契約 x 件を取り出す確率は $\binom{n}{x}\cdot\left(\frac{1}{6}\right)^x\cdot\left(\frac{5}{6}\right)^{n-x}$ で，事故契約件数 X の確率分布は二項分布 $B\left(n,\frac{1}{6}\right)$ に従う．したがって

$$\frac{X}{n}\text{ は }E\left(\frac{X}{n}\right)=\frac{1}{n}E(X)=\frac{1}{n}\times\left(n\times\frac{1}{6}\right)=\frac{1}{6}$$

$$(\because E(a\cdot X)=a\cdot E(X)\qquad E(X)=n\cdot p\qquad p=\frac{1}{6})$$

同様に

$$V\left(\frac{X}{n}\right) = \frac{1}{n^2}V(X) = \frac{1}{n^2} \times n \times \frac{1}{6} \times \frac{5}{6} = \frac{5}{36n}$$

$$(\because V(a \cdot X) = a^2 \cdot V(X) \qquad V(X) = npq \qquad p = \frac{1}{6} \qquad q = \frac{5}{6})$$

チェビシェフの不等式から

$$P\left\{\left|\frac{X}{n} - \frac{1}{2}\right| \geq 0.05\right\} \leq \frac{1}{0.05^2} \cdot V\left(\frac{X}{n}\right) = \frac{1}{0.05^2} \times \frac{5}{36n}$$

$$(\because k \cdot \sigma = 0.05 \quad \longrightarrow \quad k = \frac{0.05}{\sigma} \quad \longrightarrow \quad \frac{1}{k^2} = \frac{\sigma^2}{0.05^2} = \frac{1}{0.05^2} \cdot V\left(\frac{X}{n}\right))$$

したがって

$$\frac{1}{0.05^2} \times \frac{5}{36n} \leq 0.05 \quad \longrightarrow \quad n \geq 1111.11$$

（答）1,112 件以上

4　中心極限定理

<定義>

確率変数 $X_1, X_2, X_3, \cdots, X_n$ が期待値 μ，分散 σ^2 の母集団からとられた標本 (サンプル) を $Z_n = X_1 + X_2 + \cdots + X_n$ とすると

$$Y_n = \frac{\overline{X} - \mu}{\frac{\sigma}{\sqrt{n}}} \qquad \left(\overline{X} = \frac{Z_n}{n}\right)$$

は $N(0,1)$ に収束する．すなわち

$$\lim_{n\to\infty} P\left(\frac{\overline{X} - \mu}{\frac{\sigma}{\sqrt{n}}} \leq y\right) = \int_{-\infty}^{y} \frac{1}{\sqrt{2\pi}} \exp\left(-\frac{1}{2}x^2\right) dx$$

これを中心極限定理という ($V(\overline{X}) = \dfrac{\sigma^2}{n}$,　$\sqrt{V(\overline{X})} = \dfrac{\sigma}{\sqrt{n}}$).

■ド・モアブル－ラプラスの定理

<定義>

$P(X_i = 1) = p$, $P(X_i = 0) = 1 - p = q$　$(i = 1, 2, \cdots, n)$ で，$X_1, X_2, \cdots$, X_n が独立であるとき，$S_n = X_1 + X_2 + \cdots + X_n$ は成功の確率が p のベルヌーイ試行において n 回の試行中の成功の回数を表すことになり，したがって二項分布 $B(n,p)$ に従う．このとき

$$\lim P\left(\frac{S_n - np}{\sqrt{npq}} \leq y\right) = \int_{-\infty}^{y} \frac{1}{\sqrt{2\pi}} \exp\left(-\frac{1}{2}x^2\right) dx \qquad (n\text{：十分大きいとき})$$

<例 1 >

ある保険の支払保険金は期待値 50 万円，標準偏差 25 万円であった．この母集団からサンプルを 100 件とってきたときの期待値が，45 万円〜55 万円の間に入る確率はいくらか．

<解答>

中心極限定理を用いると，$\overline{X}$ は 100 件の平均値，$\mu = 50$, $\sigma = 25$ であるので

$$P(45 \leq \overline{X} \leq 55) = P(-5 \leq \overline{X} - 50 \leq 5)$$

$$= P\left(\frac{-5}{\frac{25}{\sqrt{100}}} \leq \frac{\overline{X}-50}{\frac{25}{\sqrt{100}}} \leq \frac{5}{\frac{25}{\sqrt{100}}}\right)$$
$$= P\left(-2 \leq \frac{\overline{X}-50}{2.5} \leq 2\right)$$
$$= \int_{-2}^{2} \frac{1}{\sqrt{2\pi}} \exp\left(-\frac{1}{2}x^2\right) dx = 0.4772 \times 2 = 0.9544$$

＜例 2＞

1 年間に事故が起こる (1 回以上) 確率が $\frac{1}{10}$，まったく起こらない確率が $\frac{9}{10}$ である保険契約がある．保有契約件数 200 件が 1 年間を通して事故が発生する契約件数が，15 件以上，22 件以下の確率を求めよ．また，事故が発生する契約件数が 5 件以下の確率も求めよ．

＜解答＞

契約件数 200 件が事故を起こす契約件数 X は，二項分布 $B\left(200, \frac{1}{10}\right)$ に従う．

$$E(X) = n \cdot p = 200 \times \frac{1}{10} = 20$$
$$V(X) = npq = 200 \times \frac{1}{10} \times \frac{9}{10} = 18$$

$n = 200$ は十分大きいとして，ド･モアブル－ラプラスの定理より，X は $N(20, 18)$ に従う．

$$P(15 \leq X \leq 22)$$
$$= P\left(-\frac{5}{\sqrt{18}} \leq \frac{X-20}{\sqrt{18}} \leq \frac{2}{\sqrt{18}}\right)$$
$$= P\left(-1.18 \leq \frac{X-20}{\sqrt{18}} \leq 0.47\right)$$
$$= \int_{-1.18}^{0} \frac{1}{\sqrt{2\pi}} \exp\left(-\frac{1}{2}x^2\right) dx + \int_{0}^{0.47} \frac{1}{\sqrt{2\pi}} \exp\left(-\frac{1}{2}x^2\right) dx$$
$$= 0.38100 + 0.18082 \fallingdotseq 0.562 \qquad \text{(巻末の「標準正規確率表②」より)}$$

5 件以下の確率は

$$P(X \leq 5) = P\left(\frac{X-20}{\sqrt{18}} \leq \frac{-15}{\sqrt{18}}\right) = P\left(\frac{X-20}{\sqrt{18}} \leq -3.54\right)$$
$$= \int_{-\infty}^{-3.54} \frac{1}{\sqrt{2\pi}} \exp\left(-\frac{1}{2}x^2\right) dx = 0.5 - 0.49980 = 0.0002$$

＜例 **3**＞

ある保険種目の年間の事故件数が，平均 λ のポアソン分布に従うとき，500 件の独立な契約の年間総事故件数 (N) が 25 件であった．事故頻度の 90%信頼区間を求めよ (ただし，$\displaystyle\int_0^{1.645} \frac{1}{\sqrt{2\pi}} \exp\left(-\frac{1}{2}x^2\right) dx = 0.45$ とする).

＜解答＞

年間事故件数は，平均 λ のポアソン分布に従うので，500 件の独立な契約の年間総事故件数 (N) は，平均 500λ，分散 500λ のポアソン分布に従う．中心極限定理（定義の $\dfrac{\overline{X}-\mu}{\frac{\sigma}{\sqrt{n}}}$ に $\overline{X}=N$, $\mu=500\lambda$, $\dfrac{\sigma}{\sqrt{n}}=\sqrt{500\lambda}$ を代入）によって $\dfrac{N-500\lambda}{\sqrt{500\lambda}}$ は近似的に $N(0,1)$ に従うから

$$P\left(-1.645 \le \frac{N-500\lambda}{\sqrt{500\lambda}} \le 1.645\right) = 0.90$$

これを解くと，λ に対する 90%信頼区間 (図 1) は $(0.0375, 0.0679)$ である．

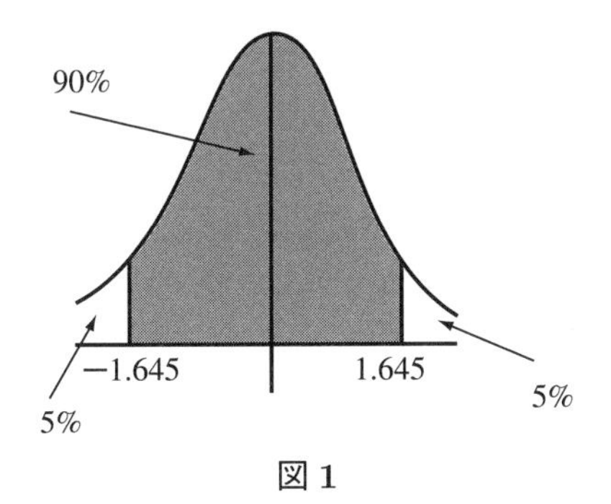

図 1

＜例 **4**＞

A 社で，被保険者本人の死亡後遺障害だけを担保する傷害保険を，1 億 2,000 万円の高額保険金額で販売する企画を検討していた．マーケットも良好である上，1 億 2,000 万円の高額補償が大きな魅力となって，販売企画として大いに有望である．しかし，企画担当者の心配は，こんな商品を販売して，もし支払が続出したらどうなるかということであった．

さて，企画担当者は，経験的に次の事柄は把握していたが，これだけの数字から，この販売企画の良否をどのように判断できるだろうか．

＜経験的にわかっている事柄＞

①支払事故は 0.045%の頻度で発生する．

②支払事故があったとき，支払額は保険金額の 38.5%となる．

例：保険金額が 1 億 2,000 万円であれば

$$12{,}000 \times 0.385 = 4{,}620(\text{万円})$$

＜その他の事柄＞

③傷害保険全体では，正味保険料で 14,863 百万円に達している．

④純率 (危険保険料率) は，保険金額 1,000 円につき 0.2349 円である．

＜解答＞

まず，経験上の事故頻度 0.045%に対して，料率上許容されている事故頻度は②の 1 事故当たり支払額 4,620 万円を確かなものとするとき，次の算式より，0.061%であることがわかる．

(計算式)

$$\frac{12{,}000 \times 0.2349}{4{,}620} \times \frac{1}{1{,}000} \doteqdot 0.061\%$$

これは，たとえばこの企画商品を 10,000 件販売したとき，経験的には 4.5 件の支払事故 (上記①より) が発生するが，6.1 件までは料率上許容できることを示している．

支払事故が 6.1 件を超えて発生する確率は，事故件数がポアソン分布に従うと仮定して計算すると

$$P(X_n > 6.1) = P(X_n \geq 7) = 1 - \sum_{x \leq 6} \frac{4.5^x}{x!} \cdot e^{-4.5} = 0.169 \quad (\text{約 } 17\,\%)$$

となる．

他のケースについて，許容限度突破の確率を計算してみると，表 1 のようになる．

表 1　販売件数と許容限度突破の確率との関係

販売件数 (件)	事故件数		許容限度突破の確率 (%)
	支払見込 (件)	許容限度 (件)	
1,000	0.45	0.61	36.2
5,000	2.25	3	19.1
10,000	4.5	6	16.9
20,000	9.0	12	12.4
50,000	22.5	30	5.1
100,000	45.0	61	0.93
200,000	90.0	122	0.055

これより，一定以上の販売件数を確保すれば，ロスは安定に向かうことがわかる．しかし，保有件数が少ないときは，かなり高い確率で，一発事故で赤字に転落することが予想される．

さて次に，この販売企画はあくまで傷害保険の販売形態の 1 つであるので，傷害保険全体で考えてみたらどうなるであろうか？ 傷害保険全体のロスの悪化を損害率で 1%アップの範囲内で収められるなら OK であると仮定すると，傷害保険全体の保険料は 14,863 百万円 (上記③より) であったから

$$14{,}863\text{ 百万円} \times 1\,\% \div 4{,}620\text{ 万円} = 3.2\text{ 件}$$

すなわち，この販売企画による事故件数が 3 件以内であれば，傷害のロス悪化は 1%以内ということになる．

再び，販売件数別に，プラス 1%水準を突破する確率を計算してみると，表 2 のようになる．

表 2

販売件数 (件)	事故件数			プラス 1%水準を 突破する確率 (%)
	支払見込 (件)	許容限度 (件)	ロス +1% 限度 (件)	
1,000	0.45	0.61	3	0.21
5,000	2.25	3	6	0.84
10,000	4.5	6	9	1.71
20,000	9.0	12	15	2.20
50,000	22.5	30	33	1.41
100,000	45.0	61	64	0.30
200,000	90.0	122	125	0.002

この表を見ると，販売件数 20,000 件程度のところが危ないことがわかる (プラス 1%水準を突破する確率 2.20%)．

販売件数が 20,000 件より小さければ，事故は 3 件もぶれることは確率的に起こりにくい．また，20,000 件より大きければロスは安定に向かうことになる．

いずれにしても，97.8%以上の確率で $(1 - 0.0220 = 0.978)$，ぶれはロスを 1%プラスさせる水準におさまることになる．

ただし，実際の販売がポアソン分布を成立させないような契約にシフトするとき，たとえば，モラルリスク，集積リスクが排除できないときには，ロス悪化の確率はさらに高くなる．

付録I　確率分布

(1) **二項分布** (Binomial distribution)　$B_{in}(n,p)$ or $B(n,p)$ と書く.

・確率関数　$f(x) = {}_nC_x \cdot p^x \cdot q^{n-x}$　$(x = 0, 1, 2, \cdots, n)$

$(0 < p < 1,\ p + q = 1)$

・期待値　$E(X) = n \cdot p$

分　散　$V(X) = n \cdot p \cdot q$

積率母関数　$M(t) = (p \cdot e^t + q)^n$

（パラメータ n に関して再生性を持つ）

(2) **ポアソン分布** (Poisson distribution)　$P_0(\lambda)$

・確率関数　$f(x) = e^{-\lambda} \cdot \dfrac{\lambda^x}{x!}$　$(x = 0, 1, 2, \cdots)$　$(\lambda > 0)$

・期待値　$E(X) = \lambda$

分　散　$V(X) = \lambda$

積率母関数　$M(t) = \exp(\lambda \cdot e^t - \lambda)$

（パラメータ λ に関して再生性を持つ）

(3) **正規分布** (Normal distribution)　$N(\mu, \sigma^2)$

・確率密度関数　$f(x) = \dfrac{1}{\sqrt{2\pi}\sigma} \exp\left[-\dfrac{1}{2\sigma^2}(x - \mu)^2\right]$　$(-\infty < x < \infty)$

・期待値　$E(X) = \mu$

分　散　$V(X) = \sigma^2$

積率母関数　$M(t) = \exp\left(\mu t + \dfrac{1}{2}\sigma^2 t^2\right)$

（パラメータ μ, σ^2 に関して再生性を持つ）

(4) **指数分布** (Exponential distribution)　$e(\sigma)$

・確率密度関数　$f(x) = \dfrac{1}{\sigma} \exp\left(-\dfrac{1}{\sigma}x\right)$　$(x \geq 0, \sigma > 0)$

・期待値　$E(X) = \sigma$

分　散　$V(X) = \sigma^2$

積率母関数　$M(t) = (1 - \sigma \cdot t)^{-1}$　$(t < \dfrac{1}{\sigma})$

(5) **負の二項分布** (Negative binomial distribution) $NB(\alpha, p)$

・確率関数 $f(x) = \binom{\alpha+x-1}{x} p^{\alpha} \cdot q^{x} = \binom{-\alpha}{x} \cdot p^{\alpha} \cdot (-q)^{x}$

$(\alpha > 0,\ 0 < p < 1,\ p + q = 1)$

・期待値 $E(X) = \dfrac{\alpha \cdot q}{p}$

分　散 $V(X) = \dfrac{\alpha \cdot q}{p^2}$

積率母関数 $M(t) = p^{\alpha}(1 - q \cdot e^{t})^{-\alpha}$

(パラメータ α に関して再生性を持つ)

(6) **一様分布** (Uniform distribution) $U(a, b)$

・確率密度関数 $f(x) = \dfrac{1}{b-a}$ $(a < x < b)$

・期待値 $E(X) = \dfrac{a+b}{2}$

分　散 $V(X) = \dfrac{(b-a)^2}{12}$

積率母関数 $M(t) = \dfrac{e^{bt} - e^{at}}{(b-a)t}$

(7) **対数正規分布** (Log normal distribution)

・確率密度関数 $f(x) = \dfrac{1}{\sqrt{2\pi}\sigma x} \exp\left[-\dfrac{(\log x - \mu)^2}{2\sigma^2}\right]$ $(0 < x < \infty)$

・期待値 $E(X) = \exp\left(\mu + \dfrac{1}{2}\sigma^2\right)$

分　散 $V(X) = \exp(2\mu + \sigma^2) \cdot \{\exp(\sigma^2) - 1\}$

積率母関数 存在しない.

(8) **ガンマ分布** (Gamma distribution) $\Gamma(\alpha, \beta)$

・確率密度関数 $f(x) = \dfrac{\beta^{\alpha}}{\Gamma(\alpha)} x^{\alpha-1} e^{-\beta x}$ $(x \geq 0, \alpha > 0, \beta > 0)$

・期待値 $E(X) = \dfrac{\alpha}{\beta}$

分　散 $V(X) = \dfrac{\alpha}{\beta^2}$

積率母関数 $M(t) = \left(\dfrac{\beta}{\beta - t}\right)^{\alpha}$ $(t < \beta)$

(パラメータ α に関して再生性を持つ)

(注) $\Gamma\left(1, \dfrac{1}{\sigma}\right) \Rightarrow \dfrac{1}{\sigma}\exp\left(-\dfrac{1}{\sigma}x\right)$ $(0 < x)$ を前述 (4) の指数分布. また, $\Gamma\left(\dfrac{n}{2}, \dfrac{1}{2}\right) \Rightarrow \dfrac{1}{2^{\frac{n}{2}}\Gamma(\frac{n}{2})} \cdot \exp\left(-\dfrac{x}{2}\right) \cdot x^{\frac{n}{2}-1}\,(0 \leq x)$ を自由度 n のカイ二乗分布という.

(9) **パレート分布** (Pareto distribution)

・確率密度関数　$f(x) = \dfrac{\alpha}{\beta}\left(\dfrac{\beta}{x}\right)^{\alpha+1}$　$(\beta < x)$　$(0 < \alpha, \beta < \infty)$

・期待値　$E(X) = \dfrac{\alpha \cdot \beta}{\alpha - 1}$　$(1 < \alpha)$

分　散　$V(X) = \dfrac{\alpha\beta^2}{(\alpha-1)^2(\alpha-2)}$　$(2 < \alpha)$

積率母関数　存在しない.

(10) **幾何分布** (Geometric distribution)　$G(p)$

・確率関数　$f(x) = p \cdot q^x$　$(x = 0, 1, 2, \cdots)$　$(0 < p < 1, p + q = 1)$

・期待値　$E(X) = \dfrac{q}{p}$

分　散　$V(X) = \dfrac{q}{p^2}$

積率母関数　$M(t) = p(1 - q \cdot e^t)^{-1}$

(11) $\boldsymbol{t}$ **分布** (t distribution)　$t(n)$

・確率密度関数　$f(x) = \dfrac{1}{\sqrt{n}B\left(\frac{1}{2}, \frac{n}{2}\right)} \cdot \left(1 + \dfrac{x^2}{n}\right)^{-\frac{n+1}{2}}$

・期待値　$E(X) = 0$　$(n \geq 2)$

分　散　$V(X) = \dfrac{n}{n-2}$　$(n \geq 3)$

積率母関数　簡単な形で表せない.

(12) **ワイブル分布** (Weibull distribution)　$W(p, \theta)$

・確率密度関数　$f(x) = \dfrac{p}{\theta} \cdot \left(\dfrac{x}{\theta}\right)^{p-1} \cdot \exp\left[-\left(\dfrac{x}{\theta}\right)^p\right]$　$(x > 0)$　$(p, \theta > 0)$

・期待値　$E(X) = \theta \cdot \Gamma\left(1 + \dfrac{1}{p}\right)$

分　散　$V(X) = \theta^2\left\{\Gamma\left(1 + \dfrac{2}{p}\right) - \Gamma^2\left(1 + \dfrac{1}{p}\right)\right\}$

積率母関数　簡単な形で表せない.

(注) $p = 1$ のとき「指数分布」.

(13) **ベータ分布** (Beta distribution)　$B(p, q)$

・確率密度関数　$f(x) = \dfrac{1}{B(p, q)} x^{p-1} \cdot (1 - x)^{q-1}$

$(0 < x < 1,\ 0 < p, q)$

・期待値　$E(X) = \dfrac{p}{p+q}$

分　散　$V(X) = \dfrac{p \cdot q}{(p+q)^2 \cdot (p+q+1)}$

積率母関数　簡単な形では表せない.

＜公式＞

$$B(p,q) = \int_0^1 x^{p-1}(1-x)^{q-1}dx$$

$$B(p,q) = B(q,p) = \frac{\Gamma(p)\cdot\Gamma(q)}{\Gamma(p+q)}$$

$$\Gamma(k+1) = k! \qquad (k \text{ は 1 以上の整数})$$

(14) **カイ二乗分布** (Chi–Square distribution)　$\chi^2(n)$

・確率密度関数　$f(x) = \dfrac{1}{2^{\frac{n}{2}}\cdot\Gamma\left(\frac{n}{2}\right)}\cdot x^{\frac{n}{2}-1}\cdot e^{-\frac{x}{2}} \qquad (x > 0)$

・期待値　$E(X) = n$

　分　散　$V(X) = 2n$

　積率母関数　$M(t) = (1-2\cdot t)^{-\frac{1}{2}n}$

(15) ***F*** **分布** (F distribution)　$F(m,n)$

・確率密度関数　$f(x) = \dfrac{m^{\frac{m}{2}}\cdot n^{\frac{n}{2}}}{B\left(\frac{m}{2},\frac{n}{2}\right)}\cdot\dfrac{x^{\frac{m}{2}-1}}{(mx+n)^{\frac{m+n}{2}}} = \dfrac{\Gamma\left(\frac{m+n}{2}\right)}{\Gamma\left(\frac{m}{2}\right)\cdot\Gamma\left(\frac{n}{2}\right)}\cdot$

$$\left(\frac{m}{n}\right)^{\frac{m}{2}}\cdot x^{\frac{m}{2}-1}\left(1+\frac{m}{n}x\right)^{-\frac{m+n}{2}}$$

・期待値　$E(X) = \dfrac{n}{n-2} \qquad (n \geq 3)$

　分　散　$V(X) = \dfrac{2n^2(m+n-2)}{m(n-2)^2(n-4)} \qquad (n \geq 5)$

　積率母関数　存在しない.

(16) **コーシー分布** (Cauchy distribution)　$C(\mu,\sigma)$

・確率密度関数　$f(x) = \dfrac{1}{\pi}\cdot\dfrac{\sigma}{\sigma^2+(x-\mu)^2} \qquad (\sigma > 0)$

・期待値, 分散, 積率母関数　存在しない.

付録II　数学公式集

(重要なものに★印あり)

1.　数列

(1) $1+2+3+\cdots+n=\dfrac{n(n+1)}{2}$　　$\left(\displaystyle\sum_{i=1}^{n} i\right)$

★★ (2) $1^2+2^2+3^2+\cdots+n^2=\dfrac{n}{6}(n+1)(2n+1)$　　$\left(\displaystyle\sum_{i=1}^{n} i^2\right)$

★ (3) $1^3+2^3+3^3+\cdots+n^3=\left\{\dfrac{n(n+1)}{2}\right\}^2$　　$\left(\displaystyle\sum_{i=1}^{n} i^3\right)$

(4) $1^4+2^4+3^4+\cdots+n^4=\dfrac{n(n+1)}{30}(6n^3+9n^2+n-1)$　　$\left(\displaystyle\sum_{i=1}^{n} i^4\right)$

(5) $1^5+2^5+3^5+\cdots+n^5=\dfrac{(2n^2+2n-1)}{12}\cdot\{n(n+1)\}^2$　　$\left(\displaystyle\sum_{i=1}^{n} i^5\right)$

(6) $1^6+2^6+3^6+\cdots+n^6=\dfrac{n(n+1)}{42}(6n^5+15n^4+6n^3-6n^2-n+1)$　　$\left(\displaystyle\sum_{i=1}^{n} i^6\right)$

★★ (7) $a+ar+ar^2+\cdots+a\cdot r^{n-1}=\dfrac{a(1-r^n)}{1-r}$　　$(r\neq 1)$

$=a\cdot n$　　$(r=1)$

2.　指数

(1) $a^n\times a^m=a^{n+m}$　　(例) $3^2\times 3^3=3^{2+3}=3^5$

(2) $a^n\div a^m=a^{n-m}$　　(例) $10^4\div 10^3=10^{4-3}=10^1=10$

(3) $a^0=1$　　(例) $10^3\div 10^3=10^{3-3}=10^0=1$

(4) $(a^n)^m=a^{nm}$　　(例) $(10^2)^3=10^{2\times 3}=10^6$

(5) $a^{-n}=\dfrac{1}{a^n}$　　(例) $a^{-3}=\dfrac{1}{a^3}$

(6) $a^{\frac{1}{n}}=\sqrt[n]{a}$　　(例) $a^{\frac{1}{2}}=\sqrt{a}$　　($\sqrt[2]{a}$ とは記さない)

(7) $a^{\frac{m}{n}}=(a^{\frac{1}{n}})^m=\sqrt[n]{a^m}$　　(例) $a^{\frac{2}{5}}=\sqrt[5]{a^2}$

★★ (8) $e^{\log_e x}=x$　　両辺を底が e の対数をとると明らか.

3.　対数

(1) $\log(M \times N) = \log M + \log N$　(例) $\log 3 \times 2 = \log 3 + \log 2$

(2) $\log(\dfrac{M}{N}) = \log M - \log N$　(例) $\log \dfrac{10}{2} = \log 10 - \log 2$

(3) $\log M^n = n \log M$　(例) $\log 10^3 = 3 \log 10$

4.　微分法

(1) $y = c\,(c$：定数$)$ $\rightarrow$ $\dfrac{dy}{dx} = 0$　(例) $y = 3 \rightarrow y' = 0$

(2) $y = c \cdot x\,(c$：定数$)$ $\rightarrow$ $\dfrac{dy}{dx} = c$　(例) $y = 5x \rightarrow y' = 5$

(3) $y = x^n\,(n$：有理数$)$ $\rightarrow$ $\dfrac{dy}{dx} = n \cdot x^{n-1}$　(例) $y = x^2 \rightarrow y' = 2x$

(4) $y = f(x) \cdot g(x) \rightarrow \dfrac{dy}{dx} = f(x) \cdot g'(x) + f'(x) \cdot g(x)$

(例) $y = 2x \cdot 3x^2 (= 6x^3) \rightarrow y' = 2x \cdot 6x + 2 \cdot 3x^2 = 18x^2$

(5) $y = f(x) + g(x) \rightarrow \dfrac{dy}{dx} = f'(x) + g'(x)$

(例) $y = x + 2x^2 \rightarrow y' = 1 + 4x$

(6) $y = \dfrac{1}{f(x)} \rightarrow \dfrac{dy}{dx} = \dfrac{-f'(x)}{\{f(x)\}^2}$

(例) $y = \dfrac{1}{x^2 - 1} \rightarrow y' = \dfrac{-2x}{(x^2 - 1)^2}$

★(7) $y = \dfrac{g(x)}{f(x)} \rightarrow \dfrac{dy}{dx} = \dfrac{f(x) \cdot g'(x) - g(x) \cdot f'(x)}{\{f(x)\}^2}$

(例) $y = \dfrac{3x}{x^2 - 2x - 1} \rightarrow y' = \dfrac{-3(x^2 + 1)}{(x^2 - 2x - 1)^2}$

★(8) $y = f_1(x) \cdot f_2(x) \cdots f_n(x) \rightarrow \dfrac{y'}{y} = \dfrac{f_1'(x)}{f_1(x)} + \dfrac{f_2'(x)}{f_2(x)} + \cdots + \dfrac{f_n'(x)}{f_n(x)}$

(例) $y = x \cdot x^2 \cdot x^3\ (n{=}3) \rightarrow \dfrac{y'}{y} = \dfrac{1}{x} + \dfrac{2x}{x^2} + \dfrac{3x^2}{x^3} = \dfrac{6x^2}{x^3} = \dfrac{6}{x}$

$\therefore y' = y \cdot \dfrac{6}{x} = 6x^5$

(9) $y = \sin x \rightarrow \dfrac{dy}{dx} = \cos x$

(10) $y = \cos x \rightarrow \dfrac{dy}{dx} = -\sin x$

(11) $y = \tan x \rightarrow \dfrac{dy}{dx} = \sec^2 x \quad \left(= \dfrac{1}{\cos^2 x}\right)$

(12) $y = \cot x \rightarrow \dfrac{dy}{dx} = -\mathrm{cosec}^2 x \quad \left(= -\dfrac{1}{\sin^2 x}\right)$

(13) $y = \sec x \quad \rightarrow \quad \dfrac{dy}{dx} = \sec x \cdot \tan x$

(14) $y = \mathrm{cosec}\ x \quad \rightarrow \quad \dfrac{dy}{dx} = -\mathrm{cosec}\ x \cdot \cot x \qquad \left(\cot x = \dfrac{1}{\tan x}\right)$

(15) $y = \log_a x \quad \rightarrow \quad \dfrac{dy}{dx} = \dfrac{\log_a e}{x}$

★ (特に $y = \log_e x \quad \rightarrow \quad \dfrac{dy}{dx} = \dfrac{1}{x}$)

(16) $y = a^x$ (a：定数) $\quad \rightarrow \quad \dfrac{dy}{dx} = a^x \cdot \log a$

★ (特に $y = e^x \quad \rightarrow \quad \dfrac{dy}{dx} = e^x$)

(17) $y = \sin^{-1} x \quad \rightarrow \quad \dfrac{dy}{dx} = \dfrac{1}{\sqrt{1-x^2}} \qquad (y = \sin^{-1} x \quad \leftrightarrow \quad x = \sin y)$

(18) $y = \cos^{-1} x \quad \rightarrow \quad \dfrac{dy}{dx} = \dfrac{-1}{\sqrt{1-x^2}} \qquad (y = \cos^{-1} x \quad \leftrightarrow \quad x = \cos y)$

★ (19) $y = \tan^{-1} x \quad \rightarrow \quad \dfrac{dy}{dx} = \dfrac{1}{1+x^2} \qquad (y = \tan^{-1} x \quad \leftrightarrow \quad x = \tan y)$

(20) $y = \cot^{-1} x \quad \rightarrow \quad \dfrac{dy}{dx} = \dfrac{-1}{1+x^2} \qquad (y = \cot^{-1} x \quad \leftrightarrow \quad x = \cot y)$

(21) $y = \sec^{-1} x \quad \rightarrow \quad \dfrac{dy}{dx} = \dfrac{1}{x\sqrt{x^2-1}} \qquad (y = \sec^{-1} x \quad \leftrightarrow \quad x = \sec y)$

(22) $y = \mathrm{cosec}^{-1}\ x \quad \rightarrow \quad \dfrac{dy}{dx} = \dfrac{-1}{x\sqrt{x^2-1}} \qquad (y = \mathrm{cosec}^{-1}\ x \quad \leftrightarrow \quad x = \mathrm{cosec}\ y)$

★★微分の変数変換

(例 1) $y = (x^2 - 3x - 1)^5 \quad \rightarrow \quad y' = 5(2x-3) \cdot (x^2 - 3x - 1)^4$

($x^2 - 3x - 1 = z$ と置くと $y = z^5$ で $\dfrac{dy}{dx} = \dfrac{dy}{dz} \cdot \dfrac{dz}{dx} = 5 \cdot z^4 \cdot (2x-3) = 5(2x-3) \cdot (x^2 - 3x - 1)^4$)

(例 2) $y = \sin(3x^2 - 1) \quad \rightarrow \quad y' = 6x \cdot \cos(3x^2 - 1)$

($3x^2 - 1 = z$ と置くと $y = \sin z$ で $\dfrac{dy}{dx} = \dfrac{dy}{dz} \cdot \dfrac{dz}{dx} = \cos z \cdot 6x = 6x \cdot \cos(3x^2 - 1)$)

(例 3) $y = e^{x^2 - 3x + 1} \quad \rightarrow \quad y' = (2x-3) \cdot e^{x^2 - 3x + 1}$

($x^2 - 3x + 1 = z$ と置くと $y = e^z$ で $\dfrac{dy}{dx} = \dfrac{dy}{dz} \cdot \dfrac{dz}{dx} = e^z \cdot (2x-3) = (2x-3) \cdot e^{x^2 - 3x + 1}$)

5.　積分法

(1)　$f(x) = x^a \quad (a \neq -1) \quad \rightarrow \quad \int f(x)dx = \dfrac{x^{a+1}}{a+1}$

★ (2)　$f(x) = \dfrac{1}{x} \quad \rightarrow \quad \int f(x) \cdot dx = \log|x|$

★ (3)　$f(x) = e^x \quad \rightarrow \quad \int f(x) \cdot dx = e^x$

(4)　$f(x) = \sin x \quad \rightarrow \quad \int f(x)dx = -\cos x$

(5)　$f(x) = \cos x \quad \rightarrow \quad \int f(x)dx = \sin x$

(6)　$f(x) = \dfrac{1}{\cos^2 x} \quad \rightarrow \quad \int f(x)dx = \tan x$

(7)　$f(x) = \dfrac{1}{\sin^2 x} \quad \rightarrow \quad \int f(x)dx = -\cot x$

(8)　$f(x) = \dfrac{1}{\sqrt{a^2 - x^2}} \quad (a > 0) \quad \rightarrow \quad \int f(x)dx = \sin^{-1}\dfrac{x}{a}$

$(\mathrm{or} - \cos^{-1}\dfrac{x}{a})$

★ (9)　$f(x) = \dfrac{1}{a^2 + x^2} \quad \rightarrow \quad \int f(x)dx = \dfrac{1}{a}\tan^{-1}\dfrac{x}{a}$

$(\mathrm{or} - \dfrac{1}{a}\cot^{-1}\dfrac{x}{a})$

(10)　$f(x) \pm g(x) \quad \rightarrow \quad \int f(x) \cdot dx \pm \int g(x) \cdot dx$

(11)　$k \cdot f(x)$　(k：定数)　$\rightarrow \quad k\int f(x)dx$

★★ (12)　$f(x) = \dfrac{g'(x)}{g(x)} \quad \rightarrow \quad \int f(x)dx = \log g(x)$

6.　三角関数

(1)　$\sin^2\theta + \cos^2\theta = 1$

(2)　$\tan\theta = \dfrac{\sin\theta}{\cos\theta} \quad \cot\theta = \dfrac{1}{\tan\theta} \quad \sec\theta = \dfrac{1}{\cos\theta} \quad \mathrm{cosec}\theta = \dfrac{1}{\sin\theta}$

★ (3)　$\sin(\alpha \pm \beta) = \sin\alpha \cdot \cos\beta \pm \cos\alpha \cdot \sin\beta$　(復号同順)

$\cos(\alpha \pm \beta) = \cos\alpha \cdot \cos\beta \mp \sin\alpha \cdot \sin\beta$　(復号同順)

$\tan(\alpha \pm \beta) = \dfrac{\tan\alpha \pm \tan\beta}{1 \mp \tan\alpha \cdot \tan\beta}$　(復号同順)

(4)　$\sin 2\alpha = 2\sin\alpha \cdot \cos\alpha$

$\cos 2\alpha = \cos^2\alpha - \sin^2\alpha = 2\cos^2\alpha - 1 = 1 - 2\sin^2\alpha$

$$\tan 2\alpha = \frac{2\tan\alpha}{1-\tan^2\alpha}$$

(5) $\sin^2\left(\frac{\alpha}{2}\right) = \frac{1-\cos\alpha}{2}$

$\cos^2\left(\frac{\alpha}{2}\right) = \frac{1+\cos\alpha}{2}$

$\tan^2\left(\frac{\alpha}{2}\right) = \frac{1-\cos\alpha}{1+\cos\alpha}$

7.　順列・組合せ

(1) ${}_nC_r = \frac{n!}{(n-r)!\cdot r!}$　　$n! = n(n-1)\cdots 2\cdot 1$

(${}_nC_r$ を $\binom{n}{r}$ と書くことが多い)　　($0! = 1$ と定義する)

(2) ${}_nP_r = n(n-1)(n-2)\cdots\{n-(r-1)\}$

(3) ${}_nH_r = \frac{n(n+1)(n+2)\cdots\{n+(r-1)\}}{r!}$

(4) ${}_n\Pi_r = n^r$

(5) $n! \doteqdot \sqrt{2\pi n}\cdot n^n\cdot e^{-n}$ (スターリングの公式)

(6) ${}_{-\alpha}C_r = (-1)^r\cdot {}_{\alpha+r-1}C_r$

8.　その他

(1) $(a+b)^n = \sum_{k=0}^{n}\binom{n}{k}a^{n-k}\cdot b^k$

(2) $\int_0^1 x^m(1-x)^n dx = \frac{m!\cdot n!}{(m+n+1)!}$

(3) 積率母関数 $M(t) = E(e^{tx}) = \int_{-\infty}^{+\infty} e^{tx}\cdot f(x)\cdot dx$　　($f(x)$：X の密度関数)

$M(t) = \sum_{n=0}^{\infty}\frac{\mu'_n}{n!}\cdot t^n$　　(n 次の積率)

歪度 (ひずみ)：$\frac{\mu_3}{\sigma^3}$

尖度 (とがり)：$\frac{\mu_4}{\sigma^4}$

$\mu_k = E[(X-\mu)^k]$

★ (4) $\int_0^{\infty} x^t\cdot e^{-ax}dx = \frac{\Gamma(t+1)}{a^{t+1}}$　　(t, a：定数)

$\Gamma(t+1) = t\cdot\Gamma(t),\ \Gamma(t) = (t-1)!$　　($t = 1, 2, 3, \cdots$)

$$\Gamma\left(\frac{1}{2}\right) = \int_0^\infty x^{-\frac{1}{2}} \cdot e^{-x} dx = 2\int_0^\infty e^{-x^2} dx = \sqrt{\pi}$$

$$\Gamma\left(t+\frac{1}{2}\right) = \frac{1}{2} \times \frac{3}{2} \times \frac{5}{2} \times \cdots \times \frac{2t-1}{2} \times \sqrt{\pi}$$

(5) **クラメール・ラオの不等式**

$$V(T) \geq \frac{1}{n \cdot E\left[\left(\frac{\partial}{\partial\theta}\log f(x:\theta)\right)^2\right]}$$

(T は未知関数の不備推定量，$f(x:\theta)$ は母集団分布の密度関数)

(6) **最大推定量**

$L(\theta) = \prod_{i-1}^{n} f(x_i:\theta)$ を最大にする θ を $\frac{\partial}{\partial\theta}L(\theta) = 0$　or　$\frac{\partial}{\partial\theta}\log L(\theta)$ $= 0$ から求める．

(7) **シュワルツの不等式**

$\left(\sum_{i=1}^{n} A_i^2\right)\left(\sum_{i=1}^{n} B_i^2\right) \geq \left(\sum_{i=1}^{n} A_i \cdot B_i\right)^2$．等号は $\frac{A_1}{B_1} = \frac{A_2}{B_2} = \cdots = \frac{A_n}{B_n}$ のときのみ成立する．

(8) **ラグランジュの未定乗数法**

$f(x,y)$ が x,y のすべてで連続であるとき

$$\text{条件：} g(x,y) = 0 \quad \cdots\cdots\text{(a)}$$

を満たす x,y につき関数 $f(x,y)$ を極大または極小にするものは新たに $L(x,y) = f(x,y) + \lambda \cdot g(x,y)$ (λ: 定数) なる関数 $L(x,y)$ を考え

$$\frac{\partial L(x,y)}{\partial x} = \frac{\partial L(x,y)}{\partial y} = 0 \quad \cdots\cdots\text{(b)}$$

として (a)，(b) を満たす解を求める (λ をラグランジュの未定乗数という)．

(b) は

$$\begin{cases} \dfrac{\partial L(x,y)}{\partial x} = \dfrac{\partial f(x,y)}{\partial x} + \lambda \cdot \dfrac{\partial g(x,y)}{\partial x} = 0 \\ \dfrac{\partial L(x,y)}{\partial y} = \dfrac{\partial f(x,y)}{\partial y} + \lambda \cdot \dfrac{\partial g(x,y)}{\partial y} = 0 \end{cases}$$

となり，条件 $g(x,y) = 0$ のもとで解く．ではそのとき，その解が極大か極小かを判明する必要が厳密にあるが，そこまで要求されることは少ない．

＜例 1＞

$a_1, a_2, \cdots, a_n$ を変数として，$a_1^2+a_2^2+\cdots+a_n^2$ を $a_1+a_2+\cdots+a_n = 1$ のもとで最小にするときの条件と最小値を求めよ．

＜解答＞

$L(a_1, a_2, \cdots, a_n) = (a_1^2 + a_2^2 + \cdots + a_n^2) + \lambda(a_1 + a_2 + \cdots + a_n - 1)$ とする ($\because$ $g(x, y) = 0$ は，ここでは $a_1 + a_2 + \cdots + a_n = 1$ だから，$a_1 + a_2 + \cdots + a_n - 1 = 0$ とすればよい)．

$$\frac{\partial L(a_1, a_2, \cdots, a_n)}{\partial a_i} = 2 \cdot a_i + \lambda = 0 \qquad (i = 1, 2, \cdots, n)$$

$$\therefore a_i = \frac{-\lambda}{2} \qquad (i = 1, 2, \cdots, n)$$

$a_1 + a_2 + \cdots + a_n = 1$ に代入して

$$a_i = \frac{1}{n} \qquad (i = 1, 2, \cdots, n)$$

$$\therefore a_1^2 + a_2^2 + \cdots + a_n^2 = \left(\frac{1}{n}\right)^2 \times n = \frac{1}{n}$$

(これが極小であることは，たとえば $a_1 = 1, a_2 = a_3 = \cdots = a_n = 0$ とすれば $a_1^2 + a_2^2 + \cdots + a_n^2 = 1$ となり，$\dfrac{1}{n}$ が極小で，最小値であることがわかる)

9.　基礎知識

(1) 2 次方程式

$ax^2 + bx + c = 0$ の解は

$$a \neq 0 \text{ なら} \qquad x = \frac{-b \pm \sqrt{b^2 - 4ac}}{2a}$$

$$a = 0 \text{ なら} \qquad x = -\frac{c}{b} \qquad (b \neq 0)$$

(2) 行列式の値

(a) $\begin{vmatrix} a, & b \\ c, & d \end{vmatrix} = a \cdot d - b \cdot c$ 　　(例) $\begin{vmatrix} 1, & 2 \\ 3, & -1 \end{vmatrix} = 1 \times (-1) - 3 \times 2 = -7$

(b) $\begin{vmatrix} a, & b, & c \\ p, & q, & r \\ x, & y, & z \end{vmatrix} = a \cdot q \cdot z + b \cdot r \cdot x + c \cdot p \cdot y - a \cdot r \cdot y - b \cdot p \cdot z - c \cdot q \cdot x$

あるいは

$$a\begin{vmatrix} q, & r \\ y, & z \end{vmatrix} - b\begin{vmatrix} p, & r \\ x, & z \end{vmatrix} + c\begin{vmatrix} p, & q \\ x, & y \end{vmatrix} = a(q \cdot z - r \cdot y) - b(p \cdot z - r \cdot x)$$
$$+c(p \cdot y - q \cdot x)$$

(例)

$$\begin{vmatrix} 1, & 2, & -1 \\ 3, & 0, & 4 \\ -2, & 5, & -2 \end{vmatrix} = 0 - 16 - 15 - 20 + 12 + 0 = -39$$

あるいは

$$1 \cdot \begin{vmatrix} 0, & 4 \\ 5, & -2 \end{vmatrix} - 2\begin{vmatrix} 3, & 4 \\ -2, & -2 \end{vmatrix} + (-1)\begin{vmatrix} 3, & 0 \\ -2, & 5 \end{vmatrix} = -20 - 2(-6+8) - 15$$
$$= -39$$

参考文献

<和書>

1) 小暮雅一：『損保マンのための数理入門』，損害保険事業総合研究所.
2) 小暮雅一：『保険の数理－損保・生保・年金』，損害保険事業総合研究所.
3) 小暮雅一：『やさしく説明した「確率」の解説書』，損害保険事業総合研究所.
4) 日本アクチュアリー会：『損保数理』.
5) 小和田正：『確率過程とその応用』，実教出版.
6) 森村英典，木島正明：『ファイナンスのための確率過程』，日科技連.
7) 岩沢宏和：『リスク・セオリーの基礎　不確実性に対処するための数理』，培風館
8) 清水邦夫：『損保数理・リスク数理の基礎と発展ークレームの分析手法ー』，共立出版
9) 簑谷千凰彦：『すぐに役立つ統計分布』，東京図書

<洋書>

1) Booth,P., Chadburn,R., Cooper,D., Haberman,S., James,D.：Modern Actuarial Theory and Practice, Chapman & Hall.
2) Bowes,N., Gerber,H., Hickman,J., Jones,D.,Nesbitt,C.：Actuarial Mathematics, Society of Actuaries.
3) Bühlmann,H.：Mathematical Methods in Risk Theory, Springer.
4) Casualty Actuarial Society：Foundations Casualty Actuarial Science (Third edition), Casualty Actuarial Society.
5) Herzog,T.N.：Introduction to Credibility Theory, ACTEX.
6) Hogg,R., Klugman,S.：Loss Distribution, Wiley.
7) Kass,R., Goovaerts,M., Dhaene,J., Denuit,M.：Modern Actuarial Risk Theory, Kluwer.
8) Klugman,S., Panjer,H., Wilmot,G.：Loss Models–From Data to Decisions, Wiley.
9) Lemaire,J.：Automobile Insurance–Actuarial Models, Kluwer.
10) Taylor,G.：Loss Reserving–An Actuarial Perspective, Kluwer.

標準正規確率表①

$$\Phi(z) = \frac{1}{\sqrt{2\pi}} \int_{-\infty}^{z} e^{-\frac{1}{2}x^2} dx$$

z	0.00	0.01	0.02	0.03	0.04	0.05	0.06	0.07	0.08	0.09
0	0.5000	0.5040	0.5080	0.5120	0.5160	0.5199	0.5239	0.5279	0.5319	0.5359
0.1	0.5398	0.5438	0.5478	0.5517	0.5557	0.5596	0.5636	0.5675	0.5714	0.5753
0.2	0.5793	0.5832	0.5871	0.5910	0.5948	0.5987	0.6026	0.6064	0.6103	0.6141
0.3	0.6179	0.6217	0.6255	0.6293	0.6331	0.6368	0.6406	0.6443	0.6480	0.6517
0.4	0.6554	0.6591	0.6628	0.6664	0.6700	0.6736	0.6772	0.6808	0.6844	0.6879
0.5	0.6915	0.6950	0.6985	0.7019	0.7054	0.7088	0.7123	0.7157	0.7190	0.7224
0.6	0.7257	0.7291	0.7324	0.7357	0.7389	0.7422	0.7454	0.7486	0.7517	0.7549
0.7	0.7580	0.7611	0.7642	0.7673	0.7704	0.7734	0.7764	0.7794	0.7823	0.7852
0.8	0.7881	0.7910	0.7939	0.7967	0.7995	0.8023	0.8051	0.8078	0.8106	0.8133
0.9	0.8159	0.8186	0.8212	0.8238	0.8264	0.8289	0.8315	0.8340	0.8365	0.8389
1.0	0.8413	0.8438	0.8461	0.8485	0.8508	0.8531	0.8554	0.8577	0.8599	0.8621
1.1	0.8643	0.8665	0.8686	0.8708	0.8729	0.8749	0.8770	0.8790	0.8810	0.8830
1.2	0.8849	0.8869	0.8888	0.8907	0.8925	0.8944	0.8962	0.8980	0.8997	0.9015
1.3	0.9032	0.9049	0.9066	0.9082	0.9099	0.9115	0.9131	0.9147	0.9162	0.9177
1.4	0.9192	0.9207	0.9222	0.9236	0.9251	0.9265	0.9279	0.9292	0.9306	0.9319
1.5	0.9332	0.9345	0.9357	0.9370	0.9382	0.9394	0.9406	0.9418	0.9429	0.9441
1.6	0.9452	0.9463	0.9474	0.9484	0.9495	0.9505	0.9515	0.9525	0.9535	0.9545
1.7	0.9554	0.9564	0.9573	0.9582	0.9591	0.9599	0.9608	0.9616	0.9625	0.9633
1.8	0.9641	0.9649	0.9656	0.9664	0.9671	0.9678	0.9686	0.9693	0.9699	0.9706
1.9	0.9713	0.9719	0.9726	0.9732	0.9738	0.9744	0.9750	0.9756	0.9761	0.9767
2.0	0.9772	0.9778	0.9783	0.9788	0.9793	0.9798	0.9803	0.9808	0.9812	0.9817
2.1	0.9821	0.9826	0.9830	0.9834	0.9838	0.9842	0.9846	0.9850	0.9854	0.9857
2.2	0.9861	0.9864	0.9868	0.9871	0.9875	0.9878	0.9881	0.9884	0.9887	0.9890
2.3	0.9893	0.9896	0.9898	0.9901	0.9904	0.9906	0.9909	0.9911	0.9913	0.9916
2.4	0.9918	0.9920	0.9922	0.9925	0.9927	0.9929	0.9931	0.9932	0.9934	0.9936
2.5	0.9938	0.9940	0.9941	0.9943	0.9945	0.9946	0.9948	0.9949	0.9951	0.9952
2.6	0.9953	0.9955	0.9956	0.9957	0.9959	0.9960	0.9961	0.9962	0.9963	0.9964
2.7	0.9965	0.9966	0.9967	0.9968	0.9969	0.9970	0.9971	0.9972	0.9973	0.9974
2.8	0.9974	0.9975	0.9976	0.9977	0.9977	0.9978	0.9979	0.9979	0.9980	0.9981
2.9	0.9981	0.9982	0.9982	0.9983	0.9984	0.9984	0.9985	0.9985	0.9986	0.9986
3.0	0.9987	0.9987	0.9987	0.9988	0.9988	0.9989	0.9989	0.9989	0.9990	0.9990

標準正規確率表②

$$I(z) = \frac{1}{\sqrt{2\pi}} \int_0^z e^{-\frac{1}{2}x^2} dx$$

z	0.00	0.01	0.02	0.03	0.04	0.05	0.06	0.07	0.08	0.09
0.0	0.0000	0.0040	0.0080	0.0120	0.0160	0.0199	0.0239	0.0279	0.0319	0.0359
0.1	0.0398	0.0438	0.0478	0.0517	0.0557	0.0596	0.0636	0.0675	0.0714	0.0753
0.2	0.0793	0.0832	0.0871	0.0910	0.0948	0.0987	0.1026	0.1064	0.1103	0.1141
0.3	0.1179	0.1217	0.1255	0.1293	0.1331	0.1368	0.1406	0.1443	0.1480	0.1517
0.4	0.1554	0.1591	0.1628	0.1664	0.1700	0.1736	0.1772	0.1808	0.1844	0.1879
0.5	0.1915	0.1950	0.1985	0.2019	0.2054	0.2088	0.2123	0.2157	0.2190	0.2224
0.6	0.2257	0.2291	0.2324	0.2357	0.2389	0.2422	0.2454	0.2486	0.2517	0.2549
0.7	0.2580	0.2611	0.2642	0.2673	0.2704	0.2734	0.2764	0.2794	0.2823	0.2852
0.8	0.2881	0.2910	0.2939	0.2967	0.2995	0.3023	0.3051	0.3078	0.3106	0.3133
0.9	0.3159	0.3186	0.3212	0.3238	0.3264	0.3289	0.3315	0.3340	0.3365	0.3389
1.0	0.3413	0.3438	0.3461	0.3485	0.3508	0.3531	0.3554	0.3577	0.3599	0.3621
1.1	0.3643	0.3665	0.3686	0.3708	0.3729	0.3749	0.3770	0.3790	0.3810	0.3830
1.2	0.3849	0.3869	0.3888	0.3907	0.3925	0.3944	0.3962	0.3980	0.3997	0.4015
1.3	0.4032	0.4049	0.4066	0.4082	0.4099	0.4115	0.4131	0.4147	0.4162	0.4177
1.4	0.4192	0.4207	0.4222	0.4236	0.4251	0.4265	0.4279	0.4292	0.4306	0.4319
1.5	0.4332	0.4345	0.4357	0.4370	0.4382	0.4394	0.4406	0.4418	0.4429	0.4441
1.6	0.4452	0.4463	0.4474	0.4484	0.4495	0.4505	0.4515	0.4525	0.4535	0.4545
1.7	0.4554	0.4564	0.4573	0.4582	0.4591	0.4599	0.4608	0.4616	0.4625	0.4633
1.8	0.4641	0.4649	0.4656	0.4664	0.4671	0.4678	0.4686	0.4693	0.4699	0.4706
1.9	0.4713	0.4719	0.4726	0.4732	0.4738	0.4744	0.4750	0.4756	0.4761	0.4767
2.0	0.4772	0.4778	0.4783	0.4788	0.4793	0.4798	0.4803	0.4808	0.4812	0.4817
2.1	0.4821	0.4826	0.4830	0.4834	0.4838	0.4842	0.4846	0.4850	0.4854	0.4857
2.2	0.4861	0.4864	0.4868	0.4871	0.4875	0.4878	0.4881	0.4884	0.4887	0.4890
2.3	0.4893	0.4896	0.4898	0.4901	0.4904	0.4906	0.4909	0.4911	0.4913	0.4916
2.4	0.4918	0.4920	0.4922	0.4925	0.4927	0.4929	0.4931	0.4932	0.4934	0.4936
2.5	0.4938	0.4940	0.4941	0.4943	0.4945	0.4946	0.4948	0.4949	0.4951	0.4952
2.6	0.4953	0.4955	0.4956	0.4957	0.4959	0.4960	0.4961	0.4962	0.4963	0.4964
2.7	0.4965	0.4966	0.4967	0.4968	0.4969	0.4970	0.4971	0.4972	0.4973	0.4974
2.8	0.4974	0.4975	0.4976	0.4977	0.4977	0.4978	0.4979	0.4979	0.4980	0.4981
2.9	0.4981	0.4982	0.4982	0.4983	0.4984	0.4984	0.4985	0.4985	0.4986	0.4986
3.0	0.4987	0.4987	0.4987	0.4988	0.4988	0.4989	0.4989	0.4989	0.4990	0.4990

標準正規確率表③

$$p = \int_{-u(\frac{q}{2})}^{u(\frac{q}{2})} \frac{1}{\sqrt{2\pi}} e^{-\frac{1}{2}x^2} dx \quad (p + q = 1)$$

p	$\frac{q}{2}$	$u\left(\frac{q}{2}\right)$
0.500	0.250	0.674
0.600	0.200	0.842
0.700	0.150	1.036
0.800	0.100	1.282
0.900	0.050	1.645
0.950	0.025	1.960
0.970	0.015	2.170
0.980	0.010	2.326
0.990	0.005	2.576
0.995	0.003	2.807
0.999	0.001	3.291

（注）有限変動信頼性理論（第 2 章）における y_p は $y_p = u\left(\frac{q}{2}\right)$

索　引

【ア行】

安全割増, 100
アンダーライティング, 194
アーンド・ベーシス損害率, 144
一様分布, 246, 271
移動ガンマ分布, 16, 17
インフレ, 159
営業保険料, 185, 209
エクスポージャ, 7, 145, 217
エクセスポイント, 194

【カ行】

会計年度方式, 147, 149, 150, 176
カイ二乗検定, 20, 21
カイ二乗分布, 273
確率分布, 270
加算型料率, 217
カレンダー・イヤー, 163
ガンマ分布, 9, 249, 271
幾何分布, 252, 272
危険理論, 97
期待値原理, 197
帰納法的手法, 16
既発生未報告, 136
キュムラント, 47, 48
クラメール・ラオの不等式, 279
クレーム, 3, 4
クレーム額, 9, 65
クレーム件数過程, 97, 98
クレームコスト, 64, 94, 187
クレーム総額, 13
クレーム総額過程, 99
クレーム頻度, 5, 65, 187
クレーム・モデル, 3–5
グロス再保険料, 194
経過台数, 7
経過保険料, 144, 145, 149, 174
効用関数を利用した保険料の設定, 198
コーシー分布, 273

【サ行】

最大推定量, 279
最大損失額, 101, 123
再保険, 193
再保険金, 193
再保険契約, 193
再保険料, 193
再保険料付加率, 195
最尤推定量の分布, 34
最尤法, 11, 12, 20, 23, 32
サープラス, 99, 122
サープラス過程, 99, 100, 125, 126
三角関数, 277
算式見積法, 137, 152, 153
事故年度, 138
事故年度方式, 147, 149, 176
指数, 274
指数原理, 197, 232
指数分布, 9, 247, 270
支払備金, 135
支払保険金, 144
社費ファンド, 188, 189
収支相等の原則, 187
収入保険料, 144
（受再）保険会社, 193

（出再）保険会社, 193
出再割合, 194
シュワルツの不等式, 279
純保険料, 94, 186, 187
純保険料法, 187, 203
順列・組合せ, 278
乗算型料率, 217
初期サープラス, 100, 104
真性 IBNR 備金, 137
信頼性理論, 61
信頼度, 65, 66
信頼度（クレディビリティー係数）, 62
信頼度判定, 64
推移確率, 213
数学公式集, 274
数列, 274
ストップロス, 226
ストップロス再保険, 194, 195, 222, 225, 226, 228
ストップロス再保険料, 196
正規分布, 245, 270
正規分布の特徴, 253
正規分布表の使い方, 253
積分法, 277
積率母関数, 46
積率母関数および期待値，分散の算出, 243
全信頼, 62, 64, 65, 73
尖度 (とがり), 278
損害率, 135, 143, 149, 150, 181
損害率法, 187, 189, 206, 207

【タ行】

対数, 275
対数正規分布, 9, 257, 271
大数の弱法則, 263
代理店手数料, 186
たたみこみ, 52
チェイン・ラダー法, 139, 157, 159
チェビシェフの不等式, 263
中心極限定理, 265
超過損害額再保険, 194
長期一括払契約保険料, 191
長期契約, 191, 213
調整係数, 102–104, 114–117
積立保険料, 191
手数料, 186
統計的見積法, 137
ド・モアブル–ラプラスの定理, 265

【ナ行】

二項分布, 243, 270
ニュートン法, 118
ネット再保険料, 195, 221, 225, 226
ネット再保険料の変形, 222
ノークレーム, 156

【ハ行】

破産, 101
破産確率, 97, 101, 102, 104, 111–115, 117, 119
破産確率の近似計算, 131
パーセンタイル原理, 197
パーセンテージ法, 137, 153
パーセント点マッチング, 11, 12
発生保険金, 144, 146, 176
パラメータ, 10
パラメータ推定, 4, 11
バリュー・アット・リスク, 237
パレート分布, 261, 272
微分の変数変換, 276
微分法, 275
被保険者の平均自己負担額, 204
ビュールマン信頼係数, 69
ビュールマン・ストラウブ・モデル, 63, 69, 72, 89, 91–93
ビュールマンの定理, 68
ビュールマン・モデル, 62, 67, 72, 83, 84, 87, 88
ビュールマン・モデルの信頼度, 69
標準偏差原理, 197
比例再保険, 194, 195, 220, 228
フィッシャー情報量, 32, 34
付加保険料, 186, 188
複合幾何分布, 58, 125
複合分布, 13, 39, 51, 53, 54
複合ポアソン過程, 99, 110
複合ポアソン分布, 13, 14, 48, 49, 55–57

普通支払備金, 136
負の二項分布, 8, 30, 248, 271
負の二項分布は確率分布, 251
部分信頼, 62, 64, 65, 75
フランチャイズ, 204, 205
分散原理, 197
分離法, 142, 162
平均クレーム単価, 9, 187
ベータ分布, 272
ポアソン過程, 97, 98, 106–109
ポアソン分布, 7, 244, 270
保険会社の支払額, 204
保険会社の平均クレーム単価, 204
保険金額, 9, 203
保険事故, 3, 4
保険料算出原理, 197
補償保険料, 191
ボーナス・マラス, 215
ポリシーイヤー・ベーシス損害率, 144
ボーンヒュッター–ファーガソン法, 142, 165

【マ行】

マックモデル, 142, 167
未経過保険料, 145
ミニマム・バイアス法, 215, 217
無事故割引制度, 215
免責金額, 9, 49, 188, 204, 205
モーメント法, 11, 18, 38

【ヤ行】

有限変動信頼性理論, 62, 63, 76, 77, 79–81
尤度関数, 12
尤度方程式, 13
予定社費率, 186
予定損害率, 182, 186
予定手数料率, 186
予定利潤率, 186

【ラ行】

ラグランジュの未定乗数法, 28, 30, 279
利潤, 186
リスク較差, 192, 210
リスクの統合, 201, 238
リスクの評価, 237, 238
リスク量, 200, 238
リトン・ベーシス損害率, 143
料率改定, 179
料率改定率, 190
ルンドベリの不等式, 103, 119
ルンドベリ・モデル, 100, 105, 120, 122
ロスディヴェロップメント・トライアングル, 138, 155
ロスディヴェロップメント・トライアングル・データ, 137
ロスディヴェロップメント・ファクター, 139, 141
ロスレシオ, 143
ロピタルの定理, 247
ロングテイル, 135

【ワ行】

歪度 (ひずみ), 278
ワイブル分布, 272

【数字・英字】

1/12 法, 147, 174
1/2 法, 147, 174
1/24 法, 147, 174
1/365 法, 147
ELC 再保険, 194, 195, 221
FD 法, 187
F 分布, 273
IBNER 備金, 137

IBNR, 135, 152–154
IBNR 備金, 136, 137
I/E 損害率, 144, 149, 150, 178

n_F, 63, 64

t 分布, 272

W/B 損害率, 143, 144, 149, 150

著者紹介

小暮雅一（こぐれ　まさかず）

1962年　東京教育大学理学部数学科（現・筑波大学）卒業．
三井生命保険相互会社［現：大樹生命］（1962〜1972），
大東京火災海上保険(株)（現・あいおいニッセイ同和損保）（1972〜1984）を経て，
コンサルタント・アクチュアリーとして独立．
三井海上火災保険(株)，損害保険料率算定会（現・機構）の顧問，大同火災海上保険(株)顧問，損害保険事業総合研究所講師，琉球大学理学部講師を歴任．

現　在　日本アクチュアリー会正会員．一般社団法人 すみれ（保険計理人）

著　書　『損保マンのための数理入門』（損害保険事業総合研究所）
『やさしい金利計算の基礎』（損害保険事業総合研究所）
『保険の数理 –損保・生保・年金』（損害保険事業総合研究所）
『やさしく説明した「確率」の解説書』（損害保険事業総合研究所）
『ようこそ！統計学へ』（損害保険事業総合研究所）
『孫に教えたい「インド数学」の原理』（コボ企画）
『例題で学ぶ年金数理』（PDF版）（保険研究所）

東出　純（ひがしで　じゅん）

1991年　東京大学農学部卒業．
1993年　東京大学大学院農学系研究科修士課程修了．
1993年　三井海上火災保険(株)入社，三井住友海上火災保険(株)(2001〜2022)
現　在　三井ダイレクト損害保険(株)(2023〜)，日本アクチュアリー会正会員．

例題で学ぶ　**損害保険数理**
第2版

2003年5月10日　初版1刷発行
2014年5月10日　初版9刷発行
2016年4月25日　第2版1刷発行
2023年5月1日　第2版4刷発行

発行者　南條光章

発行所　**共立出版株式会社**
東京都文京区小日向4-6-19
電話 03-3947-2511(代表)
郵便番号112-0006／振替口座00110-2-57035
URL　www.kyoritsu-pub.co.jp

印　刷　啓文堂
製　本　協栄製本

一般社団法人
自然科学書協会
会員

検印廃止
NDC 339, 339.1

ISBN978-4-320-11152-3